Judith Leblanc

ATLAS
DE POCHE

par

PHILIPPE REKACEWICZ

géographe - cartographe
diplômé de l'université de Paris I
Panthéon-Sorbonne

D0595680

LE LIVRE DE POCHE

Cet atlas a été réalisé sous la direction de
Cécile Marin.

Réalisation technique
Virginie Noyalet et Patrice Mitrano.

Index
Céline Huertas.

Correction, révision
Laurent Meynard.

SOMMAIRE

Préface

Table des cartes (monde) - I
Table des cartes (Europe) - II

1   Planisphère physique
2   Planisphère politique
3   Fuseaux horaires
4   Europe physique
5   Europe politique
6   France physique
7   France (régions
    administratives)
8   France (départements du nord)
9   France (départements du sud)
10 France (DOM-TOM)
11 Péninsule ibérique
12 Irlande et Royaume-Uni
13 Italie et Autriche
14 Allemagne
15 Benelux et Suisse
16 Islande et Europe du Nord
17 Europe de l'Est
18 Balkans
19 Turquie
20 Russie
21 Pays baltes et Biélorussie
22 Ukraine et Moldavie
23 Caucase
24 Asie centrale
25 Proche-Orient
26 Péninsule arabique, Iran et
    Afghanistan

27 Asie physique
28 Asie politique
29 Chine et Mongolie
30 Péninsule coréenne et Japon
31 Asie du Sud-Est
32 Péninsule indienne et
    Birmanie
33 Afrique physique
34 Afrique politique
35 Maghreb
36 Afrique (partie ouest)
37 Afrique (partie est)
38 Afrique (partie sud)
39 Amérique du Nord physique
40 Amérique du Sud physique
41 Canada, Groenland et Alaska
42 États-Unis (partie ouest)
43 États-Unis (partie est)
44 Mexique
45 Antilles
46 Amérique latine (partie nord)
47 Amérique latine (partie sud)
48 Océanie
49 Australie et Nouvelle-Zélande
50 Pôle Nord et Pôle Sud

Index

PRÉFACE

Quoi de plus banal, apparemment, qu'une carte, et quoi de plus classique qu'un atlas ! Ces atlas qui ont accompagné nos vies de lycéen, d'étudiant, qu'ils soient volumineux ou de poche, généraux ou thématiques, représentent une production originale, extraordinaire, de l'esprit humain. Ils sont pour chacun de nous le seul moyen de disposer d'une représentation de la face de la terre, de cette enveloppe sphérique mise à plat par l'invention intelligente des projections.

Par-delà la représentation, les cartes fournissent l'outil par lequel nous nous approprions l'interface terrestre, nous en prenons possession, nous la connaissons au sens le plus fort du terme. C'est seulement par la carte, par les possibilités sans limite des projections et des changements d'échelles que nous disposons d'une vision verticale. Avec ce regard, nous embrassons la totalité d'un pays, d'une région, d'un continent, de tout le globe et nous les saisissons dans leur intégralité, sans les écrans des plans successifs, sans les obstacles, les pentes et les distances. Nous survolons, nous voyons à vol d'oiseau et, par ce regard vertical, nous sommes comme les passagers des navettes spatiales. A dire vrai, nous lisons sur les cartes ce que les cartographes y ont mis. Les cartes sont « renseignées », elles portent les « informations géographiques » que les spécialistes ont jugé bon d'y mettre.

Les cartes sont un subtil assemblage de signes symboliques (points, lignes, surfaces...) qui indiquent les altimétries, l'hydrographie, les lieux de peuplement, des villages aux villes, les forêts, les lacs, les frontières et tout ce que les échelles permettent de représenter. Mais tous ces signes seraient inintelligibles s'ils n'étaient pas organisés en légendes, et s'ils ne s'accompagnaient pas d'une nomenclature.

L'action géographique primordiale des sociétés humaines est de nommer, de donner un nom à la mer, au lac, à la montagne, à la rivière, aux villages et aux villes fondées. C'est par les milliers de noms de lieux que nous nous approprions la carte et donc la surface de la Terre, que nous pouvons identifier, localiser, comparer, transmettre les informations.

La plus simple des cartes d'un atlas est un véritable livre d'histoire où se retrouvent côte à côte des toponymes séparés parfois par des siècles. Ces noms retracent l'épopée des migrations de peuplement (invasions pacifiques), conquêtes militaires (invasions belliqueuses), colonisations, fondations et abandons. Toute carte est un véritable palimpseste qui appelle une lecture attentive et qui suscite la réflexion.

Les frontières sont un autre élément majeur des cartes. Elles délimitent des surfaces qui correspondent à des États, des territoires, des unités administratives. Ces espaces ainsi identifiés manifestent la régionalisation du monde par des entités nationales, politiques. Cette mosaïque des États assure, en bien ou en mal, la gestion spatiale de la Terre. Les cartes permettent de méditer sur les divisions politiques du monde (villes-États, États-continents). Elles mettent en évidence l'artificialité et le caractère éphémère de la plupart des frontières. La faiblesse des atlas réside d'ailleurs dans la difficulté qu'ont leurs auteurs à suivre leurs dynamiques, leurs transformations. Divisions, fusions, partitions, contestations, annexions rythment la vie du monde et expriment la dialectique constante du local et du mondial.

Réaliser un atlas est donc toujours une « aventure géographique ». Et c'est un défi porté à son plus haut niveau avec un livre de petit format, car les cartes doivent fournir les représentations les plus importantes, les plus utiles, contenir les informations géographiques et géopolitiques majeures : choix essentiels qu'a su faire Philippe Rekacewicz.

La qualité des cartes de l'*Atlas de poche,* leur lisibilité, l'agrément de leur consultation, le choix des cadrages, des couleurs, des écritures, la facilité de la consultation obtenue grâce à l'aisance du repérage incitent à recommander vivement cet ouvrage aux élèves, aux étudiants, aux enseignants et à tous ceux, lecteurs curieux, qui souhaitent découvrir le dernier état géographique du monde.

Philippe Pinchemel
Professeur émérite
Université de Paris I-Panthéon-Sorbonne

TABLE DES CARTES - I

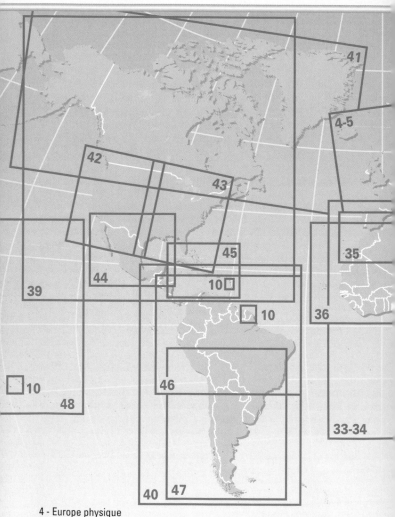

TABLE DES CARTES - I

TABLE DES CARTES - II

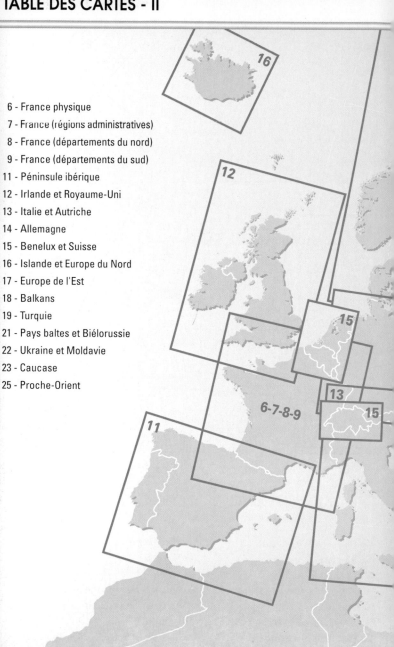

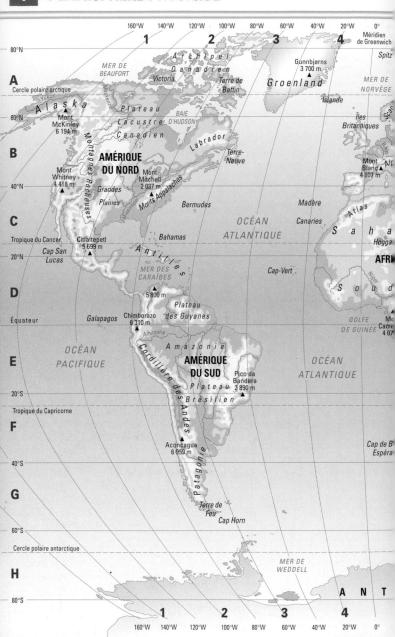

60°E   80°E   100°E   120°E   140°E   160°E   180°

OCÉAN GLACIAL ARCTIQUE

80°N

MER DE BARENTS

Nouvelle-Zemble   MER DE KARA   MER DE LAPTEV

A   Cercle polaire arctique

Narodnaïa 1 894 m

Monts Oural

S i b é r i e

Lena   Monts Tcherski

60°N

EUROPE

Ienisseï

Volga

Caucase

Oural

Monts Stanovoï

Amour

Kamtchatka

Sakhaline

MER DE BÉRING

B

Anatolie

Altaï

M o n g o l i e

Tian Shan

ASIE

Kourlles

Fuji-Yama 3 776 m

40°N

Tigre Euphrate

Zagros

Pamir

Kunlun Shan

Tibet

Corée

Ryukyu

OCÉAN PACIFIQUE

C

Péninsule Arabique

Indus

Gange

H i m a l a y a

Mont Everest 8 848 m

Chang Jiang

Formose

Tropique du Cancer

Mont Dascian 4 620 m

I n d e

20°N

Massif Éthiopien

MER D'OMAN

GOLFE DU BENGALE

Péninsule Indochinoise

Luzón

D

Plateaux Lacustres

Kilimandjaro 5 895 m

Ceylan

Mindanao

d'Afrique Orientale

Maldives

Seychelles

Bornéo

Célèbes

Sumatra

Îles de la Sonde

M é l a n é s i e

Équateur

Madagascar

OCÉAN INDIEN

Java

Timor

E

MER DE CORAIL

Mascareignes

20°S

Désert du Kalahari

Drakensberg

AUSTRALIE

Tropique du Capricorne

F

Mont Kosciusko 2 230 m

40°S

Kerguelen

Cap Sud-Est

G

0   1 000   2 000   3 000   4 000   5 000 km

Altitudes

5 000 m
2 000 m
1 000 m
500 m
200 m
0

Cercle polaire arctique

DÉTROIT DE BÉRING

RUSSIE

OCÉAN

MER DE BEAUFORT

Sverdrup   Ellesmere

Banks   Parry

Alaska (É.-U.)   Prince-   Devon
Victoria   de-Galles

BAIE DE BAFFIN

Groenland (Dan.)

MER DU GROENLAND

MER DE BÉRING

GOLFE D'ALASKA

Baffin

ME NOR

Îles Aléoutiennes

Southampton

BAIE D'HUDSON

Reykjavik   ISLANDE

NOR

CANADA

MER DU LABRADOR

ROYAUME-UNI
Dublin   Londres
IRLANDE

Québec

Montréal   Québec
Ottawa

Terre-Neuve

Saint-Pierre-et-Miquelon (Fr.)

Paris

FRAN

ÉTATS - UNIS

Chicago   New York

Archipel des Açores (Port.)

PORTUGAL   Madrid
Lisbonne   ESPAGNE

Los Angeles

Washington   Îles des Bermudes (R.-U.)

Archipel de Madère (Port.)

Rabat   Alger

MAROC

Tropique du Cancer

MER DES SARGASSES

Îles Canaries (Esp.)

Sahara Occidental

ALGÉ

GOLFE DU MEXIQUE

Nassau

La Havane   BAHAMAS   RÉPUBLIQUE-
CUBA   DOMINICAINE

MEXIQUE

SAINT-CHRISTOPHE-ET-NIÈVES

Nouakchott   MAURITANIE

Mexico   BELIZE   JAMAÏQUE   HAÏTI   8 7 6 5 4   ANTIGUA ET BARBUDA
GUATEMALA   HONDURAS   1   ST-VINCENT-ET-   3 2 1   DOMINIQUE
EL SALVADOR   LES-GRENADINES   SAINTE-LUCIE
NICARAGUA   GRENADE   BARBADE

MALI

CAP VERT   •2 •1
Praia   •3

Bamako   •8

Ni

TRINITÉ-ET-TOBAGO

MER DES ANTILLES

COSTA RICA   PANAMÁ   Caracas   Georgetown
VENEZUELA   Paramaribo

•4   •5   9

•6   7   10   11

OCÉAN

Clipperton (Fr.)

Bogota   GUYANA
COLOMBIE   SURINAM

OCÉAN

Abidjan

Cotonou

Équateur

Galapagos (Équ.)

Quito
ÉQUATEUR

Lagos

KIRIBATI

PÉROU

BRÉSIL

Marquises

PACIFIQUE

Lima   BOLIVIE
La Paz

Brasilia

Sainte-Hélène (R.-U.)

Bora-
Bora   Archipel des Tuamotu

ATLANTIQUE

Papeete
Tahiti

Archipel de la Société   Mururoa   Gambier   Pitcairn (R.-U.)   Île de Pâques (Chili)

PARAGUAY   Rio de Janeiro
São Paulo

Polynésie française

Asunción

CHILI   URUGUAY

Santiago   Buenos
Aires   Montevideo

ARGENTINE

Falkland (Malouines) (R.-U.)

Détroit de Magellan

Cap Horn

40°S
60°N
60°N
40°N
20°N
Équateur
40°S
60°S

AMÉRIQUE CENTRALE ET ANTILLES

SAINT-CHRISTOPHE ET NIÈVES	: Basseterre
ANTIGUA ET BARBUDA	: Saint John's
DOMINIQUE	: Roseau
SAINTE-LUCIE	: Castries
SAINT-VINCENT-	
ET-LES-GRENADINES	: Kingstown
BARBADE	: Bridgetown
GRENADE	: Saint George's
TRINITÉ-ET-TOBAGO	: Port of Spain
RÉPUBLIQUE DOMINICAINE	: Saint-Domingue
HAÏTI	: Port-au-Prince
JAMAÏQUE	: Kingston
BELIZE	: Belmopan
GUATEMALA	: Guatemala-City
HONDURAS	: Tegucigalpa
EL SALVADOR	: San Salvador
NICARAGUA	: Managua
COSTA RICA	: San José
PANAMA	: Panamá-City

1 - Guadeloupe (France)	: Pointe-à-Pitre
2 - Martinique (France)	: Fort-de-France
3 - Guyane (France)	: Cayenne
4 - Saint-Martin (France)	: Marigot
5 - Saint-Barthélemy (France)	: Gustavia
6 - Iles Vierges (Royaume-Uni)	: Roadtown
7 - Iles Vierges (États-Unis)	: Saint Thomas
8 - Porto Rico (États-Unis)	: San Juan

EUROPE

1 - DANEMARK	: Copenhague
2 - ALLEMAGNE	: Berlin
3 - PAYS-BAS	: Amsterdam
4 - BELGIQUE	: Bruxelles
5 - LUXEMBOURG	: Luxembourg
6 - SUISSE	: Berne
7 - LIECHTENSTEIN	: Vaduz
8 - MONACO	: Monaco
9 - ANDORRE	: Andorre-la-Vieil
10 - RÉPUBLIQUE TCHÈQUE	: Prague
11 - SLOVAQUIE	: Bratislava
12 - AUTRICHE	: Vienne
13 - HONGRIE	: Budapest
14 - POLOGNE	: Varsovie
15 - LITUANIE	: Vilnius
16 - LETTONIE	: Riga
17 - ESTONIE	: Tallinn
18 - MOLDAVIE	: Chisinau
19 - ROUMANIE	: Bucarest

PLANISPHÈRE POLITIQUE 2

Échelle à l'équateur — 0 — 2 000 — 4 000 km

AFRIQUE

1 - SÉNÉGAL	: Dakar		11 - BÉNIN	: Porto-Novo
2 - GAMBIE	: Banjul		12 - NIGERIA	: Abuja
3 - GUINÉE-BISSAU	: Bissau		13 - GUINÉE-ÉQUATORIALE	: Malabo
4 - GUINÉE	: Conakry		14 - CAMEROUN	: Yaoundé
5 - SIERRA LEONE	: Freetown		15 - SÃO TOMÉ ET PRINCIPE	: São Tomé
6 - LIBERIA	: Monrovia		16 - GABON	: Libreville
7 - CÔTE-D'IVOIRE	: Yamoussoukro		17 - CONGO	: Brazzaville
8 - BURKINA-FASO	: Ouagadougou		18 - SWAZILAND	: Mbabane
9 - GHANA	: Accra		19 - LESOTHO	: Maseru
10 - TOGO	: Lomé			

- BULGARIE	: Sofia
- SLOVENIE	: Ljubljana
- CROATIE	: Zagreb
- BOSNIE-HERZÉGOVINE	: Sarajevo
- YOUGOSLAVIE (Serbie et Monténégro)	: Belgrade
- MACÉDOINE	: Skopje
- ALBANIE	: Tirana
- GRÈCE	: Athènes
- ITALIE	: Rome
- SAINT-MARIN	: Saint-Marin
- MALTE	: La Valette
- CHYPRE	: Nicosie

PROCHE-ORIENT ET PAYS DU GOLFE

ISRAËL	: Jérusalem *	KOWEÏT	: Koweït-City
LIBAN	: Beyrouth	BAHREIN	: Manama
SYRIE	: Damas	QATAR	: Doha
JORDANIE	: Amman		
EMIRATS ARABES UNIS	: Abou-Dhabi		

* Statut de capitale non reconnu par une grande partie de la communauté internationale.

165°W	150°W	135°W	120°W	105°W	90°W	75°W	60°W	45°W	30°W	15°W	0°
-11 h	-10 h	-9 h	-8 h	-7 h	-6 h	-5 h	-4 h	-3 h	-2 h	-1 h	0 h GMT (Greenw' Mean Tim

-9h
Anchorage

Nuuk

-3h

Reykjavik

Edmonton

-8h

Winnipeg

-5h

-4h

-3h30

Londres

Pari

Seattle   -7h

Denver

Chicago

Montréal

Halifax

New York

Madrid

Phoenix

-6h

Washington

Alg

Los Angeles

Houston

Canaries

Miami

La Havane

+1

Mexico

Açores

Hawaii
-10h

Cap-Vert

Dakar

Lac

Bogota

Galapagos

Îles
Marquises

Manaus

-9h30

Lima

-4h

Recife

Sainte-Hélène

Polynésie
française
-10h

Île
Pitcairn

-8h30

La Paz

-3h

Santiago

Rio de
Janeiro

Buenos
Aires

Tristan
da Cunha

Malouines

Géorgie
du Sud

— Limite de fuseau horaire

+7h   Indique de combien d'heures en moins ou
       en plus l'heure locale diffère de l'heure GMT.

Les pendules indiquent l'heure qu'il est dans la zone
indiquée lorsqu'il est midi à l'heure GMT.

Il n'est pas tenu compte de l'heure dite «heure d'été»
appliquée par certains pays (en général, une heure de
plus que celle du fuseau).

| 1 h | 2 h | 3 h | 4 h | 5 h | 6 h | 7 h | 8 h | 9 h | 10 h | 11 h | 12 h |

30°E	45°E	60°E	75°E	90°E	105°E	120°E	135°E	150°E	165°E	180°E
+2 h	+3 h	+4 h	+5 h	+6 h	+7 h	+8 h	+9 h	+10 h	+11 h	+12 h -12 h

Anadyr
+12h

Magadan

Aléoutiennes
-9h

Helsinki

Saint-
Pétersbourg

+3h +5h +7h +9h +10h +11h

kholm

Moscou

+4h Ékaterinbourg

Novossibirsk

erlin

Kiev

Volgograd

Irkoutsk

nne

Vladivostok

Istanbul +4h Bakou Tachkent

+6h

Athènes

+5h Téhéran Pékin

Séoul Tokyo

oli

+3h30 +4h30

Jérusalem +5h

+8h

Le Caire +3h Dehli +5h45

Riyad +5h30

Hongkong

Khartoum Karachi Calcutta +6h30

amena Bombay Bangkok Manille

+5h30

Maldives

Nairobi

+2h

Seychelles

Îles
Cocos

+6h30

Jakarta +9h

Darwin

Îles
Marshall
+12h

ohannesbourg

Réunion +8h +10h

Nouvelle-
Calédonie
+11h30

Tonga
-11h

Le Cap

Perth +9h30

Adélaïde Sydney

Île Norfolk
+11h30

+10h30

Île Lord
Howe

Île
Crozet

Wellington
+12h

Kerguelen

| 14 h | 15 h | 16 h | 17 h | 18 h | 19 h | 20 h | 21 h | 22 h | 23 h | 24 h 0 h |

Cercle polaire arctique

A

1

20° W

2

0°
Méridien de
Greenwich

3

20

OCÉAN

80° N

Islande

REYKJAVIK ⊙

▲ 1 447 m   ▲ 2 119 m

Îles
Lofoten

▲ 2 12

MER DE
NORVÈGE

B

Îles
Féroé

Îles
Shetland

Îles
Hébrides

Îles
Orcades

BEN
NEVIS
1 343 m

Écosse

Cap
Lindesnes

Massif Scandinave

Sogno
Fjord

▲ 2 469 m

OSLO ⊙

LAC
VANERN

GOLFE
BOT

LAC
MÄLAREN

Å

STOCKHOLM

50° N

Îles Britanniques

Ulster

DUBLIN ⊙

Irlande

▲ 1041 m   ▲ 926 m

MER
D'IRLANDE

Man

Grande-
Bretagne

Pays de
Galles

MER
DU
NORD

SKAGERRAK

KATTEGAT

COPENHAGUE ⊙

Jutland

Scanie

Småland

LAC
VÄTTERN

Gotlande

MER
BALTIQU

Bornholm

C

OCÉAN

ATLANTIQUE

CANAL
DU NORD

CANAL
SAINT-GEORGES

Cap
Land's
End

Cornouailles

Îles
Anglo-Normandes

LONDRES ⊙

PAS DE CALAIS

BRUXELLES ⊙

MANCHE

Massif
Armoricain

Bassin

Loire

PARIS ⊙

Parisien

AMSTERDAM ⊙

Weser

Plaine

Rhin

Germano-Polonaise

BERLIN ⊙

Monts Hercyniens Allemands

PRAGUE ⊙

VARS

D

Cap
Finistère

Monts Cantabriques

Douro

Plateau

Chaîne de Castille

LISBONNE ⊙

▲ 2 592 m

Tage

MADRID ⊙

Cap
da Roca ⊙

Cap
Saint-Vincent ⊙

DÉTROIT DE
GIBRALTAR

RABAT ⊙

TOUBKAL
4 165 m

Haut-Atlas

▲ 3 737 m

GOLFE DE
GASCOGNE

Garonne

Pyrénées

PIC
D'ANETO
3 404 m

de

Castille

Sierra Morena

Guadalquivir

Sierra Nevada

MULHACEN
3481 m

ALGER ⊙

Atlas Tellien

Moulouya

Medjerda

Atlas Saharien

0°

Rhône

Massif

Central

▲ 1 886 m

MONT
BLANC
4 807 m

Vosges

Moselle

Rhin

Jura

BERNE ⊙

Alpes

GROSS-
GLOCKNER
3 798 m

VIENNE ⊙

TA
26

BUDAPEST ⊙

ORTLES
3 899 m

Istrie

Drave

Save

Plain
de Hon

Apennins

Alpes Dinariques

SARAJ

GOLFE
DU LION

Corse

GOLFE
DE GÊNES

MER

ROME ⊙

VÉSUVE
1 270 m

ADRIATIQUE

Pouilles

Îles Baléares

Minorque

Majorque

Ibiza

MER

Sardaigne

MER
TYRRHÉNIENNE

Calabre

ETNA
3 263 m

Sicile

Cor
Îles
Ionien

TUNIS ⊙

Cap
Bon

IONIENNE

Malte

MÉDITERRAN

CHOTT
EL DJERID

20

MER DE BARENTS

6   30° E   7   40° E   8   50° E   9   60° E   10   70° E

Cap Nord

Kirkenes •

• Mourmansk

A

60° N

Ivalo •

Kemijärvi •

Rovaniemi •

⊙ Capitale d'État
• Autre ville

(1) Bosnie-Herzégovine : les accords de Dayton (novembre 1995) définissent une ligne de partage qui délimite deux entités distinctes (la Fédération croato-musulmane au Sud-Ouest et la République serbe de Bosnie au Nord et à l'Est).

(2) Chypre : depuis 1974, une ligne établit la démarcation entre le Nord administré par la Turquie (devenu République turque du nord de Chypre en 1983) et le reste de l'île.

Kemi •

GOLFE DE BOTNIE

Oulu •

MER BLANCHE

• Arkhangelsk

FINLANDE

Tampere •

LAC ONEGA

LAC LADOGA

• Petrozavodsk

Kama

Perm •

• Ékaterinbourg

B

Helsinki ⊙   Kotka   Vyborg

GOLFE DE FINLANDE

⊙ Tallinn

• Tcheliabinsk

ESTONIE

Tartu

• Saint-Pétersbourg

Ijevsk •

Oufa •

60° N

Riga ⊙

LETTONIE

Daugavpils •

Iaroslavl •

Tver •

Moscou ⊙

Volga

Tcheboksary   Kazan

Nijni-Novgorod

Oulianovsk •

Togliatti •

Samara •

Orenbourg •

50° N

Siauliai •

Klaipeda •

Polotsk •

LITUANIE

⊙ Vilnius   Orcha •

Kaunas •

Dniepr

Vitebsk •

R U S S I E

• Grodno

⊙ Minsk   • Moguilev

Riazan •

Toula •

Penza •

Agtobe •

BIÉLORUSSIE

• Bobrouisk

Saratov •

KAZAKHSTAN

• Brest

• Gomel

Voronej •

• Tchernihiv

• Lublin

Rivne •

Kiev ⊙

Don

Volgograd •

Atyraou •

C

• Lvov

Oujhorod •

UKRAINE

Jitomir •

Tcherkassy

Kharkov •

Volga

Dnipropetrovsk •

Donetsk •

Astrakhan •

OUZBÉKISTAN

Tchernivtsi •

MOLDAVIE

Kryvyï Rih •

Zaporijjia •

Rostov-sur-le-Don •

Debrecen

Iasi •

Chisinau ⊙

Marioupol •

Agtaou •

Cluj

Odessa •

Kherson •

MER D'AZOV

• Krasnodar

Makhatchkala •

MER CASPIENNE

Timisoara

ROUMANIE

Crimée   Kertch •

• Novorossiisk

Bucarest ⊙

Sébastopol •   • Yalta

Sotchi •

Danube

• Constanta

MER NOIRE

Soukhoumi •

GÉORGIE   Tbilissi ⊙

Bakou ⊙

40° N

SERBIE

Sofia ⊙

Varna •

BULGARIE

• Burgas

Zonguldak •

• Sinop

Batoumi •

ARMÉNIE   AZERBAÏDJAN

TURKMÉNISTAN

Skopje

MACÉDOINE

Samsun •

Trabzon (Trébizonde) •

Erevan ⊙

Nakhitchevan (Azer.)

Thessalonique

DÉTROIT DU BOSPHORE

Istanbul •

• Bursa

Ankara ⊙

• Kirikkale

Erzurum •

Nakhitchevan

• Van

Tabriz •

Téhéran ⊙

D

Volos •

GRÈCE

MER ÉGÉE

DÉTROIT DES DARDANELLES

TURQUIE

Diyarbakir •

Athènes ⊙

• Izmir

Corinthe

Adana •

Gaziantep •

Mossoul •

IRAN

30° N

Cyclades (Gr.)

Antalya •

Mersin •

Iskenderun •

Alep •

IRAK

Ispahan •

Rhodes (Gr.)

Crète (Gr.)

Héraklion •

Nicosie ⊙   Larnaka •

CHYPRE [2]

Tripoli •

LIBAN

SYRIE

Euphrate

Bagdad ⊙

Bassora •

Nadjaf •

MÉDITERRANÉE

30° E

Beyrouth ⊙   ⊙ Damas

ISRAËL

Cisjordanie

JORDANIE

40° E

ARABIE SAOUDITE

Koweït ⊙

KOWEÏT

50° E

30° N

FRANCE PHYSIQUE 6

Col du Grand Saint-Bernard
Aoste
Turin
Saluces

GOLFE DE GÊNES
C
D 42° N
8° E
Bastia
9° E

MONTE CINTO 2710 m
Corse
MONTE ROTONDO 2622 m
Ajaccio

LAC LEMAN
Genève
Annecy
Bourg-en-Bresse
Mâcon
Lyon
Saint-Étienne

MONT-BLANC 4807 m
LA GRANDE CASSE 3852 m
Alpes Cottiennes
BARRE DES ÉCRINS 4103 m
Chambéry
Grenoble
2349 m
Alpes du Dauphiné
2793 m

LA NEIGE 1718 m

Esterel 618 m
Monts Maures 780 m
Îles d'Hyères

Nice
Digne
Gap
MONT VENTOUX 1909 m
Ste-Baume
Toulon
Marseille
Avignon
Alpilles
MER MÉDITERRANÉE

Rhône
Valence
Privas
Nîmes
Montpellier
GOLFE DU LION
4° E

Plaine de Roanne
Plaine du Forez
Clermont-Ferrand
1012 m
MONT MÉZENC 1753 m
GERBIER DE JONC 1551 m

Le Puy
1640 m
Cévennes
Sauvage

Allier
PUY DE DÔME 1465 m
Massif Central
PLOMB DU CANTAL 1855 m
1886 m
Monts du Cantal
MONT LOZÈRE 1702 m
1471 m
Grands Causses
Plaine du Languedoc

Marche
Plateau de Millevaches
Guéret
Plateau du Limousin
Limoges
Tulle
Aubrac
Rodez
Aveyron
1021 m
Corbières
Perpignan

Gérone
Barcelone
Tarragone

Bassin Central
Quercy
Cahors
Montauban
Toulouse
Albi
Seuil du Lauragais
2349 m
Foix
ANDORRE-LA-VIELLE
Ariège

Poitiers
Seuil du Poitou
Niort
Angoulême
Périgueux
Périgord
Guyenne
Agen
Garonne
Plateau de Lannemezan
Gers
Auch

Vienne
Charente
La Rochelle
Saintonge
Plaine Vendéenne
Île de Ré
Île d'Oléron

Bordeaux
BASSIN D'ARCACHON
ÉTANG DE CAZAUX
Médoc
Landes
Aquitaine
Gascogne
Béarn
Mont-de-Marsan
Pau
Adour
PIC DU MIDI DE BIGORRE 2877 m
PIC D'ANETO 3404 m
MONT PERDU 3355 m
PIC D'ANIE 2504 m
Pyrénées
Huesca
Barbastro
Lérida

OCÉAN ATLANTIQUE

GOLFE DE GASCOGNE

Méridien de Greenwich 0°

Monts Cantabriques
Bilbao
Pampelune
Logroño
Saragosse
Molina
Monts Ibériques
Burgos
Soria
Aranda de Duero
Douro

B 44° N
C
4° W

Échelle:
0 50 100 150 200 km

• Capitale d'État
• Autre ville
— Frontière internationale

Altitudes
3 500 m
2 500 m
1 500 m
1 000 m
500 m
200 m
100 m
0

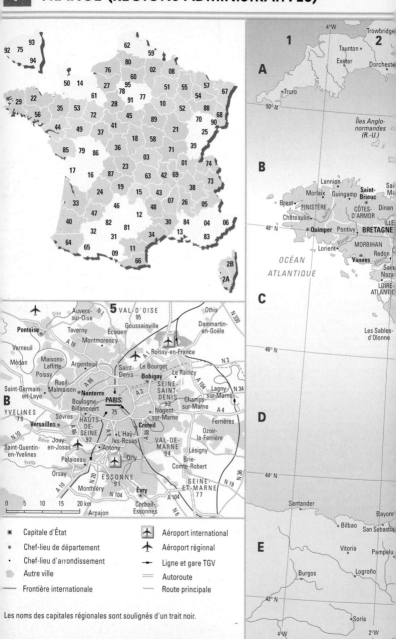

Capitale d'État

Chef-lieu de département

Chef-lieu d'arrondissement

Autre ville

Frontière internationale

Aéroport international

Aéroport régional

Ligne et gare TGV

Autoroute

Route principale

Les noms des capitales régionales sont soulignés d'un trait noir.

FRANCE (DÉPARTEMENTS DU NORD)

Légende de la carte :

- ■ Capitale d'État
- ◉ Chef-lieu de département (*)
- ● Chef-lieu d'arrondissement
- ○ Autre ville

Les traits blancs représentent les limites des départements.

(*) **Espagne** : communautés autonomes, **Suisse** : cantons, **Italie** : régions.

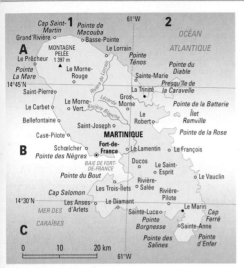

Le trait blanc représente la limite des provinces

0   50   100 km

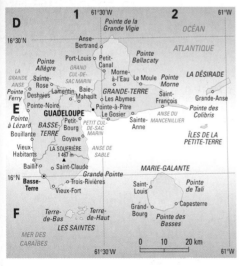

⊙	Chef-lieu de territoire ou de département
•	Chef-lieu d'arrondissement
○	Autre ville
—	Frontière internationale

DÉPARTEMENTS D'OUTRE-MER
-**Guadeloupe** (971)
-**Martinique** (972)
-**Guyane** (973)
-**La Réunion** (974)

TERRITOIRES D'OUTRE-MER
-**Mayotte** (*collectivité territoriale*)
-**Nouvelle-Calédonie**
-**Polynésie française** (îles Australes,
îles Marquises, îles Sous-le-Vent, îles du Vent
dont Tahiti, îles Tuamotu et Gambier)

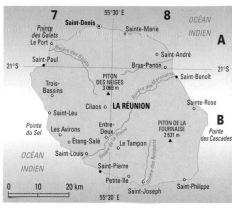

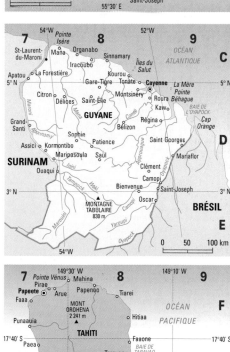

5 167° E **6** 168° E

OCÉAN PACIFIQUE

20° S

OUVÉA
○ Fayaoué

ÎLES

○ Wé
LIFOU
TIGA
21° S

NOUVELLE-CALÉDONIE

LOYAUTÉ

MARÉ
Tadine ○

ala
akéty
Thio
ouloupari
SUD
aïta ○
Dumbéa ○ Yaté
uméa ◎

ÎLE OUEN

ÎLE DES PINS
22° S

Vao ○

167° E 168° E

7 55°30' E **8**

OCÉAN INDIEN
A

Pointe des Galets
Le Port
Saint-Denis ◉
Sainte-Marie

21°S
Saint-Paul
○ Saint-André
Bras-Panon
Saint-Benoît
21°S

Trois-Bassins
PITON DES NEIGES 3 069 m ▲
Rivière des Marsouins

○ Saint-Leu
Cilaos ○
LA RÉUNION
Sainte-Rose

B

Pointe du Sel
Les Avirons
Entre-Deux
PITON DE LA FOURNAISE 2 631 m ▲
Pointe des Cascades

Étang-Salé ○
Le Tampon

OCÉAN INDIEN
Saint-Louis ○
Saint-Pierre ○

Petite-Île ○
Saint-Joseph
Saint-Philippe

0 10 20 km
55°30' E

7 54°W Pointe Isère **8** 52°W **9**

St-Laurent-du-Maroni
Mana
Organabo
Sinnamary
Îles du Salut
OCÉAN ATLANTIQUE
C

5° N
Apatou ○ La Forestière
Iracoubo
Kourou
Gare-Tigre Tonate
Cayenne ◉
La Mère Pointe Béhague
5° N

Citron
Délices
Saint-Élie
Montsinéry
Roura
Kaw
BAIE DE L'OYAPOCK
Cap Orange

Grand-Santi
GUYANE
Régina
D

Sophie
Patience
Bélizon
Saint Georges

Assici ○ Kormontibo
Maripasoula
Saül
Mariaflor

SURINAM
Ouaqui
Clément
Camopi
Saint-Joseph
3° N

Bienvenue
Oscar
BRÉSIL
3° N

MONTAGNE TABULAIRE 830 m ▲
E

0 50 100 km
54°W

7 149°30' W **8** 149°10' W **9**

Pointe Vénus
Pirae
Mahina
Papeete ◉ Arue
Papenoo
Tiarei
F

Faaa ○
MONT OROHENA 2 241 m ▲
Hitiaa
OCÉAN PACIFIQUE

Punaauia ○
TAHITI
17°40' S
Paea ○
Faaone
17°40' S

Taravao
BAIE DE TARAVAO
Pueu
Tautira

Papera ○
Afaahiti
Vairao
Presqu'île de Taiarapu
G

Pointe Utumanomano
Mataiea
MONT ROONIU 1 332 m ▲

Teahupoo
Pointe Fareara

0 10 20 km

MAYOTTE
RÉUNION
NOUVELLE-CALÉDONIE
TERRES AUSTRALES ET ANTARCTIQUES FRANÇAISES

aint-Pierre-et-Miquelon (*collectivité rritoriale*)
rres australes et antarctiques françaises
es Saint-Paul et Amsterdam, îles Crozet, s Kerguelen, Terre Adélie)
allis-et-Futuna

Capitale d'État

Capitale de communauté autonome (Espagne) ou de district (Portugal)

Autre ville

Frontière internationale

Les traits blancs représentent les limites de communautés autonomes (Espagne) ou de districts (Portugal).

FRANCE

Nîmes
Durance
Montpellier
Aix-en-Provence
Marseille
La Ciotat
GOLFE
DU LION

Albi
Auch
Toulouse
Castres
Carcassonne
Pamiers
Béziers
Sète
Foix
Narbonne
Aude

2°W   0° Méridien de Greenwich   2°E   4°E

5   6   7   8

A

Dax
Mont-de-Marsan
Biarritz
Bayonne
Orthez
Pau
Tarbes
Saint-Gaudens
Gave de Pau
Garonne
Irún
Rentería
Oloron-Sainte-Marie
Cauterets
Viella
ANDORRE-LA-VIEILLE
ANDORRE
Prades
Thuir
Perpignan
Têt
Cerbère
Portbou

tien
Elizondo
Pampelune
Villava
Aoiz
Jaca
Sabiñánigo
Sort
Séo de Urgel
Ripoll
Figueras
Cadaqués
Banyoles
Rosas
Olot

JE
te
NAVARRE
Sangüesa
Uncastillo
Boltaña
Tremp
Gironella
Vich
Torroella de Montgri
Palafrugell
42° N
asua

Tafalla
Villafranca
Huesca
Graus
Benabarre
Solsona
Cardone
CATALOGNE
Palamós

n
Corella
Alfaro
Ejea de los Caballeros
Sádaba
Barbastro
Almudébar
Monzón
Balaguer
Lérida
Cervera
Manresa
Granollers
Blanes

anlieu
Tudela
Tauste
Tardienta
Sariñena
Binéfar
Igualada
Sabadell
Badalona

arazona
Agreda
Borja
Alagón
Zaidín
Fraga
Tárrega
Martorell
Barcelone

Ricla
Saragosse
Quinto
Arbeca
Montblanch
L'Hospitalet

n
Calatayud
Cariñena
Cástejón
Caspe
Flix
Reus
Vendrell
Tarragone
B

Ateca
Azuara
Hijar
Maella
Gandesa
Cambrils

Daroca
ARAGON
Alcañiz
Valderrobres
Perelló

lina
Calamocha
Andorra
Calanda
Tortosa
Ebre

Montalbán
Castellote
Morella
Amposta

Monreal del Campo
Villafranca del Cid
San Mateo
Vinaroz
Benicarló

ego
Albarracín
Cella
Teruel
Albocácer

Cañete
Mora de Rubielos
Lucena del Cid
Torreblanca
Minorque
Ciudadela
40° N

PAGNE
Chelva
Segorbe
Onda
Castellón de la Plana
Villafamés
Majorque
Pollensa
Mahón

Campillo de Altobuey
Utiel
Vall de Uxó
Nules
Burriana
Sagunto
Palma de Majorque
La Puebla
Arta

inglanilla
Requena
Moncada
VALENCE
Valence
Calvia
Manacor
Felanitx

Iniesta
Torrente
Cabriel
Benifayó
Cullera

Tarazona de la Mancha
Carlet
Ibiza
Santa Eulalia del Río
ÎLES BALÉARES
C

La Gineta
Albacète
Ayora
Alcira
Játiva
Gandia
Oliva
San Antonio Abad
Ibiza

Montealegre del Castillo
Enguera
Albaida
Jávea

Tobarra
Yecla
Bañeres
Villena
Ibi
Alcoy
Calpe

Hellín
Jumilla
Elda
Novelda
Benidorm
Villajoyosa
MER

Calasparra
Cehegín
Cieza
Aspe
Elche
Alicante
Santa Pola

de
Mula
Murcie
Torrevieja
38° N
D

drique
Totana
MURCIE
San Javier

Blanco
Lorca
Mazarrón
Carthagène
MÉDITERRANÉE

al-Overa
Aguilas

Vera
Mojácar

Tigzirt

ALGER
Zeralda
Oued Sebaou
Bejaïa

Cherchell
Tipaza
Tizi-Ouzou

Hadjout
Bouïara
El-Boulaïda
Bouïra

Aïn Defla
Médéa
Bordj-Bou-Arreridj
36° N

Ech-Cheliff

Mostaganem
Cheliff

Arziw
Ghilizane
Sidi-Aïssa
Msila

Oran
Tissemsilt

Mouascar
Tiaret
Mehdia
ALGÉRIE
Aïn-Wessara

Aïn Temouchent

Sidi-Bel-Abbès
Frenda
0   50   100   150   200 km

Maghnia
Tlemcen
Méridien de Greenwich
0°
2°E
4°E
E

54° N

D

North Waltham · Southwold
Hunstanton King's Lynn NORFOLK · Swaffham · Norwich · Diss SUFFOLK Southwold
THE WASH Spalding Grantham · Peterborough Cambridge · Colchester Aldeburgh
Boston LINCOLNSHIRE NORTHAMPTON- SHIRE BEDFORD- Bedford HERTFORD- ESSEX Harwich
Lincoln · NOTTINGHAM- Loughborough Northampton SHIRE SHIRE Chelmsford
Chesterfield Matlock SHIRE Leicester · WARWICK · Banbury BUCKINGHAM- Hertford LONDRES KENT
DERBY Nottingham LEICESTER- Coventry SHIRE Aylesbury OXFORD- SHIRE GRAND Maidstone Canterbury Douvres
Derby SHIRE Birmingham Warwick Oxford SHIRE Windsor LONDRES Tonbridge Folkestone
STAFFORD- MIDLANDS Worcester Malvern Swindon Reading BERKSHIRE SURREY SUSSEX- Hastings
SHIRE Stafford OUEST HEREFORD- WORCESTER Gloucester WILTSHIRE HAMPSHIRE Winchester ORIENTAL Eastbourne
Shrewsbury Malvern GLOUCESTER- Salisbury Southampton Chichester Brighton
SHROP- SHIRE Hereford AVON Bristol Frome DORSET Portsmouth Bognor Regis
Chester CHESHIRE GWENT GLOUCESTER Cheddar SOMERSET Newport ÎLE DE WIGHT
Mold CLWYD POWYS Cardiff GLAMORGAN SUD Bridgwater Taunton Dorchester Weymouth
Welshpool Llangurig Swansea GLAMORGAN CENTRE Exeter Torbay
PAYS DE GALLES Llandrindod- Wells GLAMORGAN OUEST DEVON
Caernarvon GWYNEDD Aberystwyth DYFED Carmarthen CORNOUAILLES
Dolgellau Barmouth BAIE DE CARDIGAN Cardigan Launceston Saint Austell
Llanelli Milford Haven Saint David's Padstow Truro
Fishguard Penzance
Lampeter Tivy Exe
Tamar
CANAL DE BRISTOL
Barnstaple Bideford Holsworthy
Plymouth
Falmouth
Îles Scilly

BAIE DE LYME

MANCHE

FRANCE
Le Havre Rouen
Dieppe
Fécamp
Alderney Beaumont
Guernsey Saint-Pierre- Port Barfleur
Jersey Saint-Hélier Cherbourg

50° N

MER D'IRLANDE

Man Douglas

200 km
100
0

OCÉAN ATLANTIQUE

IRLANDE
DUBLIN

E

10° W   8° W   6° W   4° W   2° W   0°

D

E

54° N

52° N

50° N

Légende

- ■ Capitale d'État
- ◉ Chef-lieu de région (Italie) ou d'État fédéré (Autriche)
- • Autre ville
- — Frontière internationale

Les traits blancs représentent les limites des régions (Italie) ou des États fédérés (Autriche).

Légende

- ■ Capitale d'État
- ⊙ Chef-lieu de Land (État fédéré)
- • Autre ville
- — Frontière internationale

Les traits blancs représentent les limites des États fédérés (Länder).

Pays et régions voisines

SUÈDE — DANEMARK — POLOGNE — PAYS-BAS

Mers et baies

MER BALTIQUE — MER DU NORD — BAIE DE POMÉRANIE — BAIE DE MECKLEMBOURG — BAIE DE KIEL — BAIE DE FAKSE — BAIE D'HELGOLAND — DÉTROIT DE BORNHOLM — DÉTROIT DE FEHMARN — MER DES WADDEN — BAIE DU MECKLEMBOURG

Länder (États fédérés)

SCHLESWIG-HOLSTEIN — MECKLEMBOURG-POMÉRANIE-OCCIDENTALE — BRANDEBOURG — BASSE-SAXE — SAXE-ANHALT — RHÉNANIE-DU-NORD-WESTPHALIE — BRÊME

Villes principales

Hambourg — Brême — Hanovre — Schwerin — Magdebourg — Potsdam — Berlin — Kiel

Autres villes (sélection)

Sveneke, Rønne, Sandvik, Gryfice, Gryfino, Goleniów, Stargard Szczeciński, Choszczno, Pyrzyce, Myślibórz, Szczecin, Police, Świnoujście, Uckermünde, Anklam, Gorzów Wielkopolski, Kostrzyn, Sulęcin, Debno, Schwedt, Prenzlau, Angermünde, Eberswalde, Strausberg, Rüdersdorf, Francfort-sur-l'Oder, Eisenhüttenstadt, Guben, Gubin, Lubsko, Żary, Forst, Weisswasser, Cottbus, Finsterwalde, Luckenwalde, Ludwigsfelde, Zehdenick, Oranienburg, Neuruppin, Kyritz, Rathenow, Brandenburg, Wittenberg, Dessau, Wolfen, Bitterfeld, Köthen, Bernburg, Schönebeck, Haldensleben, Oschersleben, Halberstadt, Quedlinburg, Aschersleben, Nordhausen, Herzberg am Harz, Northeim, Göttingen, Warburg, Paderborn, Lippstadt, Hamm, Dortmund, Gelsenkirchen, Oberhausen, Duisbourg, Wesel, Bocholt, Borken, Ahaus, Enschede, Zutphen, Deventer, Apeldoorn, Amersfoort, Bois-le-Duc, Nimègue, Arnhem, Zwolle, Kampen, Lelystad, Lemmer, Harlingen, Leeuwarden, Groningue, Heerenveen, Assen, Meppel, Emmen, Delfzijl, Emden, Norden, Aurich, Leer, Papenburg, Meppen, Lingen, Rheine, Nordhorn, Münster, Dülmen, Datteln, Ibbenbüren, Osnabrück, Melle, Bramsche, Lohne, Cloppenburg, Oldenburg, Wilhelmshaven, Nordenham, Brake, Zetel, Wittmund, Westerstede, Zwischenahn, Hude, Delmenhorst, Syke, Diepholz, Sulingen, Twistringen, Espelkamp, Minden, Herford, Bielefeld, Gütersloh, Detmold, Lemgo, Hameln, Holzminden, Höxter, Bad Salzdetfurth, Hildesheim, Bad Salzuflen, Lehrte, Peine, Salzgitter, Goslar, Wolfenbüttel, Brunswick, Wolfsburg, Stendal, Tangerhütte, Tangermünde, Burg, Genthin, Brome, Wittingen, Salzwedel, Lüchow, Perleberg, Wittenberge, Havelberg, Pritzwalk, Parchim, Ganzlin, Waren, Mirow, Neustrelitz, Neubrandenburg, Altentreptow, Torgelow, Jarmen, Greifswald, Wolgast, Usedom, Grimmen, Demmin, Güstrow, Bützow, Teterow, Malchin, Rostock, Bad Doberan, Ribnitz-Damgarten, Stralsund, Sassnitz, Bergen, Sagard, Putgarden, Heiligenhafen, Grömitz, Neustadt in Holstein, Grevesmühlen, Wismar, Bad Oldesloe, Lübeck, Mölln, Lauenburg, Geesthacht, Lüneburg, Uelzen, Celle, Bergen, Walsrode, Nienburg, Verden, Achim, Schwanewede, Osterholz-Scharmbeck, Bremervörde, Bremerhaven, Cuxhaven, Stade, Buxtehude, Buchholz in der Nordheide, Winsen, Hagenow, Ludwigslust, Boizenburg, Hitzacker, Dannenberg, Gifhorn, Helmstedt, Schöningen, Osterburg, Gardelegen, Haldensleben, Wolmirstedt, Burg, Loburg, Zerbst, Coswig, Roslau, Wittenberg, Gräfenhainichen, Bad Schmiedeberg, Torgau, Herzberg, Jüterbog, Belzig, Treuenbrietzen, Jessen, Herzberg, Kappeln, Eckernförde, Rendsburg, Schönberg, Preetz, Plön, Neumünster, Bad Segeberg, Bad Bramstedt, Kaltenkirchen, Elmshorn, Wedel, Pinneberg, Itzehoe, Glückstadt, Brunsbüttel, Heide, Tönning, Büsum, Husum, Niebüll, Schleswig, Flensburg, Glücksburg, Åbenrå, Haderslev, Ribe, Tønder, Sønderborg, Nordborg, Kolding, Vejle, Fredericia, Middelfart, Odense, Svendborg, Faaborg, Nyborg, Kerteminde, Assens, Rudkøbing, Bagenkop, Nakskov, Maribo, Nykøbing, Nysted, Rødby, Vordingborg, Næstved, Slagelse, Korsør, Kalundborg, Holbæk, Roskilde, Køge, Stege

Fleuves et rivières

Elbe — Weser — Ems — Oder — Havel — Spree — Mulde — Saale — Aller — Leine — Canal latéral de l'Elbe — Canal du Mittelland — Weser-Ems-Kanal — Ems-Jade-Kanal — Stadskanaal

Îles

Îles Frisonnes septentrionales — Îles Frisonnes orientales — Îles Frisonnes occidentales — Helgoland — Sylt — Föhr — Amrum — Rügen — Usedom — Fehmarn — Langeland — Lolland — Falster — Møn — Sjælland — Fyn — Als — Bornholm (Danemark/H.)

Coordonnées

6° E, 8° E, 10° E, 12° E, 14° E — 52° N, 54° N

ALLEMAGNE

RÉPUBLIQUE TCHÈQUE

AUTRICHE

SUISSE

FRANCE

BELGIQUE

LUXEMBOURG

LIECHTENSTEIN

HESSE

RHÉNANIE-PALATINAT

SARRE

BAVIÈRE

BADE-WURTEMBERG

PRAGUE

Dresde

Erfurt

Wiesbaden

Mayence

Stuttgart

Munich

VADUZ

0 50 100 km

50° N · 48° N

8° E · 10° E · 12° E · 14° E

Liberec · Jablonec nac Nisou · Kutná Hora · Benešov · Vlašim · Sobeslav
Sebnitz · Milaa Boleslav · Pelhrimov · Mělnik · Slany · Horovice · Pribram · Pisek
Decin · Usti · Louny · Kladno · Tábor · Prachatice · Ceske Budejovice
Pirna · Teplice · Most · Chomutov · Zatec · Prestice · Strakonice · Cesky Krumlov · Linz
Freital · Freiberg · Kadan · Karlovy Vary · Plzen · Susice · Kletovy · Freyung · Wels · Steyr
Mittweida · Annaberg-Buchholz · Sokolov · Jachymov · Nyrany · Domazlice · Zwiesel · Grieskirchen · Amstetten · Eisenerz
Chemnitz · Aue · Cheb · Marianské Lazne · Bor · Tachov · Cham · Deggendorf · Ried · Vöcklabruck · Gmunden
Altenburg · Zwickau · Plauen · As · Selb · Marktredwitz · Schwandorf im Bayern · Straubing · Osterhofen · Passau · Braunau · Burghausen · Bad Ischl · Bad Goisern
Gera · Greiz · Hof · Weiden · Sulzbach-Rosenberg · Ratisbonne · Platting · Vilsburg · Mühldorf · Traunstein · Hallein · Bad Goisern
Iena · Saalfeld · Kulmbach · Pegnitz · Amberg · Neumarkt in der Oberpfalz · Regensburg · Kelheim · Landshut · Erding · Rosenheim · Bad Reichenhall · Berchtesgaden · Bruck
Rudolstadt · Kronach · Bayreuth · Forchheim · Nuremberg · Schwabach · Ingolstadt · Dachau · Ottobrunn · Geretsried · Bad Tölz · Kufstein · Kitzbühel · Saalfelden · Mittersill
Weimar · Arnstadt · Ilmenau · Suhl · Coburg · Bamberg · Erlangen · Fürth · Eichstätt · Schrobenhausen · Friedberg · Augsbourg · Weilheim · Oberammergau · Garmisch-Partenkirchen · Schwaz · Innsbruck
Gotha · Schmalkalden · Bad Neustadt an der Saale · Sonneberg · Lichtenfels · Neustadt an der Aisch · Gunzenhausen · Donauwörth · Kaufbeuren · Füssen · Zirl · Imst
Eisenach · Meiningen · Schweinfurt · Ochsenfurt · Ansbach · Nördlingen · Dillingen an der Donau · Memmingen · Immenstadt im Allgäu · Bregenz · Mittelberg · Landeck
Bebra · Bad Hersfeld · Hünfeld · Fulda · Gemünden · Würzburg · Rothenburg ob der Tauber · Aalen · Heidenheim · Sanden · Illertissen · Isny · Kempten · Saint-Gall · Feldkirch
Marburg · Alsfeld · Lauterbach · Schlüchtern · Bad Kissingen · Tauberbischofsheim · Bad Mergentheim · Ellwangen · Ulm · Ravensburg · Arbon · Herisau
Gissen · Bad Nauheim · Büdingen · Hanau · Aschaffenburg · Wertheim · Mosbach · Schwäbisch Hall · Schwäbisch Gmünd · Langenau · Sigmaringen · Friedrichshafen · Saint-Gall · Winterthur
Limburg · Francfort-sur-le-Main · Offenbach · Darmstadt · Heilbronn · Backnang · Göppingen · Reutlingen · Ehingen · Kreuzlingen · Chauenfeld · Zurich
Wetzlar · Dillenburg · Russelsheim · Weinheim · Ludwigsburg · Böblingen · Tübingen · Balingen · Schwenningen · Singen · Schaffhouse · Aarau · Zoug · Lucerne
Siegen · Bensheim · Mannheim · Heidelberg · Pforzheim · Villingen · Donaueschingen · Liestal · Olten · Soleure
Wittlich · Boppard · Coblence · Bad Kreuznach · Frankenthal · Ludwigshafen · Bruchsal · Karlsruhe · Baden-Baden · Offenburg · Lahr · Waldkirch · Fribourg · Mülheim · Lörrach · Bâle · Delémont · Bienne · Neuchâtel
Bergisch Gladbach · Siegburg · Andernach · Neuwied · Neustadt an der Weinstrasse · Rastatt · Haguenau · Fribourg · Illzach
Cologne · Bonn · Euskirchen · Bad Neuenahr-Ahrweiler · Kaiserslautern · Pirmasens · Strasbourg · Mulhouse · La Chaux-de-Fonds
Düren · Aix-la-Chapelle · Eupen · Schleiden · Gerolstein · Morbach · Idar-Oberstein · Homburg · Sarrebourg · Sélestat · Besançon
Verviers · Spa · Malmedy · Trèves · Neunkirchen · Wadern · Forbach · Sarreguemines · Saverne · Colmar · Montbéliard · Belfort · Vesoul
Herstal · Liège · Bastogne · Diekirch · Grevenmacher · Saarlouis · Saint-Avold · Sarralbe · Saint-Dié · Luxeuil-les-Bains · Vittel
Maastricht · Thionville · Hagondange · Metz · Château-Salins · Épinal · Toul · Vittel
Pont-à-Mousson · Nancy

54° N **1**   **2**   **3**   **4**   **5**

3° E   4° E   5° E   6° E   7° E

■ Capitale d'État
◉ Chef-lieu (*)
• Autre ville
— Frontière internationale

Les traits blancs représentent les
limites de provinces.

(*) **Belgique** et **Pays-Bas** : chef-lieu de
province, **Luxembourg** : de district.

A

Îles Frisonnes Occidentales
Îles Frisonnes Orientales

Juist
Borkum
Terschelling
Ameland
Schiermonnikoog
Uithuizen
Wierum
Holwerd   LAC DE
Delfzijl
Vlieland   DES   Stiens   Dokkum   LAUWERS   Winsum   Appinge
WADDEN   **GRONINGUE**   Nieuwescha
Texel   Harlingen   MER   Grouw   Leek   Hoogezand
Bolsward   **Leeuwarden**   Drachten   Roden   Veendam   Winscl
Le Helder   Sneek   Workum   Joure   Heerenveen   Veenhuizen   Borger   Odoorn
Callantsoog   Middenmeer   **FRISE**   Oosterwolde   **Assen**   Ter A
DIGUE DU NORD   Lemmer   Dieve   Beilen
Schagen   IJSSELMEER   Steenwijk   Hoogeveen   Coevorden   Emme
Andijk   Emmeloord   **DRENTHE**   Erica
Heiloo   **HOLLANDE-**   Hoorn   Meppel   Schoonebeek
Castricum   Alkmaar   LAC DE   Staphost   Ommen
Edam   Dronten   **Zwolle** ◉   Hardenberg
B   Purmerend   MARKEN   Kampen   **OVERIJSSEL**   Ootmar
IJmuiden   Zaandam   **FLEVOLAND**   Nijverdal
Haarlem   ● **AMSTERDAM**   Nunspeet   Almelo   Oldenz
Hillegom   **SEPTENTRIONALE**   Harderwijk   Olst   Rijssen   Hengelo
Lisse   Bussum   Epe   Deventer   Eefde   Enschede
Leiden ● Alphen   Uithoorn   Hilversum   Ermelo   Vaassen   Borculo
La Haye   Voorburg   Maarssen   Amersfoort   Barneveld   Apeldoorn   Zutphen ● Borculo
52° N   Rijswijk   **HOLLANDE-**   IJsselstein   **UTRECHT**   Ede   **Arnhem**   Dieren   Doesburg Groenlo
Delft   Gouda   ◉ **Utrecht**   Renkum   Rheden   Doetinchem
Maassluis   Rhenen   Elst   Zevenaar
Brielle   **MÉRIDIONALE**   Leerdam   Tiel   Nimègue   Wesel
Ouddorp   Vlaardingen   Culemborg   Groesbeek
Rotterdam   Zwijndrecht   Druten
Haamstede   Middelharnis   Numans-   Dordrecht   Geldermalsen   Oss   Cuyk   Bocholt
ESCAUT   Zierikzee   Oude-   dorp   Kerkdriel   Boxmeer
ORIENTAL   Tonge   Heusden   Waalwijk ● **Bois-le-Duc**
Westkapelle   Tholen   Willemstad   Vught   Uden   Overloon   Wesel
C   **ZEELAND**   Roosendaal   **BRABANT-**   Tilburg   Boxtel   Venray
Goes   Bergen   Breda   Etten-Leur   **SEPTENTRIONAL**   Horst   Essen
ESCAUT   ◉ **Middelburg**   Yerseke   op Zoom   Zundert   Goirle   Eindhoven   Asten   Duisburg
OCCIDENTAL   Flessingue   Kalmthout   Reusel   Waalre   Geldrop   Venlo   Düsseldorf
Zeebrugge   Breskens   Terneuzen   Ekeren   Brecht   Lommel   **LIMBOURG**
Blankenberge   Sluis   IJzendijke   Beveren   **ANVERS**   Turnhout   Overpelt   Weert   Roermond
Nieuport   Ostende   Maldegem   Axel   Zelzate   **Anvers** ■   Herentals   Gee   Peer   Maaseik   Echt
La Panne   Gistel   Eeklo   Lierre   Bourg   Balen   Bree   Kra
Furnes   **FLANDRE-**   **FLANDRE-**   Saint-   Boom   Westerlo   Leopold   Maaseik   Sittard   Cologr
Dixmude   Torhout   Tielt   Nicolas   Malines   Diest   **LIMBOURG**   Genk   Geleen
51° N   Poperinge   Roulers   Aalter   Lokeren   Zemst   Aarschot   **Hasselt** ◉   Lanaken   Heerlen   Kerkrade   51°
Ypres   Izegem   **Gand** ●   Wetteren   Vilvorde   Louvain   Alken   Bilzen   **Maastricht** ◉   Vaals   Düren   Bor
Menin   Deinze   Lede   Asse   Tirlemont   Tongres   Herstal   Eupen
D   Courtrai   Nazareth   Alost   Anderlecht   ■ **BRUXELLES**   Saint-Trond   **Liège** ◉   Verviers   **ALLEMAG**
Renaix   Ninove   Uccle   **BRABANT**   Wavre   Hannut   Pervez   Esneux   **LIÈGE**   Limbourg
Lille   Estaimpuis   Lessines   Halle   Waterloo   Braine-   Perwez   Huy   Seraing   Rouvreux   Spa
Tournai   Leuze   Ath   Soignies   l'Alleud   Chastre   **Namur** ◉   Andenne   Ferrières   Malmédy
Béthune   Beloeil   Braine-   Nivelles   **BELGIQUE**   Lierneux   Trois-Ponts
le-Comte   La Louvière   **NAMUR**   Havelange   Hotton   Saint-Vith
Valenciennes   Dour ● **Mons**   Charleroi   Châtelet   Ciney   Bovigny   Trois-vierges   Gerolstein
Arras   Frameries   Thuin   Walcourt   Florennes   Dinant   Marche-en-   Houffalize   Clervaux
Maubeuge   Beaumont   Philippeville   Hastière   Famenne   Bastogne   Wiltz   Bitburg   50°
50° N   Cambrai   Chimay   Couvin   Rochefort   Tellin   Wellin   Saint-Hubert   Vianden
Avesnes   Beauraing   Gedinne   Neufchâteau   **LUXEMBOURG**   Clervaux   Echternach
FRANCE   Bièvre   Paliseul   **Diekirch** ◉   Ettelbrück   Mersch   Berbourg
Saint-Quentin   Vresse-sur-   Martelange   Redange   Mersch   **Grevenmacher** ◉
Semois   Bouillon   Chiny   Attert   Capellen   Remich
E   Charleville-   Florenville   Virton   **Arlon** ◉   **LUXEMBOURG** ■
Mézières   Torgny   Aubange   Pétange   Esch-   Mondorf
sur-Alzette   Dudelange

0 20 40 60 km

Neufchâtel

3° E   4° E   5° E   6° E

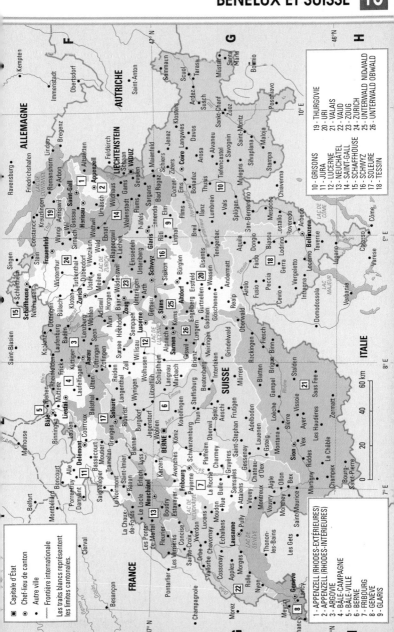

Légende

- ■ Capitale d'État
- ◉ Chef-lieu de canton
- • Autre ville
- — Frontière internationale
- Les traits blancs représentent les limites cantonales.

Liste des cantons :

1 - APPENZELL (RHODES-EXTÉRIEURES)
2 - APPENZELL (RHODES-INTÉRIEURES)
3 - ARGOVIE
4 - BÂLE-CAMPAGNE
5 - BÂLE-VILLE
6 - BERNE
7 - FRIBOURG
8 - GENÈVE
9 - GLARIS
10 - GRISONS
11 - JURA
12 - LUCERNE
13 - NEUCHÂTEL
14 - SAINT-GALL
15 - SCHAFFHOUSE
16 - SCHWYZ
17 - SOLEURE
18 - TESSIN
19 - THURGOVIE
20 - URI
21 - VALAIS
22 - VAUD
23 - ZOUG
24 - ZURICH
25 - UNTERWALD NIDWALD
26 - UNTERWALD OBWALD

RUSSIE

60° N
56° N
D
E

LAC
LADOGA
Saint-Pétersbourg
Llogaо

Pekšańaki Lapeenranta
Savonlinna
Imatra
Mikkeli
Kouvola
Hamina
Heinola
Lahti
Jyväskylä Jämsä
Riihimäki
Hämeenlinna
Espoo □HELSINKI
Kotka
Narva
Viborg

ESTONIE
□TALLINN
Rakvere
Tartu
Pskov

Mäntta Tampere
Kankaanpää
Pori Vammala Forssa Salo Turku
Kaskö Kristiinankaupunki Sideby
Pärnu
Valga
Valka
Cesis

LAC
PEIPOUS
Paide
Haapsalu
Viljandi

Kokemäki Rauma Naantali Mariehamn Hango
Uusikaupunki Åland
Kärdla
Kuressaare
Valmiera
Rezekne

Kärdla
Hiiumaa
Saaremaa
Mohu
Rīga □RIGA

LETTONIE

Jelgava
Jēkabpils

GOLFE DE FINLANDE
Hyvinkää
Karis

Vormsi
Vilandi

GOLFE
DE RIGA

Ventspils
Panevėžys

Liepāja
LITUANIE
Telšiai
Šiauliai

Kretinga
Tauragė
Kaunas
Klaipėda
RUSSIE
Kaliningrad

Lazdijai
Suwałki

Härnösand
Sundsvall
Hudiksvall
Bergsjö
Söderhamn
Norrsundet

GOLFE
DE BOTNIE

Söderhamn
Gävle

MER
BALTIQUE

Fårön
Fårösund
Burgsvik
Gotland

GOLFE DE GDANSK
Kołobrzeg

POLOGNE

Öregrund
Östhammar
Norrtälje

Örbyhus
Tierp

Vishy
Visby
Gotland

0   50 100 150 200 250 300 km

Ånge
Sundsvall
Ljusdal
Järvsö
Bollnäs

STOCKHOLM
Enköping
Uppsala
Sandviken

Södertälje
Nyköping

Fårön

Asarna
Hede
Sveg
Mora
Orsa
Malung
Dalby
Avesta
Hallefors
Hagfors
Ludvika
Borlänge
Falun
Leksand

Västerås
Eskilstuna
Katrineholm

Kumla
Örebro
Motala
Norrköping

Västervik
Borgholm
Färjestaden
Öland

Oskarshamn
Nybro
Kalmar

Arvika
Karlstad
Säffle
Åmål
Mariestad
Linköping
Mjölby
Huskvarna
Nässjö
Eksjö
Vetlanda
Vimmerby
Vaxjö

Trollhättan
Vänersborg
VÄNERN
Jönköping
Borås

Simrishamn
Sandvik
Bornholm (Danemark)

Uddevalla
Göteborg
Varberg
Värnamo
Ljungby
Kristianstad
Karlskrona

Halmstad
Hässleholm
Bästad
Simrishamn

Ängelholm
Helsingborg
Helsingör
COPENHAGUE
Malmö
Trelleborg

Sassnitz
Stralsund
Rügen
Rostock
Wismar 12° E
Lübeck

Hillerød
Roskilde
Slagelse
Næstved
Køge
Vordingborg
Nyköbing

Helsingborg
Landskrona
Ystad

Frederikshavn
Hjörring
Hirtsals
Skagen
SKAGERRAK   Skagen, Cap
KATTEGAT

NORVÈGE

Bergen
Haugesund

OSLO
Lillestrøm
Moss

Drammen
Tønsberg
Skien
Porsgrunn
Arendal
Kristiansand

DANEMARK

Aalborg
Viborg
Silkeborg
Århus
Vejle
Odense
Kolding
Esbjerg
Ribe
Ringköbing
Holstebro
Thisted
Skive
Kalundborg
Sorø
Svendborg
Sönderborg
Flensburg
Kiel
ALLEMAGNE

MER
DU NORD

Îles Frisonnes
septentrionales
Cuxhaven
Wilhelmshaven
Îles Frisonnes
orientales

60° N
56° N
C
D
E
6° E

Capitale d'État ■
Chef-lieu (*) ◉
Autre ville •
Les traits blancs représentent les
frontières internationales.

(*) **Pologne** : chef-lieu de province,
République Tchèque et **Slovaquie** :
de région, **Hongrie** : de comitat.

Capitale d'État

⊙ **Chef-lieu (•)**

• **Autre ville**

Entités définies par les accords de Dayton (novembre 1995) :

Fédération croato-musulmane

République serbe de Bosnie

Les traits blancs représentent les frontières internationales. Les tiretés blancs représentent les limites des républiques et des provinces autonomes en Yougoslavie.

(•) **Roumanie** : chef-lieu de district. **Grèce** et **Bulgarie** : de région, **Yougoslavie** : capitale de république (Serbie et Monténégro) ou de province autonome (Kosovo et Vojvodine).

Novorossiisk •
Maïkop •
Nevinnomiisk •

RUSSIE

Touapse •
• Piatigorsk
44° N

Sotchi •
Naltchik •
Grozny •

• Soukhoumi

• Poti
Koutaïssi •
• Tskhinvali
A

Batoumi •
GÉORGIE
Gori •
TBILISSI ■

afra •
Samsun ⊙
Terme •
Kemalpasa •
Ardesen •
Hopa •
Rosof •
Ardanuç •
Hanak •
ezirköprü •
Fatsa •
Ordu ⊙
Akçaabat •
Rize ⊙
Çildir •
Çela •

Kavak
Çarsamba •
Tirebolu •
Arsin •
Of •
Artvin ⊙
Olur •
Göle •
Susuz •
ARMÉNIE

Havza
Gölköy •
Giresun ⊙
Kesap •
Tonya •
Trabzon ⊙
Yusufeli •
Oltu •
Kars ⊙

⊙ **Amasya**
Erbaa •
Resadiye •
Aybasti •
Dereli •
Torut •
Hundezler •
Selim •
Sarikamis •
EREVAN ■

Turhal •
Tokat ⊙
• Almus
• Koyulhisar
Alucra •
Siran •
Gümüshane ⊙
Bayburt ⊙
• İspir
Tortum •
Horasan •
Arake
40° N

Zile •
Pazar •
Kelkit
Pulur •
Çayirli •
Dumlu •
Pasinler •
Agri ⊙
Igdir •
Aralik

ekrek
Artova •
Susehri •
Ezbider •
Çayirli •
• Askale
Erzurum ⊙
Eleskirt •
(Karaköse)
Dogubayazit •

asbek
Yildizeli •
Sivas ⊙
Zara •
Refahiye •
Erzincan ⊙
Tercan •
Tekman •
Karayazi •
Tutak •
Taslıçay •

arikaya
Imranli •
Iliç •
• Kemah
Firat
Çat •
Kigi •
Hinis •
Malazgirt •
Patnos •
Çaldiran •
IRAN

andir
TURQUIE
Divrigi •
Kemaliye •
Ovacik •
Pülümür •
Kânires •
Varto •
Bulanik •
Ercis •

ayseri
Gemerek •
Kangal •
Çetinkaya •
Tunceli ⊙
Solhan •
Til •
Ahlat •
Adilcevaz •
Özalp •

Sarioglan •
Arapkir •
Çemisgezek •
(Kalan)
Bingöl ⊙
Tatvan •
Van ⊙

• Bünyan
Gürün •
Hekimhan •
Keban •
LAC KEBAN
Palu •
Murat
Lice •
Mus ⊙
Hizan •
LAC VAN
Gevas •

Pinarbasi •
Kursunlu •
Malatya ⊙
Elâzig •
İçme •
Maden •
Hani •
Bitlis ⊙
Çatak •
Baskale •

eveli
Afsin •
Imron •
Sivrice •
Ergani •
Silvan •
Kozluk •
Sirvan •
Siirt ⊙
Pervari •
Yüksekova •

ahyali
Göksun •
Dogansehir •
Gerger •
Diyarbakir ⊙
Kurtalan •
Batman ⊙
Eruh •
Beytüssebap •
Hakkâri ⊙

Feke •
Elbistan •
Nurhak •
Çelikhan •
• Siverek
Tigre
Sirnak ⊙
Uludere •
Semdinli •

Kozan •
Maras ⊙
Andirin •
Gölbasi •
Besni •
Adiyaman ⊙
Hilvan •
Çınar •
Gerçüs •
Midyat •
Silopi •

Kadirli •
Bahçe •
Türkoglu •
Suvarli •
Bozova •
Viransehir •
Mardin ⊙
Ömerli •
Cizre •

Osmaniye •
Gaziantep ⊙
Halfeti •
Urfa ⊙
Kiziltepe •

Ceyhan •
Islâhiye •
Nizip •
Sürüç •
Harran •
Ceylanpinar •
IRAK

• Dörtyol
Kilis •
Barak •

Kirikhan •
Iskenderun •
GOLFE D'ISKENDERUN
Mossoul •
36° E

Reyhanli •
• Alep

dagi •
⊙ **Antakya**
(Antioche)

•Lattaquié
SYRIE

• Hama

• Tartus
• Homs

Tripoli •
LIBAN
36° E
40° E
44° E
C

ROYAUME-UNI

Bergen •
NORVÈGE
Kristiansand •
Arendal •
• Trondheim
DANEMARK
■ OSLO
• Göteborg
■ COPENHAGUE
Malmö •

SUÈDE
Kiruna •
• Rovaniemi
Turku • Tampere
■ STOCKHOLM
FINLANDE
TALLINN ■ HELSINKI

MER DE NORVÈGE
Cercle polaire arctique
Lofoten (Nor.)
• Tromsø

Île aux Ours (Nor.)

Spitzberg (Nor.)

Terre François-Joseph (Russie)

MER DE BARENTS

OCÉAN

GLACIA

• Mourmansk
• Montchegorsk
Kandalakcha

Nouvelle-Zemble (Russie)

Kolguiev (Russie)

MER DE KARA

Belyi (Russie)

• Dikson

Gdansk •
POLOGNE • Kaliningrad
RIGA ■
VARSOVIE RUSSIE
LITUANIE ESTONIE Vyborg
VILNIUS • Pskov Saint-Pétersbourg
Brest • Velikie-Louki
MINSK ■ Novgorod
BIÉLORUSSIE Vitebsk
Jitomir • Moguilev • Smolensk Tver
KIEV ■ Briansk **MOSCOU** ■ Iaroslavl
Roslavl Ivanovo
UKRAINE Orel • Kalouga Kostroma
Belgorord • Koursk Toula Vladimir
Kharkov • Tambov Lipetsk Riazan Nijni-Novgorod
Dnipropetrovsk • Voronej MORDOVIE Iochkar-
Marioupol • Donetsk Balachov Penza MARII-EL
Rostov Saransk TCHOUVACHIE
rasnodar • Chekhty Mikhaïlovka Oulianovsk Kazan
Maïkop Saratov TATARSTAN
Volgograd Togliatti
Stavropol Elista Kamychine Samara
Tcherkessk KHALMG- **Oufa**
Naltchik KALMYKIE BACHKORTOSTAN
Vladikavkaz Astrakhan Oral • Orenbourg
ÉORGIE Djakharkala
(Grozny) MER
BILISSI Makhatchkala CASPIENNE
DAGHESTAN
AZERBAÏDJAN

CARÉLIE • Kem
Petrozavodsk
LADOGA • Arkhangelsk
ONEGA
MER BLANCHE
Vytegra Bereznik
Tcherepovets Dvina septentrionale
Vologda • Kotlas
Rybinsk
• Syktyvkar
Kinechma KOMIS
Kirov DN DES KOMIS-PERMIAKS
Ola • Koudymkar
OUDMOURTIE
Ijevsk Perm •
Koungour • Serov
Perm
Nijni-Taguil
Ekaterinbourg
Tioumen
Tcheliabinsk

Narian-Mar
DN DES NENETS

Pétchora
Inta •
• Vorkouta
Salekhard

Belgorord •

FÉDÉRATION

Nadym •
DN DES IAMALO-NENETS

Doudinka •
• Norils

DE

• Svetlogors

DN DES KHANTY-MANSIS
Khanty-Mansiisk

Ourengoï •
Touroukhansk •
• Noïabrsk

Bakhta •

Tobolsk •
Koungour • Tara •
Oust-Ichim •
Magnitogorsk • Kourgan
Roudnyi • Petropavlovsk
Qostanaï • Omsk
Tourgaï • Barabinsk
Karassouk
Pavlodar Novossibirsk
Ekibastouz
Aral KAZAKHSTAN Roubtsovsk
Karaganda Oksemen
Jezqazghan Biïsk
Qyzylorda ALTAÏ

Sourgout
Nijnevartovsk
Kargassok •
Iàrtsevo •
Ienisseisk •
Tomsk •
Anjero-Soudjensk • Atchinsk •
Kemerovo Krasnoïars
Novokouznetz Abakan
Barnaoul • KHAKASSIE
Gorno-Altaïsk •
Tchadan •

Dieppropetrovsk •

Atyraou
Agtobe •
Qaraghandy
Aktaou •

• Orsk

BAKOU ■

MER D'ARAL

Turkmenbachy •
• Nebit-Dag
Noukous •
TURKMÉNISTAN • Ourguentch
TÉHÉRAN Gorgan ACHKHABAD ■
OUZBÉKISTAN
IRAN Boukhara •
Mechhed • Tchardjoou •
Samarcande •
Herat • DOUCHANBE ■
AFGHANISTAN TADJIKISTAN

A   B   C

ALASKA
(États-Unis)

80° N   70° N   Cercle polaire arctique

DÉTROIT
DE BERING

MER DES
TCHOUKTCHES

Wrangel
(Russie)

• Providenia

170° W

• Egvekinot

60° N

MER DE
SIBÉRIE
ORIENTALE

• Pevek

◉ Anadyr

19

Severnaia Zemlia
(Russie)

Archipel de
Nouvelle-Sibérie
(Russie)

DN DES
TCHOUKTCHES

180°

ARCTIQUE

• Bilibino

• Tchersky

18

MER DE
LAPTEV

Beguitchev
(Russie)

• Tchokourdakh

DN DES
KORIAKS

170° E

R   • Khatanga

anka

• Tiksi

• Zyrianka

Karaguinski
(Russie)

• Evensk

MER DE
BERING

• Olenek

• Verkhoïansk

• Lazo   • Oust-Nera   Soussouman •

• Omsouktchan

◉ Palana

17

• Orotoukan

SAKHA
(IAKOUTIE)

• Oïmiakon

◉ Magadan

D

RUSSIE

• Aïkhal

Toura
◉

DN DES
EVENKS

• Viliouïsk

• Sangar

• Niourba

◉ Iakoutsk

• Okhotsk

Petropavlovsk-
Kamtchatski 160° E

50° N

MER
D'OKHOTSK

16

• Mirnyi

• Sountar

• Lensk

• Olekminsk

• Tommot

• Aldan

• Aïan

Nikolaïevsk-
sur-Amour

• Okha

Kouriles
(Russie)

150° E

• Vanavara

• Tchoulman

Chantar

• Tchoumikan

Lazarev •

Sakhaline
(Russie)

Oust-Ilimsk •

• Mama

• Bodaïbo

Vitim

• Ekimtchan

• Sofiisk

• Lessogorsk

• Poronaysk

• Makarov

• Kholmsk

Vitim

• Kirensk

• Tynda

• Skovorodino

Magdagatchi •

Komsomolsk-
sur-Amour

Vanino
•

Ioujno-Sakhalinsk

E

• Bratsk

Oust-Kout •

• Severomouïsk

• Severobaïkalsk

• Chimanovsk

Belogorsk

◉ Khabarovsk

• Wakkanai

Touloun •

• Jigalovo

BOURIATIE

Boukatchatcha

Amour

Blagovechtchensk ◉

◉ Birobidjan

• Khor

Kushiro •

DN D'OUST-
ORDYNSKI

• Katchoug

• Tourka

Tchita ◉

• Sretensk

RA JUIVE DE
BIROBIDJAN

• Bikin

Sapporo •

15

Oust-Ordynski ◉

• Irkoutsk

◉ Oulan-Oude

• Baley

• Yichun

• Loutchegorsk

• Terneï

40° N

• Slioudianka

LAC
BAÏKAL

• Khilok

◉ Aginskoïe

DN DES BOURIATES
D'AGINSKOÏE

• Qiqihar

• Jixi

• Lessozavodsk

• Olga

VA

• Mörön

• Bulgan

• Harbin

• Arseniev

• Nakhodka

◉ Vladivostok

ay

• Tsetserleg

◉ OULAN-BATOR

• Mandalgovi

CHINE

• Jilin

• Changchun

• Mudanjiang

140° E

TOKYO ◼

MONGOLIE

• Fushun

• Shenyang

CORÉE
DU NORD

MER DU
JAPON

F

500   1 000   1 500   2 000 km

Échelle à 60° de latitude

11   ◼ PÉKIN

PYONGYANG
◼

CORÉE
DU SUD

JAPON

100° E

• Dalian

MER
JAUNE

SÉOUL ◼

12   ◼ PÉKIN   110° E   120° E   13   130° E   14

Légende:

- ■ Capitale d'État
- ◉ Chef-lieu (*)
- • Autre ville
- Frontière internationale

Les traits blancs représentent les limites d'oblasts, qui portent le nom de leur chef-lieu.

(*) **Biélorussie** : chef-lieu d'oblast, **Lettonie** et **Lituanie** : de district, **Estonie** : de région.

	1	24° E		2	28° E	

A

■ VARSOVIE

Siedlce

52° N

Radom   Luków

POLOGNE

Lublin

B   Ostrowiec
Swietokrzyski

Tarnobrzeg   Bilgoraj   Zamosc

50° N   Rzeszów   Lubacsow

Krosno   Przemysl

Sanok

SLOVAQUIE

Humenné

HONGRIE   Peretchin
  Berehove

Mátészalka   Vinogradov

Carei   Satu Mare

Baia Mare

Oradea   Zalau

Beius   Dej

Brad   Cluj

Deva   Turda

Alba-Iulia

ROUMANIE

Slonim   Baranovitchi

Sloutsk   Soligorsk

BIÉLORUSSIE

Brest   Kobrin   Pinsk   Louninets

Biala
Podlaska

Kamen-
Kachirsky   Zaretchnoïe   David-
Gorodok

Ratne   Lyoubechov

C

Slobodka

D

MOLDAVIE

Cornesti   Orhei

Calarasi

CHISINAU
■

Hincesti   Tighina   Tiraspol

48° N

46° N

E

■ Capitale d'État

◉ Chef-lieu de région (capitale de république
autonome pour la Crimée)

• Autre ville

— Frontière internationale

Les traits blancs représentent les limites des régions.

1 République autonome de Crimée

Les régions portent le nom de leur chef-lieu, à
l'exception de :

2 Volhynie

3 Transcarpatie ou Subcarpatie

44° N

RUSSIE

UKRAINE

MER D'AZOV

RUSSIE

GOLFE DE TAGANROG

GOLFE DE KARKINITSK

DÉTROIT DE KERTCH

NOIRE

LAC RÉSERVOIR DE KREMENTCHOUK

LAC RÉSERVOIR DE KAKHOVKA

Briansk · Karatchev · Orel · Iefremov · Lipetsk · Tambov
Killnitsy · Potchep · Ielets · Griazi
Novozybkov · Troubtchevsk · Jeleznogorskel · Livny · Voronej
Semenovka · Bouda · Chtchigry · **RUSSIE**
Novhorod-Siverskyï · Chostka · Lgov · Koursk · Voronej · Bobrov
Koryoukovka · Hloukhiv · Seim · Stary Oskol · Boutourlinovka
Kroletets · Altynivka · Bilopilia · Belgorod · Alekseievka · Kalatch
Nijyn · Batchmac · Jovtnevoïe · Soumy · Rossoch
Nosivka · Itchnia · Krasnopolje · Voytchansk · Valouïki · Millerovo
Prylouky · Lebedyn · Trostianets · Zolotchiv · Proudianka · Prykolotne · Biloloutsk · Markovka
Lokhvitsa · Gadiatch · Okhtyrka · Bohodoukhiv · **Kharkiv** · Pokrovskoïe · Belovodsk
Pyriatyne · Zenkov · Kotelva · Olchany · Lioubotyn · Tchougouïev · Svatove · Ievsoug
Grebenka · Mirhorod · Opochnia · Charovka · Merefa · Koupiansk · Severodonetsk
Loubny · Khorol · **Poltava** · Vodolaha · Andriivka · Balakiia · Lyssyttchansk · **Louhansk**
Zolotonocha · Matchkha · Karlivka · Pervomaïskyi · Izioum · Roubejnoïe · Kadievka · Krasnodon
Tcherkassy · Semenivka · Novje-Sanjary · Krasnohrad · Sakhnovtchyna · Slovansk · Kramatorsk · Krasnyï Loutch · Sverdlovsk
Smila · Krementchouk · Kotovka · Lozova · Kostiantynivka · Ienakiieve · Novochakhtinsk
Kirovohrad · Pavlich · Komsomolsk · Novomoskovsk · Pavlohrad · Petropavlovka · Horlivka · Torez · Novotcherkassk
Znamianka · Oleksandrija · **Dnipropetrovsk** · Krasnoarmejsk · Makiivka · Rostov
Novhorodka · Dniprodzerjinsk · Chinelnikovo · Vassylkivka · **Donetsk** · Amvrochijevka
Bobrinets · Piatykhatky · Novopokrovka · Pokrovska · Dokoutchaïevsk
Kazanka · Kryvyï Rih · Tomakovka · Gouliaïpole · Volnovakha · Taganrog
Novyi Bouh · Apostolove · Nikopol · Marganets · Rozivka · Novoazovsk
Bachtanka · Vyssokopolie · Vassylivka · Marioupol
Snihourivka · Dniproroudnoïe · Tokmak · Perchotravneoïe · Ieisk
Mikolaïv · Novaïa · Verkhni Rohatchik · Molotchansk · Berdiansk
Jovtnevoïe · Kakhovka · Melitopol · Priazovsk
Kherson · Askania-Nova · Yakymivka · Aleksandrovea
Golaïa Pristan · Novotroïtskoïe · Kirillovka · Primorsko-Akhtarsk · Tikhoretsk
Skadovsk · Henitchesk
Krasnoperekopsk · Djankoï · Slaviansk-na-Kouban
Tchornomorske · Pervomaïskoïe · Azovskoïe · Baherove · Krasnodar
Ievpatoria · Krasnohvardeyskoïe · Sovetski · Kertch · Novorossiisk
Saky · Staryï Krym · Feodossia · Maïkop
Simferopol · Soudak · Touapse
Bakhtchyssaraï · Alouchta
Sébastopol · Yalta

0 50 100 150 200 250 300 km

23 CAUCASE

A
Apcheronsk • 40°E
Neftogorsk • • Kamennomostskii
44°N • Spokoïnaïa
Erken-Iourt •
Oudarny
1 Tcherkessk ●
• Zelenokoumsk
Mineralnye Vody
Iessentouki • Georgievsk • Stepno
RÉP DES • Psebaï
ADYGHES • Pregradnaïa
Oust-Djegoutinskaïa • Piatigorsk
Khabez • • Kislovodsk
• Ouroup Zelentchoukskaya
Krasnaïa
Poliana • Karachayevsk
TCHERKESSIE- Khasaout • Sarmakovo • Malka • Prokhladny
Sotchi KARATCHAÏ • Kislovodsk
• Mozdok
• Novome
• Kourskaïa

B
Ritsa • • Elbroussky • Teberda KABARDIE- • Baksan Vinogradnoie • Itche
Gantiadi • Tyrnyaouz
Gagra • Bzyb • Bzypi BALKARIE Stary • Terek • Malgob
Pitsounda • Kousparty Lesken Ardon INGOUCH
• Gudauta Kvemo Ajara • Tchikola • Digora • Beslan Nazran •
43°N ABKHAZIE Amtkeli • Lata Alagir • Vladik
• Sokhoumi Khaichi • Mestia OSSÉTIE DU NORD-
Dranda • Tkvartcheli Lentekhi Sadon • ALENIE
Okoumi Tsageri Oni • Kazbegui
C Otchamtchire • Djvari Khvantchkara • Kvaissi • Baris
Gali • Tsalendjikha Rioni OSSÉTIE-
Zougdidi • Tchkhorotskou DU SUD
• Darceli Tskhaltoubo Tkibouli Sachkhere • Beloti • Tskhinvali
Anaklia • Khobi Koutaisi Djava Passanao
MER Senaki Simonet Tchiatoura • Kornissi Doucheti
NOIRE Mingrélie Zestafoni Agara •
42°N Poti • Samtredia Bagdati Khachouri • Kaspi
Soupsa Tsokhatauri Kharagaouli Gori GÉORGIE
Kobouleti Ozourgeti Abastoumani Borjomi •
Tchakva Bakouriani TBILISSI ■
D Machindjaouri ADJARIE Khoulo Akhaltsikhe Aspindza Bolnissi Rou
Batoumi ● • Keda Dugur • Marneouli
Kemalpasa • Akhalkalaki Gart
Musazade • Borçka Meydancik Dmanisi
Pazar Damiar Ninotsminda Noyem
• Rize Artvin • Ardanuç Koura Tachir Alaverdi
41°N Of • Ardahan Çildir • Amassia Stepanavan
Pulathane • Ikizdere Hasköy • Arpaçay Spitak Vanadzor
Ahalt Olur • Gumri ARMÉNIE
Merdinik Kars Artik • Aparan
E • Hundezler Kosor Oltu Maralik • Hazdan
• Ispir • Kars Talin Lusakert Tcharent
Tortum Achtarak • Abovia
Bayburt Digor Etchmiadzin ■ EREVAN
Madenhanlari Hinzik • Sipek Sarikamis Armavir
TURQUIE Karakurt • Kagizman Masis •
Araxe Tuzluca • Artatcha
39°N • Igdir
■ Capitale d'État Frontière internationale
Eleskirt Agri Sadarak
● Capitale de république Les traits blancs représentent Musun Cha
ou de région autonome les limites des républiques Tutak • Hamur
F • Autre ville ou des régions autonomes. Diyadin
(1) La **Tchétchénie** (ou République tchétchène d'Itchkérie) Maku
et l'**Ingouchie** forment deux républiques distinctes depuis
décembre 1993. 0 50 100 150 20
Bingöl • • Boglan 42°E 44°E

Bajigan
mmoud-Mekteb
46°E
48°E
50°E

4 • Kotchoubeï **5** **6**

A
44° N
Terekli-Mekteb • Talovka
Koumli • Taroumovka
• Rassvet Krajnovka
Aleksandriskaïa
Kargalinskaya • Kizliar
rskaïa Terek
RUSSIE Tchamamatourt
chervlennaia • Babaïourt
TCHÉTCHÉNIE [1] • Tchelkovskaïa
kharkala Goudermes Soulak
(rozny) • Argoun Kasaviourt • Soulak
Chali Nojaï-Iourt
koï-an Ourous- Sajasan • • Dylym
Martan • Vedeno Tarki • ⊚ Makhatchkala
• Kaspïisk
• Bouïnaksk
Khimoï • Botlikh Ountsoukoul • Karaboudakhkent • Atchisou
Khounzakh • Izberbach
DAGHESTAN • Sergokala
Gounib
• Akousa
Napareouli Tliarata Koumoukh • • Mamedkala
elavi Kvareli Vachi • Ourkarakh • Derbent
aredjo Lagodekhi Kouchni • Belidji
Gourdjani • Balakan Mamras
• Zagatala Kourakh • Moukhtadit
Aliabad Routoul Magaramkent • Khoudat
Dedoplis-Tskaro • Gakh Gouba • • Khatchmaz
• Asagi
Agstafa LAC • Chaki • Davatchi
Gazakh RÉSERVOIR DE Vartachen Konagkend • • Siyazan
MINGACHEVIR •
Tovouz Nidj • Koutkatchen
• Chamiar Vandam • Altyagach
Gadabay Mingachevir • Ismaïlly
Agdach Gueuytchay Chamakhy Soumgaït
• Gandja Ievlakh Agsou • Maraza Machtaga
• Khanlar • Oudjar Sabounchi •
Dachkassan Naftalan Cheildag • BAKOU ■
LAC • Barda AZERBAÏDJAN • Kergez
EVAN Madagiz • Zardob Karasou
ouni Vardenis Mardakert Agdjabedi Kazi-Magomed • Goboustan
• Kalbadjar (Agdara) • Agdam Sabirabad Ali-Baïramly • Pirsagat
HAUT- Imichli Araxe Saatly • Bandovan
Djermouk KARABAGH Beylagan Kour
egnadzor Stepanakert Martouni
Vaïk (Khankandi) ⊚ Choucha • Salyan
Latchine Fuzouli Bilassouvar
abaglar Goris Gadrout Tahir Mikeyli • Beglisavar • Nefttchala
HITCHEVAN Dastakert Goubadly • Djabraïl Igdir Djalilabad
(Azer.) Towli • IRAN
⊚ Nakhitchevan Kapan Zangelan Germi Masally
Djoulfa Kadjaran Mindjevan • Alishari 39° N
Ordoubad Meghri 46°E 48°E 50°E

MER
CASPIENNE

43° N
42° N
41° N
40° N

ASIE CENTRALE

1 **2** **3**

Saransk
Oulianovsk
Penza
Syzran
Togliatti
Samara
Novokouiby
Balakovo
Saratov
Engels

Oufa
Sterlitamak
Salavat
Zlatooust
Tcheliabinsk
Kours

Ioujno-Ouralsk
Federovka
Borovskoï
Troïebra
Timiriaz
Magnitogorsk
Qostanaï
Ourits
Roudnyï
Lomonos
Sibaï
Tobol
Qouchmouryn
Ietigara
Lissakovsk

RUSSIE

Orenbourg
Derjavins
Gaï
Saga
Orsk
Amange

A

Oral ⊙
Tchingirlaou
Aksaï
Batamsinski
Khromtaou
Karaboutak
Tchapaiev
Martouk
Agtobe ⊙
Alga
Tourgaï
Oktiabirsk
Novaya
Kazanka
Ouil
Choubarkoudouk
Embi
Noura
Inderborski
Irgiz
Saguiz
Tchelkar
Baïkonc

B

RUSSIE
Dossor
Makat
Jarkamys
Astrakhan
Atyraou ⊙
Saksaoulski
Aral ⊙
Aralsulfat
Koulsary
Koulandy
Karaton
Opornyï
Jangagazaly
Sarykamys
Beïneou
Kazalinsk
Djoussaly
Djalage
Qyzylorda
Tasbougu

**MER
D'ARAL**

Makhatchkala
Aktaou ⊙
Chetpe
Jetybaï
Novy Ouzen

C

Mounak
Koungrad
Tchimbaï
Takhtakoupyr
Khodjeïli
Noukous
Mynboulak
Kounia-
Ourgentch
Mangit
Zarafc
Kalinin
Berouni
Tachaouz
Tourtkoul
AZERBAÏDJAN
Khiva
Ourguentch
OUZBÉKISTAN
Gaz-Atchak
Nou
□ **BAKOU**
Tchagyl
Dargan-Ata

MER
Turkmenbachy
Darvaza
Gazli Guijdouvan
Boukhara
Kag
CASPIENNE
Tcheleken
Nebit-Dag
Kazandjik
Ka
Koum-
Dag
Kizyl-Arvat
Bakhardok
TURKMÉNISTAN
Tchardjoou
Kara-Kala
Bakharden
Komsomolsk
Ka
Geok-Tepe
Karabekaoul
Okarem
Bezmein
Ravnina
Khal
Gassan-
□ **ACHKHABAD**
Zakhmet
Kerk
Kouli
Kizyl-
Karamet-
Atrek
Baïram-Ali
Niiaz
Mary ⊙
Iolotan
Recht
Kaakhka
Tedjen

D

Qavzin
Babol
Sari
Gorgan
Quchan
Tedjenstroï
IRAN
Serakhs
Sandykatchi
Shibar
Kalai-Mor
Tachkepri
Maïm
Meched

0 200 400 600 800 km

50° E 60° E
35° N

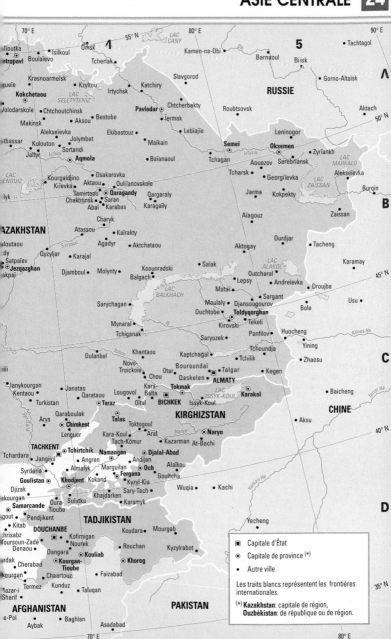

Capitale d'État

Capitale de province (*)

Autre ville

Les traits blancs représentent les frontières internationales.

(*) **Kazakhstan**: capitale de région, **Ouzbékistan**: de république ou de région.

MER MÉDITERRANÉE

IRAK

SYRIE

TURQUIE

LIBAN

CHYPRE (2)

Légende :

- ■ Capitale d'État
- • Autre ville

Les traits blancs représentent les frontières internationales.

(1) **Jérusalem** : statut de capitale non reconnu par une grande partie de la communauté internationale.

(2) **Chypre** : depuis 1974, une ligne établit la démarcation entre le Nord administré par la Turquie (devenu République turque du nord de Chypre) et le reste de l'île.

Villes et lieux :

Alanya, Ermenak, Anamur, Kyrenia, Cap Kormakiti, Polis, Paphos, Akrotiri, Cap Gata, Limassol, NICOSIE, Larnaka, Yialousa, Famagouste, Cap Ajios Andreas, Silifke, Cap Inceum, Erdemli, Cap Fener, Cap Ajos Andreas, Lattaquié, Cap El Basit, Cap Akinci, Iskenderun, Antakya (Antioche), Banyas, Tartus, Tripoli, Batroun, Saïda, BEYROUTH, Baabda, Nabatiyé, Zahle, Baalbek, Hermel, En-Nebk, Zebdani, DAMAS, Quteifa, Sab Biyar, Qaryatein, Shinshar, Homs, Safita, Masyaf, Hama, Khan Sheikhun, Idlib, Afine, Alep, Bab, Memdji, Djerablus, Halfeti, Urfa, Siverek, Adiyaman, Gerger, Malatya, Doganshehir, Elâzig, Ergani, Diyarbakir, Viranshehir, Mardin, Midyat, Lice, Kozluk, Batman, Siirt, Bitlis, Mus, Bingöl, Kayseri, Sirnak, Tall-Afar, Sinjar, Qamishliyé, Hassatché, Ceylanpinar, Raqqa, Deir ez Zor, Meyadine, Abou Kemal, Sukhna, Tadmor (Palmyre), Qa'im, Anah, Hadithah

LAC KEBAN, Dicle (Tigre), Murat, LAC ASAD, Euphrate, SUNAYSILAH, SEBKRA AL BGHARS, MILHAT ASHQAR

38° N, 34° E, 36° E, 38° E, 42° E, 34° N

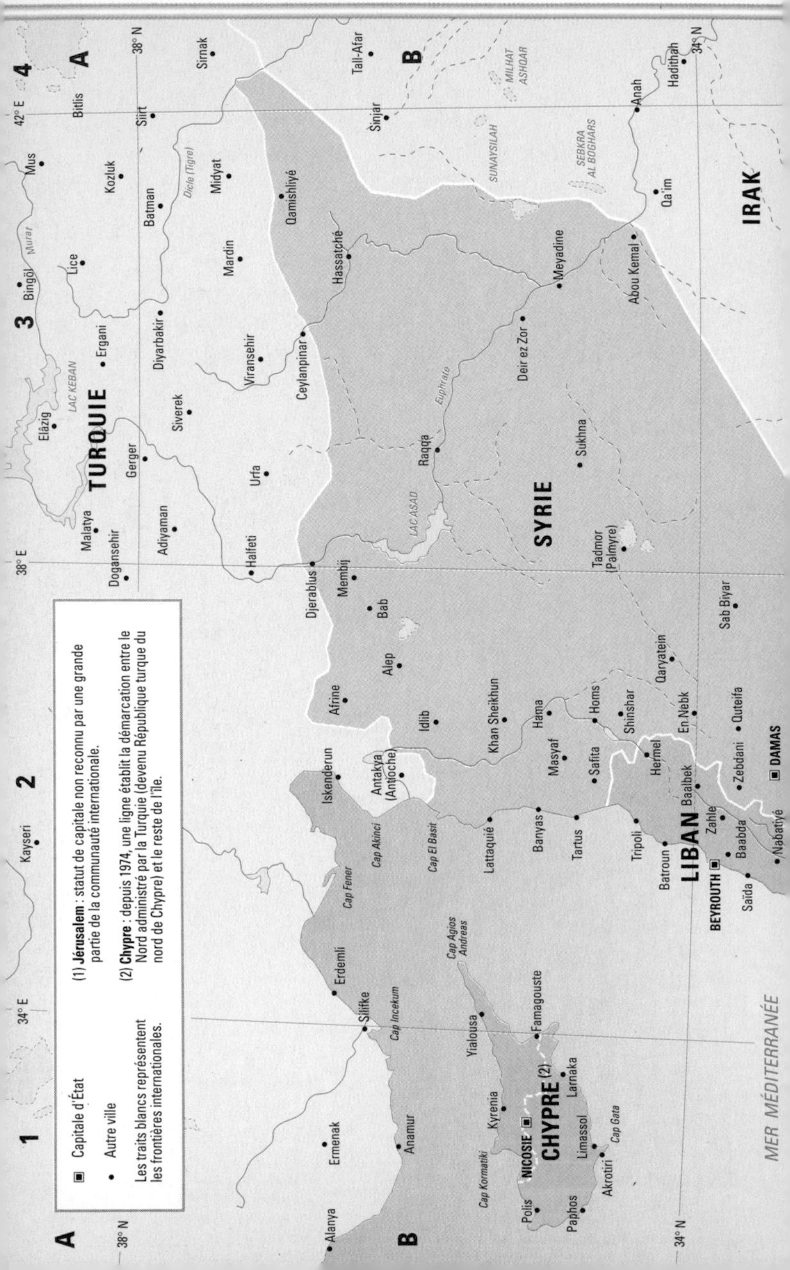

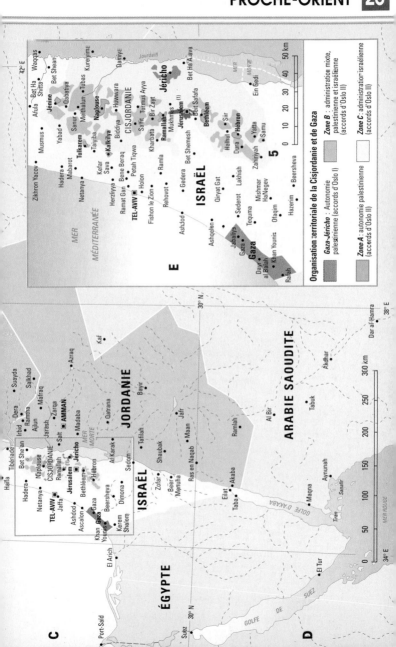

Organisation territoriale de la Cisjordanie et de Gaza

Gaza–Jéricho : Autonomie palestinienne (accords d'Oslo I)

Zone A : autonomie palestinienne (accords d'Oslo II)

Zone B : administration mixte, palestinienne et israélienne (accords d'Oslo II)

Zone C : administration israélienne (accords d'Oslo II)

TURKMÉNISTAN 6 7 8 **OUZBÉKISTAN** ■ DOUCHANBE 9 **TADJIKISTAN**

• Murgat

• Nebit-Dag
55° E
Kizyl-Arvat • Bakharden
Kara-Kala
ACHKHABAD ■
60° E
Karabekaoul •
Mary • Bayram-Ali
• Murgab
Tchardjou
65° E
Samarcande
Amou-Daria
• Kerki
Termez
70° E
• Kouliab
Koulgan
Tioube
• Kholm
Kunduz
Faizabad
• Khorog
• Iasin

Kizyl- • Atrek
azan- Chirvan
Koufi
Bandar-e Torkeman
Gorgan
ol Damghan
msar • Semnan • Torud
MAC
MAC
Quchan • Tedjen
Neyshabur • Mechhed
Sabzevar
Turan
Kashmar •
Torbat-e Heydariyeh
Takta-Bazar
Kouchka
Maimana
Aqcheh
Mazar-i-Sharif
Pol-e Khomri
Bamian
Chakhcharan
Talugan
Baghlan
Dowshi
Charikar
KABOUL ■
Djalalabad
Panjab •
Barak •
Gilgit •
Malakand
Mardan • ISLAMABAD
Peshawar ■
Rawalpindi
35° N

IRAN
Khvor
• Anarak
Nain
Bejestan •
Ferdows •
• Tabas
Khvaf •
• Gonabad
Qayen
Herat
Ghurian •
Farsi •
Harirud
• Tulak
Shindand •
Ghazni •
Gizab •
• Sakhar
• Gardez
• Maqur
Manzai
Dera Ismail Khan
Sarghoda •
Faisalabad •
B

Yezd
deh
• Abarqu
• Bafq
Nayband
Birjand •
Tabas
Duruh •
Nehbandan •
HAMUN-E
SABERI
AFGHANISTAN
Dilaram •
Farah
Harut
Lashkargah •
Zaranj
Zabol •
• Mirabad
SISTAN
Farah
Girishk •
Landay
Helmand
Kandahar •
Spin Buldak •
Chaman
Quetta •
Dera Ghazi
Khan
Jampur
• Bahawalpur
Multan
Sutlej
30° N

• Anar
• Zarand
Kerman
Shahdad
raz
Saidabad
• Baft
Sabzvaran
• Bam
Mirjaveh •
Nushki •
Nok Kundi
PAKISTAN
• Kalat
Sibi •
Jacobabad
• Khanpur
C

• Faza
Darab
• Jahrom
• Tarom
• Khach
Saravan
• Kharan
• Khuzdar
• Sukkur
Jaisalmer •
Jodhpur
Band
Lar
Bandar Abbas
• Minab
Bampur • Iranshahr
Panjgur •
Dadu •
Nawabshah •
Barmer •

Bandar-e Lengeh
Qishm
DÉTROIT D'ORMUZ
Jask •
Nikshahr •
Sarbaz •
Qasr-e Qand • Turbat
Kandrach •
Hyderabad •
25° N

Sharja
GOLFE
ARABO-
ERSIQUE
Ras al-Kaimya
Bir Bala
Dashtiari •
Ormara •
Karachi •
Palanpur •
Tropique du Cancer

ABOU-
DHABI ■
Doubaï •
Fujayra
Buraimi •
Shinas
• Sohar
GOLFE
D'OMAN
Gwadar
Ahmadabad •
Bhuj •
Mandvi •
INDE
D

ways
ÉMIRATS
ARABES
UNIS
ada
Dank •
Suwayq
Izki •
Nizwa •
Ibra •
• Quryat
• Sur
MASCATE ■
Jamnagar
Bhaunagar •
Porbandar •
Mahuva •

Adam •
Kamil •
20° N

OMAN
Khaluf •
• Dawrah
Masira
MER
D'OMAN

Al-Jawarah •
E

Salalah
Raysut •
amqawt
• Mirbat
OCÉAN
INDIEN
15° N

■ Capitale d'État

• Autre ville

Les traits blancs représentent les frontières
internationales, les tiretés blancs les
frontières indéterminées.

0   100   200   300   400   500 km

Socotra
(Yémen)
55° E
60° E
65° E
70° E
F

Carte physique de l'Asie (Inde et régions avoisinantes)

A 1 2 3 4

- MER D'ARAL
- Syr-Daria
- LAC BALKHACH
- Dzungarski-Alataou
- Dzoungarie
- 3 085 m
- Dése
- 60° E
- 70° E
- 80° E
- 90° E
- 100° E
- 40° N
- BISHKEK
- ALMATY
- BOGDA SHAN 5 445 m
- TACHKENT
- Tian Shan
- PIC POBEDY 7 439 m
- KOPHET-DAG 2 942 m
- Amou-Daria
- Alaï
- 7 495 m
- Tarim He
- Altan Shan
- Qilian
- **B**
- DOUCHANBE
- Pamir
- Désert de Taklimakan
- 7 708 m
- NANGA PARBAT 8 126 m
- K2 8 611 m
- Karakoram
- Kunlun Shan
- Ningling Sh
- Hindou-Kouch
- KABOUL
- Gandise Shan
- Plateau du Tibet
- Changjiang
- 30° N
- ISLAMABAD
- Monts Sulaiman
- Monts Siwalik
- H i m a l a y a
- Nyainqentanglha Shan
- Helmand
- Monts Kirthar
- Sutlej
- EVEREST 8 848 m
- NAMCHA BARWA 7 758 m
- Baloutchistan
- Désert de Thar
- Indus
- NEW DELHI
- DHAULAGIRI 8 172 m
- KANGCHEN-JUNGA 8 598 m
- THIMBU
- Makran
- Gange
- KATMANDOU
- Brahmapoutre
- **C**
- Tropique du Cancer
- Karachi
- ARAWALLI 1 722 m
- Plateau de Malva
- Yamuna
- Plaine du Gange
- Varanasi
- Assam
- KHASI-JAINTA 1 961 m
- Irrawaddy
- 20° N
- Monts Vindhya
- 1 353 m
- Calcutta
- DACCA
- Mandal
- Monts Satpura
- Péninsule
- MER D'OMAN
- Bombay
- Chaîne d'Arakan
- Monts Pegu
- **D**
- GOLFE DU BENGALE
- Deccan
- RANGOO
- Gaths Occidentaux
- Indienne
- Gaths Orientaux
- 10° N
- Madras
- Îles Andaman
- MER
- Îles Laquedives
- ANAI MUDI 2 695 m
- **E**
- Ceylan
- D'ANDAM.
- PIDURUTALAGALA 2 527 m
- Îles Nicobar
- COLOMBO
- Îles Maldives
- OCÉAN
- Équateur
- INDIEN
- **F**
- Diego Garcia
- 0 500 1 000 1 500 km
- 70° E
- 80° E
- 90° E

Légende
- ⊙ Capitale d'État
- • Autre ville

Altitudes
- 5 000 m
- 3 000 m
- 2 000 m
- 1 000 m
- 500 m
- 200 m
- 0

5 *Gobi* 110° E **6** 120° E 40° N 130° N **7** 140° E **8** **B** 30° N

eau de la Mongolie-Intérieure

Ordos

PYONGYANG

PÉKIN

SÉOUL

Tianjin

MER JAUNE

Taihang-Shan

Shandong

Qingdao

Huang Hé

Huang He

Wei

C

Tropique du Cancer

Plaine de Chine

Qin Ling

Han

Daba Shan

Dabie Shan

Shanghai

MER DE CHINE ORIENTALE

20° N

Chang Jiang

Sichuan

Chongqing

1 596 m

POYANG HU

Îles Ryukyu

GA SHAN 556 m

2 494 m

DONGTING HU

TAIPEH

Formose

OCÉAN

Plateau du Nan Ling

YU SHAN 3 997 m

Yunnan-Guizhou

Hongshui

Canton

PACIFIQUE

D

Macao

Hongkong

FAN-SI PAN 3 143 m

HANOI

PULOG 2 930 m

MER DES PHILIPPINES

1 867 m

Luzon

Îles Paracels

MANILLE

10° N

VIENTIANE

Péninsule

Annam

Plateau de Khorat

Îles Spratly

Mindanao

E

Indochinoise

NGOC LINH 2 598 m

Mékong

Palawan

MER DE SULU

APO 2 954 m

BANGKOK

PHNOM PENH

MER DE CHINE MÉRIDIONALE

KINABALU 4 101 m

MER DE CÉLÈBES

Équateur

GOLFE DE THAÏLANDE

BANDAR SERI BEGAWAN

Moluques

TAHAN 2 190 m

Monts Iran

2 707 m

3 010 m

DÉTROIT DE MALACCA

KUALA LUMPUR

Célèbes

F

edan

SINGAPOUR

Bornéo

RANTEKOMBOLA 3 445 m

Sumatra

RAJA 2 278 m

MER DE BANDA

KERINCI 3 798 m

Ujung Pandang

Palembang

MER DE JAVA

10° S

DEMPO 3 159 m

JAKARTA

SLAMET 3 428 m

SEMERU 3 676 m

Flores

Timor

G

Bandung

Surabaya

Java

Sumba

100° E

110° E

120° E

120° E

A

60° E · MER D'ARAL · 70° E · 80° E · 90° E · 100°

Syr-Daria

1 · Ourguentch · Tchimkent · Djamboul · **2** LAC BALKHACH · **3** · Altay · **4** · MONGO

KAZAKHSTAN · Yining · Karamay · Ürümqi

40° N · **OUZBÉKISTAN** · **TACHKENT** · **BISHKEK** · **ALMA-ATA**

TURKMÉNISTAN · Khodjent · Andijan · **KIRGHIZSTAN**

ACHKHABAD · Boukhara

Amou-Daria · Tchardjou

Mary · Tarim He · Yumen

B · Mechhed · Mazar-e-Charif · **TADJIKISTAN** · Kashgar · Qiemo · **CHINE**

· **DOUCHANBE** · Baghlan

Herat · **KABOUL** · Chang Jiang

IRAN · **AFGHANISTAN** · Peshawar · Srinagar · *Tibet* (2) · Nu Jiang · Le

· **ISLAMABAD** · Indus

30° N · Zahedan · Kandahar · Lahore · Gâryarsa · Lhassa

Quetta · Faisalabad

Helmand · Multan · Sutlej

PAKISTAN · Gyangze · Sadiya P

· **NEW DELHI** · Gange · **NÉPAL** · **THIMBU** **BHOUTAN** · Dibrugar

C · Pasni · Jaipur · Agra · **KATMANDOU** · Rangpur · Gauhati

Indus · Jodhpur · Lucknow · Brahmapoutre · Imphal

Tropique du Cancer · Hyderabad · Kanpur · Mymensingh · Irrawa

Karachi · Varanasi · **DACCA**

Yamuna · Ranchi · Howrah · **BANGLADESH**

Ahmadabad · **INDE** · Bhopal · Jabalpur · Jamshedpur · Calcutta · Chittagong · Monywa · Man

20° N · Jamnagar · Vadodara · Myin

Surat · Nagpur · Cuttack · **BIRMA**

D · MER D'OMAN · Bombay · Pune (Poona) · Warangal · *GOLFE* · Pro

Hyderabad · Visakhapatnam · *DU* · Henze

Vijayavada · *BENGALE* · **RANGOON**

Bassein

· Bangalore · Madras · *Îles Andaman (Inde)* · MER

10° N · Salem · Port Blair

Coimbatore · D'ANDAM

Îles Laquedives (Inde) · Cochin · Madurai · Jaffna

Trivandrum · Kandy · *Îles Nicobar (Inde)*

E · **COLOMBO** · **SRI LANKA** · Banda Aceh

OCÉAN

INDIEN

Équateur

F · 0 · 500 · 1 000 · 1 500 km

70° E · 80° E · 90° E

5 | **6** | **7** | **8** | **B**

Dzamin Uüd
110° E · Dzamin Uüd | 120° E · Anshan | **PYONGYANG** · Chunchon | 130° E · Osaka · Kobé | **8** · Koçhi | 140° E | 30° N

CORÉE DU NORD · Inchon · **SÉOUL** · **JAPON**

Hohhot · **PÉKIN** · Tangshan · Dalian · Taejon · **CORÉE DU SUD** · Taegu · Hiroshima · Kita-Kyushu

Baotou · Tianjin · Datong · Shijiazhuang · Kwangju · Pusan · Fukuoka · Kumamoto

Taiyuan · Zibo · Qingdao · Jinan · Cheju · Nagasaki · Kagoshima

Yinchuan · Zhengzhou · Zaozhuang

Lanzhou · Xian · Luoyang · Huainan · Nankin · Shanghai

Chengdu · Chongqing · Wuhan · Hangzhou · **MER DE CHINE ORIENTALE** · Îles Ryukyu (Japon)

Changsha · Nanchang · Fuzhou · **TAIPEH**

Guiyang · **TAIWAN** · Kaohsiung

Kunming · Canton · Hongkong · Macao (Port.) · Zhanjiang

Nanning · **HANOI** · Haiphong · Haikou · Hainan

Luang Prabang · Nam Dinh · Dongfang · Ilagan · **Luzon** · **MER DES PHILIPPINES**

LAOS · Vinh · Quezon City · **MANILLE** · Lucena

VIENTIANE · Huê · Da Nang · Îles Paracels (3) · Batangas · **PHILIPPINES** · Tacloban

Khon Kaen · Savannakhet · Iloilo · Cebu · Butuan

THAÏLANDE · Ubon Ratchathani · Pakse · **VIETNAM** · Îles Spratly (4) · **Mindanao** · Davao

Nakhon Ratchasima · **CAMBODGE** · Kompong Cham · Kratie · Palawan · **MER DE SULU** · General Santos

BANGKOK · Battambang · **PHNOM PENH** · Nha Trang · Dalat

Chumphon · Can Tho · Hô Chi Minh-Ville · My Tho · Phan Thiet · Kota Kinabalu · Manado · **Moluques**

Surat Thani · Hat Yai · Kota Baharu · **BANDAR SERI BEGAWAN** · Ambon (Amboine)

Kuala Terengganu · **MALAISIE** · **BRUNEI** · Gorontalo

Ipoh · Sibu · Poso · **Célèbes** · **MER DE BANDA**

KUALA LUMPUR · Kuching · Samarinda · Balikpapan · Kendari

Johore Baharu · **SINGAPOUR** · Sambas · Kolaka · Parepare

Pakanbaru · Pontianak · Palangkaraya · Banjarmasin · Ujung Pandang

Bukittinggi · Padang · Telanaipura · Pangkalpinang · Dili · **Timor oriental** (1)

Sumatra · Palembang · **Flores** · **Timor**

Tanjungkarang-Telukbetung · **JAKARTA** · Semarang · Surabaya · Sumbawa Besar · Kupang

Cirebon · Bandung · **Java** · Jember · Malang · Mataram · **Sumba** · Ruteng

INDONÉSIE

Huang Ho · Huang He · Wei · Han · Chang Jiang · POYANG HU · DONGTING HU · Hongshui · Mékong

MER JAUNE · **OCÉAN PACIFIQUE** · Tropique du Cancer · 20° N · 10° N · Équateur · 10° S

GOLFE DE THAÏLANDE · **MER DE CHINE MÉRIDIONALE**

100° E | 110° E | 120° E | 130°

A

70° E — 50° N — 1 — 80° E — 2 — 90° E — 3 — 100° E — 4

Karaganda

KAZAKHSTAN

Semipalatinsk • Gorno-Altaïsk

Oust-Kamenogorsk • Teli • Kyzyl

Balkhach

LAC ZAIZAN

LAC BALKHACH

BAYAN ÖLGY

UVS

Ulaangom ⊙

HÖVSGÖL

Oust-Ordynski •

Irkoutsk •

Slioudianka •

Oulan

R U

LAC BAIKAL

Aïagouz •

Aktogay •

ÖLGY

Ulaangom ⊙

Ölgy ⊙

Halban

DZAVHAN

Möron ⊙

ARHANGAY

Sühb

BULGAN

Bulgan ⊙

SEL

OULA

BATC

Hövd ⊙

Tacheng •

Hobahe •

Burqin •

LAC ALAKOL

Emin •

Altay

Hövd ⊙

Uliastay ⊙

Tsetserleg ⊙

Dzuunme

ALMATY (Alma-Ata) ■

Droujba •

Karamay •

Fuyun

HOVD

Bayanhongor ⊙

Arvayheer ⊙

Manda

BICHKEK ■

LAC ISSYK-KOUL

Huocheng •

Yining •

MANAS HU

Kuytun •

Shawan •

Changji •

Fukang

GOVI-ALTAY

BAYAN-HONGOR

ÖVÖR-HANGAY

DUND

Prjevalsk •

Zhaosu

KIRGHIZSTAN

Baicheng •

Xinhe •

Qitai •

Mori •

Urumqi

M O N G O

40° N

Wuqia •

Kachgar •

Aksu •

Korla •

Hejing •

BOSTEN HU

Dalandzadgad ⊙

ÖMNÖGOVI

Tarim Hé

Lopnur •

Barkol •

Yecheng •

Pishan •

XINJIANG OUIGOUR

LOP NUR

Mingshui •

Ejin Qi •

Ximiao •

Bayan Mod •

Lin

MONGOL

B

Hotan •

Minfeng •

Qiemo •

Ruoqiang •

AYAKKUM HU

AQQIKKOL HU

Youshashan •

Aksay

Anxi •

Yumen •

Da Qaidam •

Zhangye •

Wuha

Wuda

Shizuishan •

Wuwei •

Yinc

AKSAI CHIN (1)

INDE

Rutog •

Lungdo •

Shiquanhe •

Garyarsa •

NGANGLA RINGCO

Barga •

Lhazhong

TANGRA YUMCO

SILING CO

Golmud •

Dulan •

QINGHAI

Qilian •

Reshui •

LAC KUKU NOR

Xining ⊙

GANSU

NINGX

Gaolan

Tongx

Huang Hé

Wuadaoliang •

GYARING NOR

Xinghai •

Madoi •

Lanzhou ■

Guyuan •

NORING NOR

C H I N E

Luqu •

Cha

30° N

Samsang •

Zhongba •

Saga •

Wenquan •

XIZANG (TIBET)

NAM CO

GYARING CO

Amdo •

Yushu •

Chindu •

Serxu •

Darlag •

Tianshui •

Wudu •

Hanzhon

NÉPAL

KATMANDOU ■

Lhaze •

Lhassa ■

Xigaze •

Gyangze •

Zhanang •

Nang Xian •

Lhari •

Lhorong •

Baxoi •

Nangqin •

Batang •

Zamtang •

Garze •

Jinchuan •

SICHUAN

Chengdu ⊙

Guangyu •

Mianyang •

Nanch

Hechu

Kanpur •

Lucknow •

Gorakhpur •

Gamba •

80° E

Brahmapoutre

Salouen (Nu Jiang)

Mékong (Lancang Jiang)

Yang Tsé Kiang

Yalong Jiang

Daocheng •

Yaan •

Jiulong •

Leshan •

Yibin •

Neijiang •

Luzhou •

Chor

C

Allahabad •

Varanasi •

Patna •

Darbhanga •

Darjeeling •

THIMBU ■

BHOUTAN

Gamba •

Gaya •

Bhagalpur •

BANGLADESH

Gauhati •

Sadiva •

Jorhat •

Putao •

INDE

Daquan •

Xichang •

GUIZI

Gulin •

Xis

Tropique du Cancer

Brahmapoutre

Weixi •

Bijiang •

Maingkwan •

Dukou •

Weining •

Dafang •

Dongchuan •

Anshun •

Gui

Guizhou

Myitkyina •

Baoshan •

Yingjiang •

Huize •

Kunming ⊙

Qujing •

Xingyi •

Dush

Chuxiong •

Bhamo •

Ruili •

Lincang •

YUNNAN

Luxi •

Tonghai •

Xilin •

Leye •

Guangnam •

Jianshui •

Kaiyuan •

Jinxi

Gejiu •

Hekou •

Lashio •

Lancang •

Lao Cai •

Pingxia

Nang

D

Mandalay •

Jinghong •

Phongsali •

Son La •

Lang Son •

HANOI ■

Haipl

Magwe •

Taung-gyi •

San Neua •

Nam Dinh •

San Neua •

GOL

TO

Toungoo •

Chiang Mai •

LAOS

VIETNAM

Prome •

Pegu •

THAÏLANDE

VIENTIANE ■

Ha Tinh

RANGOON ■

100° E

110° E ... **120° E** ... **130° E** ... **140° E**

I E 5 6 7 8

Minhe
Gulian
Tchita
Sretensk
Mangui
Oroqen
Huma
Svobodnyy
Komsomolsk
Poronaysk
Sakhaline (Russie)
Chilka
Aginskoïe
Heihe
Belogorsk
Sovetskaïa Gavan
DÉTROIT DE TARTARIE
Ergun Zuoqi
Blagovechtchensk
Birobidjan
Khabarovsk
Adimi
Korsakov
Manzhouli
Hailar
Xuguit
Nenjiang
Jiayin
Tongjiang
Raohe
HOKKAIDO
HENTIY
Choybalsan
Nehe
Beian
Yichun
Hegang
Sapporo
Öndörhaan
Baruun-Urt
Longjiang
Qiqiyar
Daqing
HEILONGJIANG
Shuangyashan
LAC KHANKA
Hakodate
Matsumae
SÜHBAATAR
Saynshand
Solon
Horqin Youyi Qianqi
Taoan
Baicheng
Harbin
Shuangcheng
Mudanjiang
Jixi
Dalnegorsk
Aomori
DORNOD
Dong Ujimqin
Tonqyu
JILIN
Jilin
Dunhua
Vladivostok
ORNOGOVI
Erenhot
Abagnar Qi
Jarud
Changchun
Liaoyuan
Yanji
Najin
Nakhodka
Sendai
Zhenlan
Hexigten
Tongliao
Naiman
Kaiyuan
Fusong
Chongjin
Sado
Niigata
Zhangjiakou
Longhua
Fuxin
Shenyang
Fushun
Tonghua
CORÉE DU NORD
Kimchaek
HONSHU
TOKYO
Siziwang
ayan Obo
Jinzhou
LIAONING
Benxi
Anshan
Dandong
MER DU JAPON
BEIJING (PEKIN)
Hohhot
Chengde
Jinxi
Yingkou
Zhuanghe
Hamhung
JAPON
Datong
Qinhuangdao
PYONGYANG
Sariwon
Kanazawa
Nagoya
INTÉRIEURE
Tangshan
Dalian
Oki
Kyoto
Hamamatsu
Baotou
Fugu
Ningwu
Baoding
Tianjin
Lushun
Yantai
Weihai
SÉOUL
Kangnung
Inchon
Chongju
CORÉE DU SUD
Kobe
Osaka
ulin
SHANXI
HEBEI
Shijiazhuang
Cangzhou
MER DE BO HAI
Zibo
Weifang
Haiyang
Taejon
Taegu
Hiroshima
Takamatsu
Suide
Taiyuan
Yuci
Nangong
Jinan
Qingdao
Chinju
Pusan
Kitakyushu
SHIKOKU
Matsuyama
Fenyang
Jiexiu
Handan
SHANDONG
Kwangju
Fukuoka
Tsushima (Japon)
anan
Houma
Changzhi
Anyang
Jining
Zaozhuang
MER JAUNE
Nagasaki
Kumamoto
KYUSHU
Jiazuo
Xinxiang
Lianyungang
Cheju (Corée du Sud)
Kagoshima
ngchuan
Luoyang
Lushi
Zhengzhou
Xuchang
Xuzhou
Funing
Xian
Shangnan
Luanchuan
HENAN
Huaibei
Qingjiang
Tanega
Yaku
Xixia
Nanyang
Bengbu
Nanjing (Nankin)
JIANGSU
Yangzhou
ang
Yunxi
Zhushan
Xiangfan
Xinyang
Huainan
ANHUI
Hefei
Changzhou
Wuxi
Shanghai
xian
Zigui
HUBEI
Luan
Huoshan
Wuhu
Suzhou
Hangzhou
Tokara
OCÉAN PACIFIQUE
Yichang
Wuhan
Huanggang
Anqing
Shaoxing
Ningbo
Dinghai
Amami
ianfeng
Shashi
Huangshi
Jiande
Jinhua
Linhai
MER DE CHINE ORIENTALE
Okinawa
Naha
Chongyang
LAC DONGTING
Yueyang
Jingdezhen
ZHEJIANG
Wenzhou
ongshan
Changde
Yiyang
Nanchang
Shangrao
Suichang
Pingyang
Senkaku
Jishou
Changsha
Qingjiang
Jiujiang
Fuzhou
Jianyang
Tropique du Cancer
Qianyang
Xiangtan
Zhuzhou
Nancheng
Jianou
Ningde
Shaoyang
Yongxin
Nanping
Batan
Jingxian
HUNAN
JIANGXI
FUJIAN
Fuzhou
Matsu (Taiwan)
Quanzhou
Hengyang
Ganzhou
Ningdu
Putian
TAIPEH
Guilin
Shaoguan
Longnan
Zhanping
Xiamen
Taichung
Ishikari
Sakishima
an Luzhai
Liuzhou
GUANGDONG
Zhangzhou
Quemoy (Taiwan)
Hualien
Chungshing
GXI
Wuzhou
Guangzhou (Canton)
Shantou
Longchuan
Yunxiao
TAIWAN (3)
Taitung
Yulin
Foshan
Zhinui
Lufeng
DÉTROIT DE TAIWAN
Kaohsiung
gshan
Bobai
Yangjiang
Kowloon
HONGKONG (2)
DÉTROIT DE BACHI
inzhou
Maoming
Macao (Portugal)
Batan
eihai
Zhanjiang
MER DE CHINE MÉRIDIONALE
ngao
Haikang
Xuwen
Haikou
AINAN
Qionghai
Babuyan
MER DES PHILIPPINES
angliu
Wanning

PHILIPPINES

0 ... 500 ... 1 000 km

110° E ... **120° E** ... **130° E**

50° N ... 40° ... 30° ... 20°

PÉNINSULE CORÉENNE ET JAPON

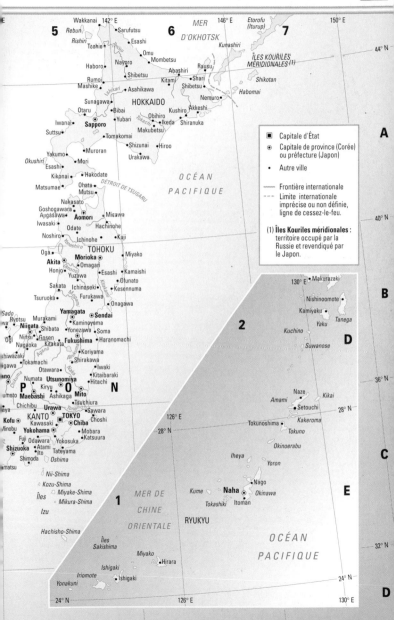

5 Wakkanai 142° E   **6** MER D'OKHOTSK   146° E   *Etorofu (Iturup)*   **7** 150° E

Rebun • Sarufutsu

Rishiri • Esashi   *Kunashiri*   44° N

Teshio • Omu • Mombetsu

Haboro • Nayoro   Abashiri • Rausu   ÎLES KOURILES MÉRIDIONALES (1)

Rumoi • Shibetsu   Kitami • Shari   *Shikotan*

Mashike • Asahikawa   Shibetsu •

Sunagawa • Bibai   **HOKKAIDO**   Nemuro • *Habomai*

Otaru • Yubari   Obihiro • Kushiro   Akkeshi

Iwanai • **Sapporo**   • Ikeda • Shiranuka

Suttsu • Tomakomai   Makubetsu •

Yakumo • Muroran   Shizunai • Hiroo

Okushiri Esashi • Mori   Urakawa   **OCÉAN**

Kikonai • Hakodate   **PACIFIQUE**

Matsumae • Ohata   DÉTROIT DE TSUGARU

Nakasato • Mutsu

Goshogawara • Misawa   40° N

Ajigasawa • Odate • Hachinohe

Iwasaki • Ichinohe • Kuji

Noshiro • **TOHOKU**

Oga • **Morioka** • Miyako

Akita • Omagari

Honjo • Yuzawa • Esashi • Kamaishi

Sakata • Ichinoseki • Ōfunato

Tsuruoka • Furukawa • Kesennuma

• Onagawa

Sado **Yamagata** • **Sendai**

Ryotsu Murakami • Kaminoyama

Niigata • Shibata • Yonezawa • Soma

Ogi Niitsu • Gosen **Fukushima** • Haranomachi

Nagaoka • Kitakata • Koriyama

shiwazaki • Tokamachi • Shirakawa

Sado Numata • Iwaki

ano Numata **Utsunomiya** • Kitaibaraki

• Kiryu • Hitachi

P O N

umoto **Maebashi** Ashikaga • **Mito**

Chichibu • Tsuchiura

aya **Urawa** • Sawara

Kofu Kawasaki **TOKYO** • Choshi

inobu **Yokohama** • **Chiba**

Fuji Odawara • Mobara

Shizuoka • Atami • Ito Yokosuka • Katsuura

Shimoda • Tateyama

amatsu *Oshima*

Nii-Shima

Kozu-Shima

Îles *Miyake-Shima*

Mikura-Shima

Izu

Hachisho-Shima

Légende

■ Capitale d'État

◉ Capitale de province (Corée) ou préfecture (Japon)

• Autre ville

— Frontière internationale

--- Limite internationale imprécise ou non définie, ligne de cessez-le-feu.

(1) Îles Kouriles méridionales : territoire occupé par la Russie et revendiqué par le Japon.

A

B

C

D

E

2

130° E • Makurazaki

Nishinoomote •

Kamiyaku • *Tanega*

Yaku

Kuchino

Suwanose

Naze • Kikai

Amami • Setouchi   28° N

Tokunoshima • Kakeroma

Tokuno

Okinoerabu

Iheya *Yoron*

• Nago

Kume **Naha** • *Okinawa*

Tokashiki Itoman

126° E

28° N

1 MER DE CHINE ORIENTALE

RYUKYU

OCÉAN PACIFIQUE

32° N

Îles Sakishima

Miyako • Hirara

Ishigaki

Iriomote • Ishigaki

Yonakuni   24° N   126° E   130° E

24° N

36° N

Pakokku • • Mandalay
95° E
Myingyan
Meiktila
BIRMANIE
20° N
Henzada
Pégou
Bassein
■ **RANGOON**
Moulmein

Lai Chau • Cao Bang • 105° E
Phongsali • Yen Bai • Lang Son **CHINE** 2 • Maoming • Macao • Hongkong 115° E
Luang Namtha • Dien • ■ **HANOI** • Hepu • Zhanjiang
Chiang Rai • Bien Phu • San • **Haiphong**
• Luang • Neua • Nam Dinh • Haikou
• Chiang Mai • Prabang • Thanh Hoa • Dongfang • *Hainan*
VIENTIANE • Paksane • Vinh • *GOLFE* • *(Chine)*
Lampang • • Nong Khai • *DU TONKIN*
Udon • Thakhek • Dong Hoi • *Îles*
Phitsanulok • Thani • Savannakhet • *Paracels*
• Ban Phai • **Khon Kaen** • Saravane • **Huê**
THAÏLANDE • **Ubon** • • Da Nang
Lop Buri • **Nakhon** • **Ratchathani** • Surin • Pakse • • Quang Ngai
• **Ayutthaya** • **Ratchasima** • Khong • Kon Tum
Ratchaburi • Chon • **BANGKOK** • Battambang • Play Cu • • Qui Nhon
Phetchaburi • • Buri • *TONLÉ* • **Stung** • Tuy Hoa
Mergui • Prachuap • Pursat • **Treng** • • Ban Me Thuot
• Khiri Khan • Kompong • •Kratie • Dalat • Nha Trang
Chumphon • **Chhnang** • Bien
GOLFE DE • Kompong • **PHNOM** • Hoa • **VIETNAM**
THAÏLANDE • Som • **PENH** • Ho Chi Minh-Ville
10° N • Ranong • Long Xuyen • **(Saigon)**
• Rach Gia • Vinh
MER • Surat Thani • Long
Phangnga • Nam Can • • Bac Lieu
Nakhon Si
Thammarat
Phuket • Trang
• Songkhla
Hat Yai • • Kota Baharu
Sabang
• **Banda Aceh** • Alor Setar
Lhokseumawe • Taiping • • Kuala
Langsa • • Ipoh • **Terengganu**
Meulaboh • Binjai • Kuala • • Kuantan
• • **Medan** • Lipis
Simeuluë • Pematangsiantar • **KUALA LUMPUR**
LAC • Kelang • • Seremban
TOBA • Rantauprapat • Malacca • Johor
• Sibolga • • **Baharu**
Nias • Padangsidempuan • ■ **SINGAPOUR**
Équateur • **Pakanbaru**
Bukittinggi • • Payakumbuh
• **Padang**
Muarabungo • • Jambi
Îles Mentawai
Talangbetutu • • Pangkalpinang
Bengkulu • **Palembang**
• Lahat • Perabumulih • *Bangka*
Sumatra • Kotabumi • • Menggala
• Tanjung Karang
OCÉAN
10° S

• Lang Son
Îles Andaman (Inde)
MER
D'ANDAMAN
Îles Nicobar (Inde)

MER
DE CHINE
Tizard Bank
MÉRIDIONALE
Îles Spratly • Amboine
MALAISIE
Île Natuna (Indonésie)
Îles Anambas (Indonésie)
Kota Kinabalu
BANDAR SERI
BEGAWAN
Miri • **BRUN**
• Bintulu
Kuching • • Sibu • • Kapit • Longna
Simanggang • *Borneo*
Sambas • • Pútussibau
Singkawang • Sanggau • Semitau • Longiram • Sama
Pontianak • Muaratewe • Balik
Sukadana • Nangatayap • Kualakurun
Palangkaraya • • Tanah
Banjarmasin
Kalimantan • Martapura
DÉTROIT DE KARIMATA
Belitung
MER DE JAVA
■ **JAKARTA**
Bogor • Cirebon • **Semarang** • *Madura*
Bandung • Magelang • **Surabaya**
• Surakarta
INDIEN • **Yogyakarta** • **Malang** • **Denpasar** • Mat
Java • *Bali*

MÉRIDIONALE
1
2
DÉTROIT DE MALACCA
Archipel Riau
Îles Lingga
Mus

Capitale d'État
■ Capitale d'État
◉ Chef-lieu de province
ou de région
• Autre ville

Les traits blancs représentent
les frontières internationales.

(1) Timor-Oriental : territoire annexé
par l'Indonésie en 1976.

0   200   400   600 km

95° E   105° E   115° E

TAIWAN
3 • Kaohsiung
125° E   4   135° E   5

20° N

DÉTROIT DE LUZON

Laoag •
• Vigan • Tuguegarao ⊙
• Hagan • *Luzon*

A

Baguio • • Bayombong
Lingayén •
San Fernando ⊙ • Cabanatuan
MANILLE □ ⊙ • Quezon City
• Pasig   • Daet
Lucena ⊙
• Naga • *Catanduanes*
• Calapan • Legazpi   **PHILIPPINES**
Mindoro   • Catarman
Îles   *Masbate*   *Samar*
Calamianes   • Catbalogan
Panay Roxas •
• Taytay **Iloilo** ⊙ • **Bacolod** ⊙ **Tacloban**

MER
DES
PHILIPPINES

OCÉAN

alawan
Negros **Cebu** ⊙ *Leyte*
• Puerto   Dumaguete • • Maasin   10° N
Princesa   **Cagayan**
MER • Dipolog *Bohol* • Surigao
DE   **de Oro** ⊙
SULU   Pagadian • • Butuan
ALABAC   • Malaybalay • Bislig
• Isabela • Zamboanga Davao • *Mindanao*
• Sandakan Jolo •• *Basilan*   • Mati
had Datu *Jolo*   Koronadal • Digos

PACIFIQUE

B

• Tawau   *Talaud*
Tarakan   Tahuna •
MER   • Sangihe
DE
CÉLÈBES

anjungredeb
angkulirang Tolitoli •   • Galea
Moutong • • Paleleh   Jailolo •
• Gorontalo   *Halmahera*
Manado ⊙   Ternate • • Weda   Équateur
MER DES MOLUQUES

GOLFE DE TOMINI
Donggala •   • Waigeo
• Palu   Luwuk •   *Îles Schouten*
Karosa • • Poso *Îles Sula* Labuha • Manokwari • *GOLFE DE*   • Biak
Sulawesi Dofa • *Île* Sorong • Ransiki • *CENDRAWASIH* Sarmi •
(Célèbes) Kayasa • *Obi* • Sesepe *Misoöl*   **Jayapura** ⊙
Palopo • Malili •   • Wahai   • Fakfak   *Irian*
Majene •   *MER DE CERAM*   • Nabire *Jaya*
Parepare • **Kendari** ⊙ *Buru* Namlea • • Amahai   • Wanema
LAC   **Ambon** • *Ceram*   Kokonau •
Watam- *TOWUTI*
Ujung pone • *Butung*   • Agats
Pandang • Baubau • *MER DE BANDA* *Îles Aru*   Tanahmeran •

C

MER
DE
FLORES   **INDONÉSIE**   • Okaba
Wetar *Romang*
Sumbawa *Flores* Kalabahi •   *Yamdena*
Raba • Ruteng • Maumere • **Dili** • Tepa   Croker
Ende • Atambua • *Timor-Oriental* (1) *Babar* Saumlaki • *MER D'ARAFURA*
Waingapu • Soe • *Timor*
Sumba **Kupang** ⊙ *MER*   10° S
Baa • *DE TIMOR*
Roti •   *Melville*

AUSTRALIE
Darwin •

125° E   135° E

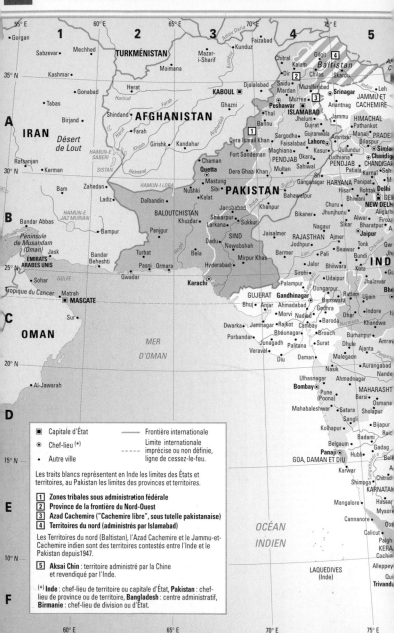

Légende

■ Capitale d'État

◎ Chef-lieu (*)

• Autre ville

——— Frontière internationale

- - - - Limite internationale imprécise ou non définie, ligne de cessez-le-feu.

Les traits blancs représentent en Inde les limites des États et territoires, au Pakistan les limites des provinces et territoires.

1 Zones tribales sous administration fédérale

2 Province de la frontière du Nord-Ouest

3 Azad Cachemire ("Cachemire libre", sous tutelle pakistanaise)

4 Territoires du nord (administrés par Islamabad)

Les Territoires du nord (Baltistan), l'Azad Cachemire et le Jammu-et-Cachemire indien sont des territoires contestés entre l'Inde et le Pakistan depuis 1947.

5 Aksai Chin : territoire administré par la Chine et revendiqué par l'Inde.

(*) **Inde** : chef-lieu de territoire ou capitale d'État, **Pakistan** : chef-lieu de province ou de territoire, **Bangladesh** : centre administratif, **Birmanie** : chef-lieu de division ou d'État.

CHINE

TIBET

NÉPAL

SIKKIM

ARUNACHAL

KATMANDOU

THIMBU **BHOUTAN**

NAGALAND

ASSAM

MEGHALAYA

Shillong

MANIPUR

BANGLADESH

TRIPURA

DAKA **Agartala** MIZORAM

BIRMANIE

BENGALE

Calcutta

ORISSA **Bhubaneshwar**

MADHYA PRADESH

THAÏLANDE

RANGOON

GOLFE DU BENGALE

ANDHRA PRADESH

Madras

TAMIL-NADU

PONDICHÉRY

Pondichéry

MER D'ANDAMAN

Îles Andaman

ANDAMAN ET NICOBAR (Inde)

Îles Nicobar

SRI LANKA

COLOMBO

INDONÉSIE

0 300 600 900 1 200 km

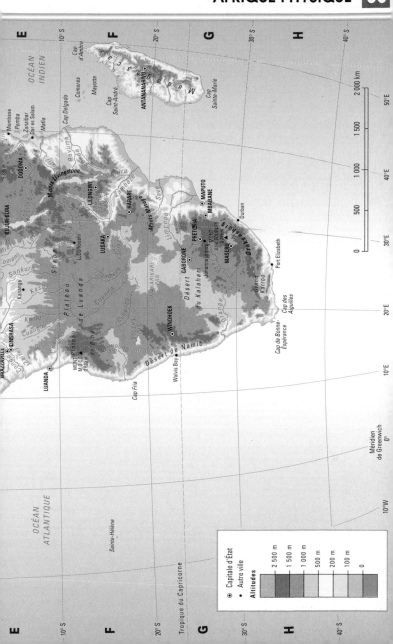

OCÉAN INDIEN

Cap d'Ambre

Comores
Mayotte
Cap Saint-André

ANTANANARIVO

Madagascar

Cap Sainte-Marie

Mombasa
Pemba
Zanzibar
Dar es Salam
Mefia
Cap Delgado

DODOMA

Rovuma

Monts Livingstone

LILONGWE

HARARE

Monts Mulanje

MAPUTO

MBABANE

Limpopo

Durban

BUJUMBURA

Lubumbashi

LUSAKA

Zambèze

PRETORIA

Mont Aux Sources

GABORONE

Johannesburg

MASERU

Port Elizabeth

KINSHASA

Plateau de Luanda

WINDHOEK

KALAHARI PAN

Désert du Kalahari

Grand Karroo

Cap de Bonne-Espérance

Cap des Aiguilles

BRAZZAVILLE

LUANDA

MONT MOCO
2 620 m

Désert de Namib

Walvis Bay

Cap Fria

OCÉAN ATLANTIQUE

Sainte-Hélène

Tropique du Capricorne

Méridien de Greenwich 0°

0   500   1 000   1 500   2 000 km

● Capitale d'État
• Autre ville

Altitudes

2 500 m   1 500 m   1 000 m   500 m   200 m   100 m   0

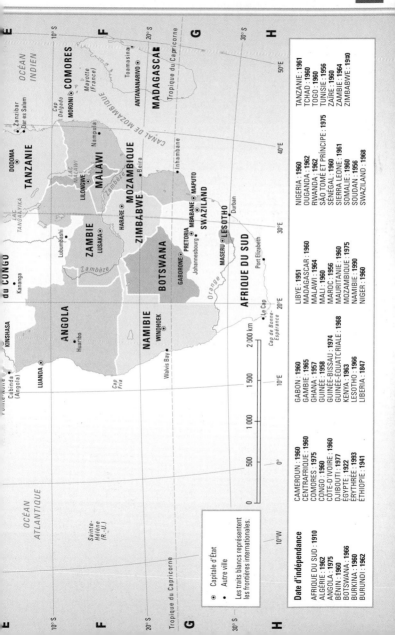

Date d'indépendance

AFRIQUE DU SUD : **1910**
ALGÉRIE : **1962**
ANGOLA : **1975**
BÉNIN : **1960**
BOTSWANA : **1966**
BURKINA : **1960**
BURUNDI : **1962**

CAMEROUN : **1960**
CENTRAFRIQUE : **1960**
COMORES : **1975**
CONGO : **1960**
CÔTE-D'IVOIRE : **1960**
DJIBOUTI : **1977**
ÉGYPTE : **1922**
ÉRYTHRÉE : **1993**
ÉTHIOPIE : **1941**

GABON : **1960**
GAMBIE : **1965**
GHANA : **1957**
GUINÉE : **1958**
GUINÉE-BISSAU : **1974**
GUINÉE-ÉQUATORIALE : **1968**
KENYA : **1963**
LESOTHO : **1966**
LIBERIA : **1847**

LIBYE : **1951**
MADAGASCAR : **1960**
MALAWI : **1964**
MALI : **1960**
MAROC : **1956**
MAURITANIE : **1960**
MOZAMBIQUE : **1975**
NAMIBIE : **1990**
NIGER : **1960**

NIGERIA : **1960**
OUGANDA : **1962**
RWANDA : **1962**
SÃO TOMÉ ET PRINCIPE : **1975**
SÉNÉGAL : **1960**
SIERRA LEONE : **1961**
SOMALIE : **1960**
SOUDAN : **1956**
SWAZILAND : **1968**

TANZANIE : **1961**
TCHAD : **1960**
TOGO : **1960**
TUNISIE : **1956**
ZAÏRE : **1960**
ZAMBIE : **1964**
ZIMBABWE : **1980**

⊙ Capitale d'État
• Autre ville

Les traits blancs représentent
les frontières internationales.

1 **2** **3**

A

B

C

D

OCÉAN
ATLANTIQUE

8°W
Odemira
PORTUGAL
Lagos
Faro
Huelva
Séville
Cordoue
4°W
Jaén
Murcie
Cartagène
Baza

ESPAGNE
Antequera
Grenade
Almería

GOLFE
DE CADIX
Jerez de
la Frontera
Málaga

Cadix
Algésiras
Gibraltar
(R.-U.)
DÉTROIT DE GIBRALTAR
Ceuta (Esp.)
El-Marsa
el-Kebir

Tanger
Asilah
Tétouan
Bou-Ahmed
Al Hoceima
Melilla
(Esp.)
Beni-Saf
Sidi-Bel

El-Araich
Chaouen
Ksar
el-Kebir
Bab-Taza
Targuist
Midar
Nador
El-Ghazawet
Tlemcen

Souk el-Arba-du-Rharb
Ouezzane
Taounate
Aknoul
Saïdia
Maghniya
Barkane
Oujda
Ras
Le

Oued Sebou
Karia-Ba-
Mohammed
Taza
Guercif
Jerada
Berguent
El-Aricha

Salé
Kenitra
Tahala

34°N
RABAT
Sidi-Kacem
Fès
Oued Za
Me

Casablanca
Ben-Simane
Meknès
Khemisset
Al-Hajeb
Boulemane
Tendrara
Aïn-Sefr

El-Jadida
Azemmour
Benahmed
Rommani
Ifrane
Azrou
Oued Moulouya
MAROC
Bou-Arfa

Settat
Khouribga
El-Borouj
Oued-Zem
Khenifra
Midelt

Oualidia
Sidi-Smaïl
Fkih-Ben-Salah
Boujad
Kasba-Tadla
Benguerir
Beni-Mellal
Bine-El-Ouidane
Boudenib
Bouânane
Figuig

Safi
Youssoufia
Chemaïa
El-Kelâa-Srarhna
Azilal
Goulmima
Er-Rachidia

Essaouira
Oued Tensift
Marrakech
Aït-Ourir
Demnate
Oued Oasis
Tinrhir
Erfoud
Béchar

Ounara
Amizmiz
Tahnaout
Boumalne
Rissani
Oued Rheris
Oued Guir
Beni-Abbas

Imi-n'Tanout
Asni
Quarzazate
Oued Drâa

Tamri
Taroudant
Oued Sous
Tazenakht
Oued Guir

Agadir
Aït-Melloul
Taliouine
Zagora
Foum-Zguid
Tagounit

30°N
Tiznit
Tafraoute
Tata
Akka

Bou-Izakarn
Foum el-Hisn
Timoudi
Tir

Guelmim
Assa
Oued Saoura

Oued Drâa
SEBKHA
TIMIMO

SAHARA
OCCIDENTAL
SEBKHA DE
TINDOUF
Tindouf
SEBKHA
AÏN-BELBELA
Adrar

Al-Mahbas
Sali
Re

MAURITANIE
Bou-Bernous

26°N
Chenachane
SEB
AZZEL

Capitale d'État
Chef-lieu (*)
Autre ville

Les traits blancs représentent les frontières
internationales.

(*) **Maroc:** Chef-lieu de province,
Tunisie: de gouvernorat, **Algérie:** de wilaya.

MALI

8°W
4°W
0°
Méridien
de Greenwich

MER MÉDITERRANÉE

4   **5**   **6**

Menzel   Bizerte   *GOLFE*
DE TUNIS
Délles   Bejaïa   Djidjel   Skikda   Annaba   Tubuku   Mäteur   Bourguiba   L'Ariana   Kelabia
El-Boulaïda   ALGER   El-Miliya   TUNIS   Carthage   Hammam Lif
(Blida)   Boufarik   Akbou   Guelma   El-Qala   Béja   Bén Arous   Nabeul
Ténès   Cherchell   Tizi-Ouzou   Kherrata   Souq-Ahras   Jendouba   Zaghouan   Sousse
u-Kadir   Ech-Cheliff   Ghosiane   Bouïra   Sétif   Constantine   Oum el-Bouagui   Le-Kef   Siliana   Hammamet
agnem   Médéa   Sidi-Aïssa   El-Eulma   Aïn-   Kalaa-Kebira   Monastir
Ghilizane   Thenièt el-Hadd   Bordj-Bou-   Milia   Aïn el-Beïda   Maktar   Kairouan   Moknine   Mahdia
askar   Tiaret   Tissemsilt   Qasr el-Boukhari   Msila   Arreridj   Aïn-Yagout   Meskiana   El-Jem   Chebba
Mehdia   Aïn-Wessara   Batna   Tébessa   Kasserine   A
Frenda   Souguer   Kšar-Chellala   Khenchela   Sidi-Bou-Zid   Sfax
Bou-Saâda   Fériana
ZAHREZ   *CHERGUI*   Biskra   Sidi-Okba   TUNISIE
El-Idrissia   *ZAHREZ*   El-Djelfa   Bir el-Ater   Mahres
RHARBI   Awled-Djellal   Negrine   Gafsa
CHOTT   Aflou   Stil   Metlaoui   *GOLFE*
El-Beyyadh   El-Meghayyar   *CHOTT*   La-Skhirra   *DE GABÈS*
Laghouat   *MELRHIR*   *GHARSA*   Tozeur   Gabès   Djerba   34° N
Brozina   Djamaa   Nefta   *CHOTT*   Kebili   Matmata
iadh-Sidi-Cheikh   Dzioua   El-Oued   *EL DJERID*   Douz   Médénine
Berriyane   Touggourt   Ben-
Gardane
Ghardaïa   Totoouino
Remada
ALGÉRIE   Wargla   Hassi-Messaoud   Wäzin   B
Nalut
El-Golea   Mechiguig   Sinawin
El-Agreb   Bordj El-
Hattaba   Ghadamès   30° N

Hassi-Bel-Guebbour

LIBYE
In-Amenas   C
Bordj-Omar-Idriss   Edjeleh
In-Salah   Tiguentourine
Assekaifaf
Illizi
26° N
Tamadjert   Ifata   Afar   Al-'Uwaynat
Arak
Ghat
Al-Birkah
Djanet   D
Eferi
In-Ecker   Tropique du Cancer

0   100   200   300 km
4°E   8°E

1 **2**

30°W   20°W

A

30° N

Essaoï

Agad

Madère
(Portugal)   *Porto Santo*
● Funchal

Sidi-Ifni

La Palma   *Îles Canaries*
(Espagne)   *Lanzarote*
Santa Cruz   *Fuerteventura*
Gomera   ● Las Palmas
Hierro   *Grande Canarie*   Tarfaya

OCÉAN
ATLANTIQUE

B

● El-Ayoun   ● Es Semara

Tropique du Cancer

● Boujdour

Bir Moghrein ●

SAHARA
OCCIDENTAL

Dakhla ●

Fdérik ●
● Zouérat

20° N

Nouadhibou ●

Ouadane ●
Atar ●   ● Chinguetti

Akjoujt ●

MAURITANIE

Tidjikja ●

NOUAKCHOTT ⊙   Boutilimit ●

Sao Antão   Mindelo   Aleg ●
Sao Vicente ●●   *Sal*   Kiffa ●   Aïoun ●   N
Sao Nicolau   ● *Boa Vista*   Saint-Louis ●   Podor   ● Kaédi
CAP-VERT   *Sénégal*   Sélibabi ●   Nioro ●   N
Fogo *Sao Tiago* ● *Maio*   Louga ●   Linguère ●

C   ⊙ **PRAIA**   ● Thiès   **SÉNÉGAL**   Kidira ●   Kita ●
DAKAR ⊙   Diourbel ●   Kayes ●
Rufisque ●   Kaffrine ●
Kaolack ●   ● Tambacounda   Koulikoro ●
BANJUL ⊙ **GAMBIE**   *Gambia*   **BAMAKO** ⊙
Brikama ●   ● Kédougou   Bougo
Ziguinchor ●   Kolda ●
Gabu ●   Koundara ●   Siguiri ●
BISSAU ⊙ **GUINÉE-**   Mandiana ●   Ti
Îles Bissagos   **BISSAU**   Labé ●   Kouroussa ●

10° N   Boké ●   **GUINÉE**   Kankan ●
Kindia ●   Kérouané ●   Odienn
Kabala ●   Kissidougou ●   K
CONAKRY ⊙   Beyla ●   S
Touba ●
SIERRA   Nzérékoré ●
FREETOWN ⊙ **LEONE**
Bo ● ● Kenema   Man ●
Sherbro   Sahnliquellhie   Daloa ●   **CÔ**
D'IVO

D

Tubmanburg
Robertsport ●   **LIBERIA**
MONROVIA ⊙   Zwedru ●
Buchanan ●

⊙ Capitale d'État
● Autre ville

Les traits blancs représentent
les frontières internationales.   0   250   500   750   1 000 km

Greenville ●   Sass

Harper ●   ● San
Tabou

20°W   10°W

ESPAGNE **3** 0° ALGER **4** 10°E Palerme **5** Catane

Cadix • Málaga • El-Boulaïda Skikda Annaba Beja • Bizerte • Sicile (Italie)
Tanger • Ceuta (Esp.) Mellila (Esp.) Oran Mostaganem Tizi-Ouzou Sétif Le-Kef • TUNIS
El-Araich • Al Hoceima Mouaskar • Médéa Constantine Kairouan Sousse • MALTE LA VALETTE
RABAT ⊙ Meknès • Fès Oujda Tlemcen Sidi-Bel-Abbès Batna • TUNISIE Sfax MER
Casablanca El-Djelfa • Biskra Gafsa • Gabès • MÉDITERRANÉE A
fida Laghouat Djerba
Khenifra • Aïn-Sefra CHOTT ECH-CHERGUI CHOTT MELRHIR CHOTT EL-DJERID TRIPOLI
rakech MAROC Figuig • Ghardaïa • Touggourt Tataouine Zuwarah • Al Khums
uarzazate • Bechar Wargla • Hassi- Nalut Gharyan • Misratah
• Abadla Messaoud Surt
• Beni-Abbas El-Goléa • Ghadamès • (Syrte)
30° N
Timimoun ALGÉRIE Al Jofor

Adrar • In-Amenas LIBYE
In-Salah • Edjeleh Idri • Sabah
Reggane • Tiguentourine
Illizi • Murzuq
Ghat • Al Katrun B
Djanet •
Taoudéni Tropique du Cancer

Tamanrasset Madama • Aozou
Bardaï •
Tessalit • In Azaoua Djado • Zouar
20° N
Araouane • Kidal Arlit •
MALI Bilma •
LAC AGUIBINE Bamba Fachi •
Tombouctou • Bourem
LAC NIANGAY Gao Agadès • NIGER Agadem C
O LAC Ansongo Menaka Ingal •
KORAROU Ayorou Tanout
Mopti • NIAMEY Tahoua • Zinder Gouré N'Guigmi TCHAD
Djenné Bandiagara Dori Niger Maradi N'Guru Diffa Bosso • Mao Moussoro
Ouahigouya Say Dosso Sokoto Katsina Kano LAC Bol Massénya
OUAGADOUGOU Kaya Birnin Kebbi Kaura TCHAD Dikwa N'DJAMENA ⊙
Koudougou ⊙ BURKINA Gaya Namoda Gusau • Zaria Maiduguri Mokolo Bongor
sso Boromo Kandi Funtua • Kaduna Potiskum Mubi • Maroua Laï
fora • Bobo-Dioulasso Bolgatanga Dapaong LAC Bauchi Damaturu Doba
Bouna Wa Natitingou KAINJI Zungeru Minna Jos Léré Moundou
Tamale Parakou BÉNIN Bida ABUJA Yola Garoua
oudoukou Sokodè Baro NIGERIA Jalingo Ibi Touboro
uaké Sunyani TOGO Savé Ogbomosho Ilorin Ngaoundéré Bozoum
OUSSOUKRO GHANA Atakpamé Abomey Iwo Ife Oshogbo Ilesha Lokoja Makurdi Bouar Bossangoa
Abengourou Kumasi PORTO NOVO Ibadan Abeokuta Bénin Enugu Ogoja Banyo • Tibati CENTRAFRIQUE D
idjan Aboisso Koforidua LOMÉ Cotonou Lagos Onitsha Bamenda Foumban CAMEROUN
Grand Sekondi ACCRA Tema Aba Calabar Bafoussam Bertoua Nola
Bassam Cap Coast GOLFE Port Harcourt N'Kongsamba Douala Berbérati
DE GUINÉE MALABO Buéa YAOUNDÉ
0° (Guinée-Équ.) Edéa ⊙ 10°E
Méridien de Greenwich Bioko

Touggourt • Ghardaïa • Wargla **1** 10° E 20°E **3**

A

TUNISIE Zuwarah **TRIPOLI** **2** Al Bayda Darnah Alex
Hassi-Messaoud Gharyan Al Khums Misratah Surt (Syrte) Benghazi Al Marj Tubruq (Tobrouk) Solum
Nalut As Sidrah Bir Hakeim Marsa Matrouh El Al

30° N Ghadamès Ajdabiyah

ALGÉRIE Al Jofor • Al Jaghbub • Siwa Bahar

In-Amenas • Jalu • Farafra

B Tiguentourine • Edjeleh Idri • Sabah **LIBYE** **ÉGYP**

Illizi • Ghat Murzuq Da

Djanet • Al Katrun Al Jawf

Tropique du Cancer

• Tamanrasset Madama • Aozou

Bardaï •

• In Azaoua Djado • Séguédine • Zouar

20° N

• Arlit Ounianga Kébir • Nukheila

Bilma • Largeau • Bir Natrun

Fachi • Fada •

NIGER Agadès • Agadem • Oum Chalouba • **SOUDA**

Ingal •

C Tanout • **TCHAD** Biltine •

Tahoua • Zinder Gouré N'Guigmi Mao Abéché • El Fasher

Maradi • Bosso Moussoro El Geneina •

Kaura Namoda Katsina Kano N'Guru Diffa **LAC TCHAD** Ati Mongororo • Zalingei • Nyala En Na

Gusau • Potiskum Dikwa **N'DJAMENA** Mongo Am Timan • El Muglad

Funtua • Zaria Maiduguri Massénya Bahr Azoum

Kaduna • Bauchi Mokolo Chari Birao •

10° N Minna • Jos Mubi Maroua Bongor Bahr el Arab

Bida • **ABUJA** Bénoué Léré Laï Sarh Bahr Aouk Uwayl •

Baro • **NIGERIA** Yola Garoua Moundou Ndélé • Ouanda-Djallé Raga •

Lokoja • Ibi Makurdi Ngaoundéré Kotto Ouadda •

Enugu Ogoja Banyo • Tibati Bossangoa Kaga Bandoro Yalinga • Bahr el Gha

Bénin • Onitsha Bamenda Foumban Bouar • **CENTRAFRIQUE** Bria •

Aba • Calabar Bafoussam **CAMEROUN** Sibut Bambari • Bangassou Obo • Tamb

D Port Harcourt N'Kongsamba Douala Carnot Possel **BANGUI** Mobaye Bomu Ya

MALABO Buéa Édéa Bertoua Berbérati Nola Yasanyama Yakona Bondo Banbesa Niar

Bioko Kribi **YAOUNDÉ** Dja Libenge Uele Aketi Isiro

Bata Ebolowa Akoafim Gemena • Bumba Lisala Basoko **Rép. dém. du CONG**

SÃO TOMÉ ET PRINCIPE Oyem Impfondo • Basankusu Kisangani Aruwimi

SÃO TOMÉ **GUINÉE ÉQUAT.** Ouesso Oubangui Congo (Zaïre) Lulonga

Équateur **LIBREVILLE** Makokou **CONGO** Mbandaka Boendé Ubundu •

Port-Gentil Lambaréné **GABON** Owando 20°E Tshuapa Lomami

E Koulamoutou Ogooué 10° E

Les traits blancs représentent les frontières internationales.

- ◉ Capitale d'État
- • Autre ville

(1) Halaïb: territoire soudanais administré par l'Égypte.

TEL-AVIV ◉ AMMAN
Gaza •• Jéricho
Port-Saïd • Jérusalem
El Mansurah
ISRAËL
Ismaïlia
Suez
JORDANIE

Nadjaf • 5
IRAK
Bassora •
KOWEÏT

CAIRE

El Minya

Asyut •
Hurghada •
Qena • Quseir
Louxor •
Idfu •
Assouan •

LAC NASSER

Wadi Halfa •

HALAÏB(1)
• Halaïb
Muhammad Qol •

Port-Soudan •
Abu Hamed • Souakin •
Dongola
Karima •
Merowe • Berber • Tokar
El Debba • Ed Damer • Atbara

Omdurman • KHARTOUM ◉
Wad Medani •
Ed Dueim • Gedaref •
Kosti • Sennar •
Renk • Singa

Kaka •
Kodok
(Fachoda) •
Malakal •
Nasir •
Pibor Post •
Bor •
Mongalla •
Juba •
Nimule •
Arua •
OUGANDA
Gulu •
Masindi • Soroti
KAMPALA • Mbale
Entebbe • Jinja
Eldoret •
Kakamega •
LAC VICTORIA
Bukoba •
Kisumu •
Nakuru •
NAIROBI ◉

Haïl •

Bouraida •
Unayzah •

RIYAD ◉

Médine •

Djedda •
• La Mecque
Taïf •

Abha •
• Najran

Keren •
ÉRYTHRÉE
Massaoua •
Kassala • Akordat •
ASMARA ◉
Adwa •
Aksoum • Mekele •
Gondar • Sekota •
LAC TANA
Debre Markos • Dese •
ADDIS-ABEBA ◉
ÉTHIOPIE
Ankober • Dire Dawa •
Metu • Harer •
Asela •
Jima • Ginir •
Dalle • Goba •
Nagele •
LAC ABAYA
Mega •
LAC TURKANA
Moyale •
Marsabit •
Wajir •
KENYA
Nanyuki •
Embu •
Garissa •
Kisimaio •

Hufhuf •
BAHREIN
QATAR
ABOU-DHABI ◉
Haradh •
ÉMIRATS ARABES UNIS

ARABIE SAOUDITE

MER ROUGE

Îles Dahlak

SANAA ◉
• Hodeida
YÉMEN
Taiz •
Assab •
Aden •
Ahvar •
Mukalla •
GOLFE D'ADEN
Tarim •

Alula •
Bosaso •
Hafun (Dante)
Gardo •
Bender-Beila
SOMALILAND
Garoe •
Eil •
Burao •
Las Anod •
El Hamurre •
Galcaio •
Obbia •
SOMALIE
El Goran •
Belet Uen •
Oddur • El Dere •
Ganane • Bulo Burti •
Dolo • Gioha •
Bardera •
Merca •
MOGADISCIO ◉
Brava •
Giamama •

OCÉAN INDIEN

Équateur

0   250   500   750   1 000 km

Port Gentil • 10°E • Koulamoutou • Owando • 20°E Boende • Tshuapa • Congo (Zaïre) • Kalima •
GABON • Moanda • Gamboma • LAC MAI NDOMBE • Inongo • Kindu •
Iguéla • Mouila • Franceville • • Kutu • **Rép. dém. du CONGO** • Nyanga •
Setté Cama • Tchibanga • Djambala • Kwamouth • Bandundu • Lukenie • Dekese • Lodja • Kas •
Mayumba • **CONGO** • Loubomo • Nkayi • **BRAZZAVILLE** • Kasaï • Ilebo • Sankuru • Lusambo •
A • Pointe-Noire • **CABINDA** • **KINSHASA** • Kikwit • Luebo • Kananga • Kabinda • Kabalo •
Cabinda (Angola) • Boma • Mbanza-Ngungu • Kwilu • Tchikapa • Mbuji Mayi • Gandajika • Manono •
Banana • Matadi • • Mwene Ditu •
Nezeto • • Uige • Cuango • Kamina •
Ambriz • • Caxito • Cuanza • Capenda Camulemba • Sandoa • Bukama •
LUANDA • N'Dalatando • • Malange • • Saurimo •
10° S • Porto Amboim • Quibala • • Luacano • Dilolo • Kolwezi • Likasi •
Sumbe • • **ANGOLA** • • Luéna • Chinkolobwe • Lut •
Lobito • Huambo • Kuito • Solwezi • M •
Benguela • Caconda • Lumbala • Chingola •
OCÉAN • Capelongo • Cuchi • Zambezi • **ZAMBIE** • K •
ATLANTIQUE • Lubango • Kassinga • Menongue • Cuando • Mongu • Mumbwa • **LUSA** •
B • Namibe • Chiange • Cuito Cuanavale • Kataba • KA •
Porto Alexandre • • Cunene • Choma • Maramba •
Roçadas • Ngiva • Cubango • (Livingstone) •
Ohopoho • *ETOSHA* • Hwang •
PAN • Namutoni • Maun • **ZIMBAB** •
Kamanjab • Tsumeb • *MAKARIKARI* • Bula •
20° S • Grootfontein • *PAN* •
• Otjiwarongo • Francistov •
Omaruru • **BOTSWANA** • Serow •
Usakos • **NAMIBIE** • Gobabis • Tshane • **GABORONE** • Pie •
Swakopmund • Maltahöhe • Mariental • Malepolole • Kanye •
Walvis Bay • **WINDHOEK** • Tshabong • Lobatse • Mafikeng • **PR** •
Tropique du Capricorne • Mmabatho • Johannesbourg •
C • Sishen • Vryburg • Vereeniging •
Lüderitz • Kuibis • Kro •
Karasburg • Upington • *Vaal* • Welkom • Bet •
Port Nolloth • Springbok • Kakamas • *Orange* • Kimberley • H •
Bloemfontein • M •
30° S • *Orange* • **LESO** •
Calvinia • De Aar • **AFRIQUE DU SUD** • Queenstown •
Beaufort Ouest • East London •
D • Worcester • Oudtshoorn • Grahamstown •
Le Cap • Paarl • Uitenhage • Port Elizabeth •
Simonstown • Mosselbaai •
Cap de Bonne-Espérance •
10°E • 20°E •

⊙ Capitale d'État
• Autre ville

Les traits blancs représentent
les frontières internationales.

1 2

OCÉAN INDIEN

KENYA
Nakuru • Thika
Musoma NAIROBI
Bukoba
KIGALI
RWANDA
BUJUMBURA
Gitega
BURUNDI
Mwanza
Arusha • Moshi
Malindi
Kondoa • Tanga Mombasa
Uvinza Tabora Pemba
Ujiji DODOMA
NGANYIKA Mpanda Kilosa Pangani Zanzibar
Zanzibar Dar es Salam
Sumbawanga LAC RUKWA Iringa Mafia
Kasanga Ifakara
Mbala Mbeya Mahenge Kilwa
Karonga Liwale
Kasama Livingstonia Songea Lindi
LAC BANGWEULU Chama Mbamba Bay Mtwara
Mpika Mzuzu Metangula
Chipata LILONGWE Lichinga Marrupa Pemba
LAC MALAWI Chipoka MOZAMBIQUE
LAC CABORA BASSA Zomba Nampula Nacala
Blantyre Mozambique
Bindura Tete Nsanje Mocuba Angoche
HARARE Quelimane
Kadoma Mutare
Kwekwe Sofala (Beira)
Masvingo
Machaze
bridge Mabote
Mabalane Inhambane
dsdorp Chibuto Chicomo
matipoort Xai-Xai MAPUTO
MBABANE
ZWAZILAND
ewcastle
termaritzburg
urban
rt Shepstone

TANZANIE

LAC VICTORIA

COMORES
MORONI
Mutsamudu
Archipel des Comores
Mayotte (France)

Antsiranana (Diego-Suarez)
Ambanja
Antalaha
Mahajanga (Majunga)
Marovoay
Ambatondrazaka
MADAGASCAR
Tsiroanomandidy Toamasina (Tamatave)
Moramanga
ANTANANARIVO
Morondava Antsirabé
Ambositra
Fianarantsoa Mananjary
Ambalavao Manakara
Toliara (Tuléar) Farafangana
Taolanaro (Fort-Dauphin)

CANAL DE MOZAMBIQUE

Bassas da India (France)
Europa (France)

Îles Aldabra (Seychelles)

Tropique du Capricorne

0 250 500 750 1 000 km

Tropique du Capricorne — 20° S

E — F — 30° S — G — H — 40° S — I — 50° S

OCÉAN ATLANTIQUE

Îles Sandwich du Sud

Géorgie du Sud

du Brésil

BANDEIRA 2 772 m
Cap Frio
Belo Horizonte
Rio de Janeiro
São Paulo
Paranaíba
Rio Grande
Porto Alegre
Uruguay
Paraná

Falkland (Malouines)

Gran Chaco
Pilcomayo
Paraguay
ASUNCIÓN
Salado
Paraná
Uruguay
MONTEVIDEO
Cap San Antonio
Cap Corrientes
BUENOS AIRES
CERRO TRES PICOS 1 243 m

Île des États
Cap Horn

OJOS DEL SALADO 6 880 m
Córdoba 2 884 m
Salado
Desaguadero
ACONCAGUA 6 959 m
SANTIAGO
MONT TRONADOR 3 554 m
Chiloé
Colorado
Cap Tres Puntas
Détroit de Magellan
Terre de Feu
Deseado

Iquique
LLULLAILLACO 6 723 m
Les Andes

Desventuradas

Îles Juan Fernández

Wellington

2 000 km

OCÉAN PACIFIQUE

110° W — 100° W — 90° W — 80° W — 70° W — 60° W — 50° W — 40° W — 30° W

Tropique du Capricorne — 20° S

0 — 500 — 1 000 — 1 500 — 2 000 km

◉ Capitale d'État
• Autre ville

Altitudes

3 000 m
1 500 m
1 000 m
500 m
200 m
0

B

C

30° W   80° N   70° N

50° W

70° W

0° W

Cercle polaire arctique

10° W

• Alert

• Vunarteq

• Seydisfjördur

• Husavik

• Akureyri

9

Eureka

Île d'Ellesmere

el-Heibreg

ISLANDE

Isafjordur   ■ REYKJAVIK

• Keflavik

ira

en

Alexandra Fjord

• Siorapaluk

• Thule

GROENLAND (Danemark)

DÉTROIT DU DANEMARK

80° N

• Savissivik

• Kullorsuaq

Sverdrup

irst

Resolute

Île Devon

• Upernavik

BAIE DE MELVILLE

• Nugâtsiaq

• Ummannaq

• Ammassalik

30° W

Somerset

BAIE DE BAFFIN

• Iullissat

• Qeqertarsuaq   • Qasigiannguit

rince-

alles

GOLFE DE BOOTHIA

Arctic Bay

• Kangaatsiaq

• Kangerlussuaq

• Sisimiut   • Maniitsoq

Île

Nuuk (Godthåb)

D

• Spence Bay

du froi

laume

ba Haven

• Pelly Bay

Île du Prince-Charles

LAC NETTILLING

de

Baffin

DÉTROIT DE DAVIS

Qeqertarsuatsiaaq •

• Narsarsuaq

• Alluitsup-Paa

Paamiut •   • Nanortalik

• Repuls Bay

BASSIN DE FOXE

LAC AMADJUAK

MER

DU

LABRADOR

8

ABRY

Île Southampton

DÉTROIT D'HUDSON

• Port Burwell

• Chesterfield Inlet

• Rankin Inlet

• Iuvivik

• Maricourt

• Bellin Bay

• Port-Nouveau-Québec

• Hebron

• Nutak

50° N

• Eskimo Point

dai

BAIE

• Povungnituk

• Fort-Chimo

• Nain

• Hopedale

• Inoucdjouac

LAC SMALLWOOD

North West River

Cartwright

Battle Harbour

50° N

ANITOBA

• Churchill

D'HUDSON

• Scheferville

Goose Bay

• Saint-Antoine

et

Lake

• York Factory

Îles Belcher

Churchill Falls

TERRE-NEUVE

• Twillingate

• Thompson

• Gillam

• Wabowden

idon

Norway Sandy House Lake

Fort Severn

• Winisk

BAIE

JAMES

Poste-de-la-Baleine

• Gagnon

Corner Brook

Gander

Terre-Neuve

Bonavista

• Buchans   Saint-Jean

Fort-George

QUÉBEC

Sept-Îles

Anticosti

GOLFE DU SAINT-LAURENT

Channel-Port-aux-Basques

Saint-Pierre-et-Miquelon (France)

osum

ille

• Pickle Crow

Nakina

Fort Albany

Moosonee

Eastmain

Fort-Rupert

Chibougamau

Port-Cartier

Gaspé

Campbellton

ÎLE-DU-PRINCE-ÉDOUARD

Sydney

E

ipegosis

age

• Bissett

LAC WINNIPEG

Sioux Lookout

• Dryden

Coral Rapids

Cochrane

Hearst

Oba

Dolbeau

La Tuque

Senneterre

Rouyn

NOUVEAU-BRUNSWICK

Fredericton

• Charlottetown

Dartmouth

■ Winnipeg

ton

Franz

Kirkland Lake

New-Liskeard

Shawinigan

Québec

Saint John   • Digby

Halifax

• Thunder Bay

Nipigon

Michipicoten

• Cobalt

Trois-Rivières

NOUVELLE-ÉCOSSE

Grand Forks

arck

• Duluth

LAC SUPÉRIEUR

Sault-Sainte-Marie

Sudbury

Parry Sound

Hull

Ottawa

Montréal

OTTAWA

Kingston

Augusta

Yarmouth

GOLFE DU MAINE

40° N

• Minneapolis

Saint Paul

LAC HURON

Barry

Oshawa

Toronto

LAC ONTARIO

Montpelier

Boston

7

ÉTATS-UNIS

• Milwaukee

LAC MICHIGAN

Hamilton •   Niagara Falls

• London

Buffalo

New York

Albany

• Providence

• Sioux city

• Chicago

90° W

Detroit

Cleveland

Pittsburgh

6   WASHINGTON

LAC ÉRIE

Philadelphie

70° W

Baltimore

0   250   500   750   1 000 km

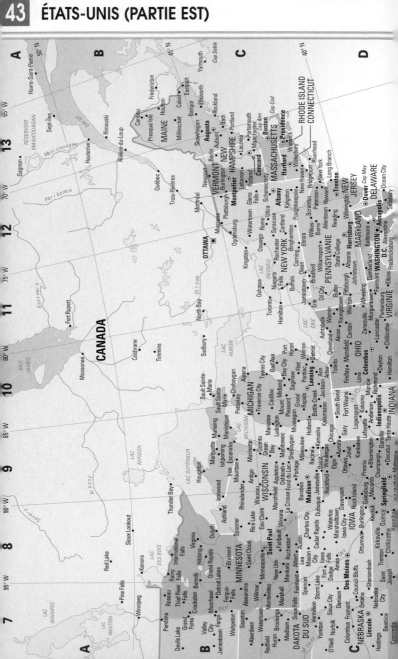

Légende :

- ■ Capitale d'État
- ◉ Capitale d'État fédéré
- • Autre ville
- — Frontière internationale

Les traits blancs représentent les limites d'États fédérés.

0   300   600 km

MEXIQUE (map)

Coordinate labels: 5, 6, 7, 8 (top); A, B, C, D, E (right); 100° W, 96° W, 92° W, 88° W (top and bottom); 32° N, 28° N, 24° N, 20° N, 16° N, 12° N (right); Tropique du Cancer

ÉTATS-UNIS

Abilene, Dallas, Sabine, Red, Mississippi, Pearl, Jackson, Montgomery, Alabama, Chattahoochee

Angelo, Colorado, Austin, Jasper, Baton Rouge, Mobile, Pensacola, BAIE DE MOBILE

Rio, Acuña, Uvalde, San Antonio, Victoria, Houston, Port Arthur, La Nouvelle-Orléans, DELTA DU MISSISSIPPI

n Carlos, as Negras, ende, Rosita, vo Laredo, Laredo, Anáhuac, Corpus Christi, LAGUNA MADRE

NUEVO-, mante, Sabinas Hidalgo, McAllen, Pharr, GOLFE DU MEXIQUE

Cerralvo, terrey, China, Reynosa, Brownsville, Ciudad Río Bravo, Matamoros, LAGUNA MADRE

illo, Cadereyta, Méndez, Cruillas, San Fernando

josé, ces, Linares, TAMAULIPAS, Villagrán, Santander, Jiménez

LEÓN, Aramberri, Padilla, Soto la Marina

Doctor, Arroyo, Tula, Ciudad Victoria, Ignacio Zaragoza

cas, Ciudad Mante, González, Aldama

os Cerritos, Ciudad Madero, Tampico

Luis, SAN-, Cárdenas, Ciudad de Valles, Tuxpan, Ozuluama

tosí, LUIS POTOSÍ, Tamazunchale, Tantoyuca, GOLFE DE CAMPECHE

ó, de, Cerro Azul, Poza Rica, Papantla, Río Lagartos, Isla Holbox, Cancún

QUERÉTARO, HIDALGO, Martínez, Teziutlán, Progreso, Tizimín, Valladolid, Cozumel

to, Querétaro, Pachuca, Tulancingo, VERACRUZ, Mérida, Motul, YUCATÁN, Cedra

O, Zumpango, Tlalnepantla, MEXICO, TLAXCALA, Jalapa, Muna, Ticul, Peto, Felipe Carillo, Puerto

Toluca, MÉXICO, 2, Tlaxcala, Coatepec, Veracruz, Calkini, Tekax, QUINTANA-ROO

Cuernavaca, Puebla, Córdoba, Tenabó, Pich, Chunhuhub, Bacalar, El Placer

iloloapan, Iguala, Jojutla, Tehuacán, PUEBLA, Orizaba, Tierra Blanca, Alvarado, San Andrés Tuxtla, Campeche, Champotón, CAMPECHE, Xpuhil, Chetumal, Corozal, GOLFE DU HONDURAS

MORELOS, Huamuxtitlán, Huajuapan-de León, Cosamaloapan, Coatzacoalcos, TABASCO, Ciudad del Carmen, Sabancuy, Francisco Escárcega, Bélize

ilpancingo, Chilapa, Tuxtepec, Minatitlán, Cárdenas, Villahermosa, Balancán, Carmelita, BELMOPAN, Dangriga

ERRERO, Metlatonoc, Nochixtlán, Vicente, Estancia, Macaya, Palenque, Tenosique, San Miguel, San Ignacio, BÉLIZE

Ayutla, Oaxaca, Matías Romero, Ocozingo, Frontera Echevarria, Flores, Punta Gorda

apulco, San, Ometepec, OAXACA, Cintalapa, San Cristobal de las Casas, CHIAPAS, Puerto Cortés

Marcos, Cuajinicuilapa, Ejutla, Nejapa, Tuxtla Gutiérrez, Las Margaritas, Santa Barrios, San Pedro Sula, El Progreso

Puerto-Escondido, Pochutla, Tchuantepec, Salina Cruz, Arriaga, Tonalá, Chicomuselo, Barillas, Florida, Yoro, Comayagua

GOLFE DE TEHUANTEPEC, Pijijiapan, Motozintla, Huixtla, GUATEMALA, Santa Rosa de Copán, HONDURAS

Tapachula, Mazatenango, Jutiapa, Cuilapa, TEGUCIGALPA, Yuscarán

Nueva Venecia, Iztapa, SAN SALVADOR, San Miguel, Choluteca

EL SALVADOR, Potosí

NICARAGUA, Chinandega

1

2

82° W

74° W

Fort Myers

West Palm Beach

Grande Bahama

Grande Abaco

Marsh Harbour

ÉTATS-UNIS

Fort Lauderdale

Freeport

Miami

Îles Bimini

Gun Cay

Îles Berry

Île Harbour

Eleuthera

NASSAU

Rock sound

Key West

DÉTROIT DE FLORIDE

Andros Town

Île Nouvelle-Providence

BAHAMAS

Tropique du Cancer

Île Andros

Île Cat

San Salvador

Kemps Bay

Exuma Cays

Port Nelson

LA HAVANE

Grande Exuma

George Town

Île Longue

Matanzas

Guanajay

Cárdenas

Flamingo Cay

Samana

Île Crooked

Viñales

Artemisa

Güines

Jagüey

Colón

Sagua la Grande

Cayo Romano

Mayaguana

Guane

Pinar del Río

GOLFE DE BATABANO

CUBA

Santa Clara

Île Ragged

Île Acklins

Plana Cays

Middle C

Cayos de San Felipe

Nueva Gerona

Cienfuegos

Sancti Spíritus

Morón

Ciego de Ávila

Nuevitas

Cay Verde

Providenciales

Santa Fé

Cayo Largo

Trinidad

Camagüey

Puerto Padre

Gibara

Grande Inagua

Ambergis Cays

Grand

Île de la Jeunesse (Île des Pins)

Jardins de la Reine

Martí

Holguín

Banes

Petite Inagua

Îles Caïques et Turques (R.-U.)

20° N

Manzanillo

GOLFE DE GUACANAYABO

Bayamo

San Luis

Guantánamo

Baracoa

Niquero

Santiago de Cuba

Port-de-Paix

Cap-Haïtien

Monte Cristi

Petit-Caïman (R.-U.)

CANAL DU VENT

Gonaïves

Fort-Liberté

Hinche

Grand-Caïman (R.-U.)

Jérémie

Anse-à-Veau

PORT-AU-PRINCE

HAÏTI

Neib

Montego Bay

Falmouth

Port Maria

Les Cayes

Léogâne

Jacmel

Barahona

Savanna la Mar

Spanish Town

Port Antonio

Pedernale

Black River

KINGSTON

JAMAÏQUE

CANAL DE LA JAMAÏQUE

B

HONDURAS

Puerto Lempira

MER DE

NICARAGUA

(MER DE

Puerto Cabezas

Prinzapolka

12° N

Barranquilla

Maracaibo

Limón

CANAL DE PANAMÁ

Cartagena

Valledupar

Bribri

El Porvenir

COSTA RICA

Colón

LAGO DE MARACAIBO

Chirquí Grande

Balboa

PANAMÁ

GOLFE DE DARIÉN

Sincelejo

Santa Fé

La Palma

Montería

Mérida

82° W

74° W

A

C

COLOMBIE

Nuevitas

Marti

Gibara

EXUMA SOUND

CROOKED ISLAND PASSAGE

3   66° W   4   58° W

■ Capitale d'État

◉ Chef-lieu administratif

• Autre ville

— Frontière internationale

États antillais membres du Commonwealth :
Antigua-et-Barbuda, Bahamas, Barbade, Dominique, Grenade,
Jamaïque, Saint-Christophe et Nièves, Sainte-Lucie,
Saint-Vincent et les Grenadines, Trinité-et-Tobago.

A

Tropique du Cancer

OCÉAN ATLANTIQUE

20° N

**RÉPUBLIQUE
DOMINICAINE**

ÎLES VIERGES (É.-U.)

to
iago
Vega   ◉ Samaná

ÎLES VIERGES (R.-U.)

Anegada   *Sombrero (R.-U.)*

San Pedro   ◉
AINT-   La Romana
MINGUE

PORTO RICO (É.-U.)   *Culebra*

Virgin   *Anguilla (R.-U.)*
Gorda
SAINT-MARTIN (Fr. et P.-B.)

Arecibo •   ■San Juan
Caguas •   Charlotte
Mayagüez •   • Ponce   Amalie   Road Town
Île Vieques   *Sainte*
Croix

SAINT-BARTHÉLEMY (Fr.)

Saba (P.-B.)   Codrington •
BASSETERRE ■   *Antigua*

Barbuda

SAINT   **ANTIGUA-ET-**
JOHN'S ■   **BARBUDA**

**SAINT-CHRISTOPHE
ET NIÈVES**

Plymouth •

C ANAL DE LA GUADELOUPE

Port-Louis
GUADELOUPE (Fr.)
Montserrat (R.-U.)   ◉ Pointe-à-Pitre
Basse-Terre ■   *Marie-Galante*

C A N A L
D E L A M O N A

Portsmouth •
ROSEAU ■   **DOMINIQUE**

B

ARAÏBES

NTILLES)

Saint-Pierre •
Fort-de-France ◉   MARTINIQUE (Fr.)

C ANAL DE STE-LUCIE

CASTRIES ■
Soufrière •   • Vieux Fort   **SAINTE-LUCIE**

PASSAGE DE ST-VINCENT

**SAINT-VINCENT
ET LES GRENADINES**

KINGTOWN ■   • Saint-Vincent   **BARBADE**
BRIDGETOWN ■

Bequia
Union   *Canouan*
Carriacou

RUBA
NJESTAD

ANTILLES
NÉERLANDAISES
Curaçao Bonaire

Willemstad

Los Roques   *Île Blanquilla*   SAINT GEORGE'S ■   **GRENADE**

12° N

Coro

La Orchila

Los Testigos

La Tortuga   *Los Frailes*
Île Magarita   • La Asunción   Scarborough ◉
San Felipe   **PORT OF SPAIN** ■   **TRINITÉ-ET-TOBAGO**
• Cumaná   ◉ Sangre Grande
Barquisimeto   Maracay   ■ **CARACAS**   Barcelona   ◉ Siparia

San Carlos   **VENEZUELA**   • Maturín

Calabozo   • Zaraza

C

El Tigre   *Tigre*

0   100   200   300   400   500 km

66° W   58° W

MER DES ANTILLES

ARUBA Curaçao ANTILLES NÉERLANDAISES

St-Vincent

Grenade

Barba

Tobago

Trinité

PORT D'ESPAGNE

TRINITÉ TOBAGO

Santa Marta

Riohacha

Punto Fijo

Coro

Maracay

La Asunción

Cumaná

Barranquilla

Carthagène

Maracaibo

San Felipe

Barquisimeto

CARACAS

Barcelona

San Fernando

Bocas del Toro

Colón

El Porvenir

Valledupar

Trujillo

Valencia

Los Teques

San Carlos

Maturin

Tucupita

Maburuma

David

Penonomé

PANAMÁ

Monteria

Sincelejo

Mérida

San Juan de los Morros

San Fernando de Apure

Upata

GEORGETOWN

Santiago

Chitré

Las Tablas

La Palma

Turbo

Ayapel

Cúcuta

Barinas

Puerto de Nutrias

Ciudad Bolivar

Tumeremo

La Paragua

Suddie

Vreed en Hoo

GOLFE DE PANAMÁ

Quibdó

Medellin

Manizales

Bucaramanga

Arauca

Puerto Carreño

Bartica

Issano

Tumatumari

Pereira

Armenia

Tunja

Puerto Rondón

El Yopal

Puerto Nuevo

VENEZUELA

Puerto Ayacucho

Equeipa

Holm

Buenaventura

Cali

Ibagué

Palmira

BOGOTÁ

Villavicencio

Santa Bárbara

GUYAN

Guapi

Neiva

San José del Guaviare

Puerto Inirida

La Esmeralda

Boa Vista

Lethe

Popayán

Florencia

Mitú

San Carlos

Caracarai

Isherto

Tumaco

Pasto

Mocoa

RORAIMA

Esmeraldas

Équateur

Ibarra

Tulcán

COLOMBIE

QUITO

ÉQUATEUR

Taraquá

Uaupés

Tapurucuara

Barcelos

Moura

Manta

Latacunga

Tena

Barras

Arica

Puerto Mariti

Japurá

Rio Negro

Portoviejo

Ambato

El Puyo

Fonte Bôa

AMAZONAS

Manaus

GOLFE DE GUAYAQUIL

Babahoyo

Guayaquil

Riobamba

Azogues

Campo Serio

Intuto

Amazone

Santo Antônio do Içá

Tefé

Coari

Anori

Novo Aripuana

Machala

Cuenca

Iquitos

Leticia

Tumbes

Loja

Zamora

Concordia

Benjamin Constant

Carauari

Purus

Manicoré

Talara

Piura

Sultana

Marañón

Eirunepé

Juruá

Canutama

Humaitá

Lábrea

Prainha

Concei

Olmos

Moyobamba

Yurimaguas

Chiclayo

Chachapoyas

Tarapoto

Cruzeiro do Sul

Bôca do Acre

Madeira

Pôrto Velho

Cajamarca

Juanjuí

Uchiza

Pucallpa

Taraucá

ACRE

Rio Branco

Manba

Abriquemes

Trujillo

Pomabamba

Puerto Bermúdez

Rio Branco

Cobija

Puerto Rico

Riberalta

Rondónia

Chimbote

Huarás

Huánuco

RONDÔNIA

Barranca

Cerro de Pasco

PÉROU

Puerto Maldonado

Cobija

Madre de Dios

San Joaquin

Santa Ana

Magdalena

Vilhena

Utia

Callao

LIMA

Huancayo

Beni

OCÉAN

Huancavelica

Machupicchu

Cuzco

Sandia

Rurrenabaque

Trinidad

Mato Grosso

PACIFIQUE

Ayacucho

Abancay

Apolo

San Ignacio

Porto Esperidia

Ica

Nazca

Ayaviri

Puno

San Borja

Coroico

Concepción

BOLIVIE

Arequipa

LAC TITICACA

LA PAZ

Cochabamba

Roboré

Camaná

Moquegua

Oruro

Santa Cruz

Pue

Mollendo

Tacna

Arica

Putre

Corque

Sucre

Suá

Mayor Pablo Lageranza

Fuerte Olim

Pisagua

Potosi

Camiri

Iquique

Chiguana

Uyuni

Tupiza

Tarija

Villa Montes

Yacuiba

PARAGUAY

Ollagüe

Villazón

San Ramón de la Nueva Orán

Mariscal Estigarribia

Concepc

Tocopilla

Calama

Toconao

Los Blancos

Légende

■ Capitale d'État

◉ Chef-lieu (*)

• Autre ville

— Frontière internationale

Les traits blancs représentent les limites des États fédérés.

(*) **Bolivie, Colombie, Guyane, Pérou** : chef-lieu de département, **Brésil, Venezuela** : capitale d'État fédéré.

AMÉRIQUE LATINE (PARTIE NORD) 46

5   **1**   **2**   **3**

0   300 km

Candelaria
Corozal
88° E   80° E
Orange Walk • **BELIZE**
Belize •
MEXIQUE
• Turneffe   *GOLFE DU*
San Ignacio •
• Ocozingo   Flores • **BELMOPAN**   *HONDURAS*

MER DES

• Las • **GUATEMALA**   Punta Gorda *Îles de la Baie*
Margaritas •   San Pedro • Roatán

ANTILLES

10° N
• Huehuetenango • Cobán   Puerto • La Ceiba • Trujillo   Puerto-Lempira
Quezaltenango • • Salamá Santa Barbara • Barrios • Sula   Cabo Falso
• Sololá **GUATEMALA** • Chiquimula Comayagua • Yoro • Juticalpa
• Chimaltenango • Jutiapa Nueva • **TEGUCIGALPA** • Yuscarán   *Cayos Miskitos*
Escuintla • Cuilapa • Ocotepeque • La Paz • Nacaome • Yuscarán
EL SALVADOR • Nacaome • Ocotal • **NICARAGUA**
SAN SALVADOR • Choluteca • Somoto   San
  Chinandega • Esteli • Matagalpa   Andrés • *Île de la Providence (Colombie)*
Punta Cosigüina • León • • Boaco   Punta Perlas • *San Andrés (Colombie)*
12° N   12° N
88° E • **MANAGUA** Juigalpa •   Bluefields
Jinotepe • Granada
  Rivas • San Carlos
  Liberia •   *CANAL DE*
  COSTA Alajuela • Heredia • Limón   *PANAMÁ* El Porvenir •
  Puntarenas • **SAN JOSÉ** • Cartago   Bocas del Toro • Colón • **PANAMÁ**
  RICA   *BAIE DE* David • Penonomé • Arch. de • La Palma
  CORONADO   Santiago • Chitré • las Perlas • Turbo
  Péninsule   Las Tablas • *GOLFE DE* **COLOMBIE**
  d'Osa   Coiba • Cébaco 80° E *PANAMÁ*

6
  BAIE DE
  MARAJÓ
  Équateur
40°W
  7

Macapá •
Serra do Navio •
Mazagão •
  Marapanim • Bragança
Óbidos • Prainha • Breves • Carutapera *BAIE DE*
• Porto • Abaetetuba • Camiranga *SÃO MARCOS*
Parintins • Santarém • de Moz   Belém • • Pinheiro **São Luís** • Acaraú
  Cametá • Monção • Rosário • Parnaíba • Sobral • **Fortaleza**
Altamira • Tucuruí • Bacabal • Brejo • Barras • Baturité • Aracati   **RIO GRANDE**
Itaituba •   Codó • **Teresina** • Pedro II • Quixadá • Mossoró **DO NORTE**
  Marabá • Caxias • Crateús • • Iguatu • Caicó • Currais • Natal
PARÁ • Imperatriz **MARANHÃO** • Amarante • **CEARÁ** • Cajázeiras • Novos •
  Barra • Colinas • Floriano • Picos • Juàzeiro • **PARAÍBA** Guarabira •
Gradaús • Araguatins • do Corda   do Norte • Campina • **João**
  Tocantinópolis • Loreto • **PIAUÍ** • Paulistina • Grande **Pessoa**
  Carolina • Balsas • São Raimundo • **PERNAMBUCO** Caruaru • Olinda •
BRÉSIL Conceição • Pedro   Alto • Nonato • Petrolina • **Recife**
  do Araguaia • Afonso   Parnaíba • Gilbués • Juàzeiro • **ALAGOAS** • Porto de Pedras
  Miracema   Parnaguá • Xique-Xique • Jeremoabo • **Maceió**
Christalandia • **do Tocantins**   • Porto Nacional   Senhor do • Tucano **SERGIPE** • Coruripe
  Dianópolis • Barra • Morro do • Bonfim • **Aracaju** 10°S
  Paranã •   Chapéu • • Estância
TOCANTINS   Barreiras •   Feira de • Alagoinhas
Porangatu • Arraias •   Bom Jesus • Santana
MATO GROSSO • Cavalcante •   De Lapa • Paramirim • Nazaré   **Salvador**
• Diamantino • Aruanã • • Posse • Caetité **BAHIA** • Jequié
  DISTRICT   • Vitória
Cuiabá Poxoréo • Aragarças • **FÉDÉRAL** • Januária • da Conquista • Itabuna
  Anápolis •   **BRASILIA** • Ilhéus
• Guiratinga • Iporá • Luziânia • Rio Pardo • • Belmonte
Rondonópolis • • **GOIÁS** Pires • de Minas • Montes Claros • Porto Seguro
Mineiros • **Goiânia** • de Rio   Almenara • *OCÉAN*
Jataí • Morrinhos • **MINAS GERAIS** • Nanuque • Caravelas
Coxim •   • Uberlândia   • Diamantina Governador • São Mateus *ATLANTIQUE*
MATO GROSSO   Ituiutaba •   • Valadares
Pôrto • Paranaíba • • Uberaba **Belo Horizonte** **ESPÍRITO**
esperança **Campo Grande**   Divinópolis • Caratinga • **SANTO**
  Três Largoas • São José • **SÃO**   • **Vitória** 20°S
ioaque **DO SUL** • de Rio Prêto   Barbacena • Cachoeiro de
Maracaju • Araçatuba • Ribeirão • Poços de • Juiz de Fora • Itapemirim
Pedro Juan • Presidente • Prêto • Caldas   0   200   400   600 km
Caballero • Prudente **PAULO** • Bauru • Campinas • Campos
• Amambaí Marília • • Piracicaba • Volta **Rio de**
orqueta **PARANÁ** Maringá • 50° W Sorocaba • **São Paulo** Redonda **Janeiro** **RIO DE JANEIRO**
Guaíra •   • Niterói 40°W   E

URINAM **GUYANE (France)**
eldon • Groningen
Nieuw • Nieuw Amsterdam
ickerie Onverwacht • **PARAMARIBO**
ottness • Albina • Kourou
Brokopondo • Saint-Laurent- • **Cayenne**
  du-Maroni
  Clevelandia 50°W
  do Norte
  • Cunani
  Amapá •
  AMAPÁ

Capitale d'État

Chef-lieu (•)

Autre ville

Frontière internationale

Les traits blancs représentent les limites des États fédérés.

(•) **Bolivie, Pérou** : chef-lieu de département, **Argentine** : de province, **Chili** : de région, **Brésil** : capitale d'État fédéré.

OCÉAN ATLANTIQUE

OCÉAN PACIFIQUE

Îles Juan Fernández

Constitución
Curicó • Talca
Cauquenes • Linares
Concepción • Chillán
Lebu • Los Angeles
• Angol
Toltén • Temuco
Valdivia • Lautaro
Osorno • Lagos
Puerto Montt
Île de Chiloé
Castro
GOLFO CORCOVADO
Île Wellington
DÉTROIT DE MAGELLAN

Bardas Blancas
Chos-Malal
Zapala
Villarrica
San Carlos de Bariloche
Esquel
José de San Martín
Coihaique
Aisén
Palena
Puerto Aisén
Chile Chico
LAC BUENOS AIRES
Perito Moreno
Tres Lagos
Desado
Puerto Natales
El Turbio
Esperanza
Punta Arenas

Santa Rosa
General Acha
Santa Isabel
Colorado
General Roca
Piedra del Aguila
Sierra Colorada
Gastre
Las Plumas
Sarmiento
Las Heras
Tamel Aike
Río Grande
Ushuaia
Puerto Williams
Cap San Diego
Cap San Juan
Cap Horn

Neuquén
Río Negro
Choele-Choel
San Antonio Oeste
Puerto Lobos

Santa Rosa
Guamini
San Antonio Oeste
V. Edma
Rawson
Puerto Madryn
Péninsule Valdés
GOLFO SAN MATÍAS

Trenque Lauquen
Tres Arroyos
Punta Alta
BAHÍA BLANCA
Bahía Blanca

Chascomús
Azul
Dolores
Tandil
Necochea
Mar del Plata
RÍO DE LA PLATA
Cap San Antonio

Camarones
Comodoro Rivadavia
Puerto Deseado
San Julián
Puerto Deseado
GOLFO SAN JORGE

Río Gallegos
DÉTROIT DE MAGELLAN
BAHÍA GRANDE

Grande Malouine
Soledad
Îles Malouines (Falkland) (R.-U.)
Stanley

| 0 | 200 | 400 | 600 | 800 | 1000 km |

JAPON
Tokara · Osumi
Îles Ryukyu
Amami
Okinawa
Sakishima · Daïto
Tropique du Cancer

140° E **1**
Tori-Shima (Japon)
Mukoshima
Chichishima
Hahajima
Iwo-Jima
Minami-Io-Jima
Îles Bonin (Japon)

2
Minami-Tori-Shima (Japon)

160° E **3**
Atoll
Îles Mid (É.-U.)

Okina-Tori-Shina (Japon)

20° N

MER DES PHILIPPINES

Îles Maug
Farallón de Pajaros
Asuncion
Agrihan
Pagan
Alamagan · Guguan
Anatahan · Sarigan
Capitol Hill ⊙ Tinian
Rota
Agaña ■
Guam (É.-U.)

MARIANNES DU NORD (Commonwealth américain)

Wake (É.-U.)

ÎLES MARSHALL Taongi
Rongelap
Rongerik
Bikar
Utirik
Eniwetok Bikini
Îles Ratak
Ujelang · Kwajalein · Ailuk
Ujae · Lae · Namu · Wotje
Maloelap
Ailinglapalap · MAJURO ■
Majuro ■ · Arno
· Mili
Namorik · Jaluit
Kosrae · Ebon

B

Colonia · Ulithi
Babelthuap Gaferut
Ngulu Îles Yap Farulep
KOROR ■ Sorol Woleai · Pikelot Namonuito
Eauripik · Ifalik Pigailoe · Pulap · Moen · Oroluk
Olimarao · Elato Puluwat · Chuuk · PALIKIR ■ Phonpei
Îles Sonsorol Lamotrek · Etal · Lukunor · Ant · Mokil
Pulusuk · Satawan · Ngatik · Pingelap
PALAU Î l e s Nukuoro

C a r o l i n e s
ÉTATS FÉDÉRÉS DE MICRONÉSIE
Kapingamarangi

Butaritari
Abaiang
Tarawa ■ **BAIRIKI**
Îles Gilbert
Kuria Abemama
YAREN ■ Banaba Nonouti · Beru
NAURU Tabiteuea Nikunau
Onotoa Arorae
Tamana

Équateur
Îles Schouten
Manokwari
Jayapura
INDONÉSIE
Ceram
Kai · Aru
Tanimbar
Babar
MER D'ARAFURA

Îles de l'Amirauté
MER Lorengau
Archipel Bismarck
Vanimo · Kavieng Nlle.-Irlande
Wewak Rabaul Nuguria
Madang Nlle.-Bretagne Îles Feni
BISMARCK
Kundiawa · Kimbe
NOUVELLE-GUINÉE Lae
Daru Popondetta
■ **PORT MORESBY** · Alotau

PAPOUASIE-

Choiseul
Bougainville Santa
· Kieta Isabel
Nouvelle- Buala
Géorgie Malaita
Gizo ■ **HONIARA**
Guadalcanal Kira
Rennell San
Cristobal
Îles
Torres Îles de
Banks

ÎLES SALOMON

Nenda Îles
Santa Cruz

Nanomea
Nanumanga Niutao
Nui ■ **FONGAFALE**
Nukufetau Funafuti
TUVALU
Niula

Rotuma
WALLIS ET-FUTUNA (Fr.)
Vanua Le
FIDJI
Yasawa
Viti Levu ■ **SUVA** Mo

C

Weipa

Delli
Katherine
Daly Waters
Victoria

GOLFE DE CARPENTARIE
Michel
Gilbert

Cooktown

Grande Barrière

MER DE CORAIL

Hughenden
Townsville

VANUATU
Santo
Nouvelles- Luganville ·
Hébrides Malekula
PORT-VILA ■
Efate
Bélep · Isangel Eromanga
Tana
Îles Loyauté Aneityum

Maewo
Pentecôte
Ambrim

NOUVELLE-CALÉDONIE (Fr.)
Nouméa ■ Île des Pins

20° S
AUSTRALIE
Tropique du Capricorne
Rockhampton

■	Capitale d'État		
⊙	Chef-lieu administratif		
•	Autre ville		
—	Frontière internationale terrestre		
- -	Frontière internationale maritime		

D

· Brisbane

Norfolk (Australie)

Îles Kermade (N.-Z.)

Lord Howe (Australie)

MER DE TASMAN

NOUVELLE ZÉLANDE

Macquarie
Sydney
140° E
CANBERRA ■
160° E

4   160° W   **5**   140° W   **6**   120° W

A

Atoll Pearl
t Hermes

Laysan

sianski

HAWAÏ
(É.-U.)

Récif Maro

Tropique du Cancer

Récifs de la
Frégate française

Necker   Nihoa

20° N

Kauai

Niihau   Oahu   Molokai
Maui

Honolulu   • Hilo
Hawaï

Atoll de Johnston
(É.-U.)

OCÉAN   PACIFIQUE

B

Atoll
Kingman Reef   Palmyra
(É.-U.)   (É.-U.)

Téraina   Tabuaeran

Kiritimati
(Chrismas)

Howland (É.-U.)

Équateur

le Baker
(É.-U.)   Îles Phoenix   Jarvis
(É.-U.)

Kanton   Enderbury

Birnie   Rawaki   Malden

maroro   Manra   Starbuck
Orona

KIRIBATI

lukunonu   Fakaofo

Atafu   TOKELAU   Îles Cook du Nord   Penrhyn   Atoll
elae   (N.-Z.)   Caroline

Eiao   Îles Marquises

Nuku-Hiva

Ua-Pou   Hiva-Oa

SAMOA   Swains   Pukapuka   Manihiki   Vostok   Tahuata   Fatu-Hiva
CIDENTALES

Wallis   Nassau   Flint
APIA
Mata-   **SAMOA**   Suwarrow   Îles du   POLYNÉSIE
a Utu   Upolu   (É.-U.)   Désappointement   FRANÇAISE

Pago   Îles Manua   Rangiroa   Takapoto   Îles Tuamotu
Pago   ÎLES COOK   Îles Sous   Makatea
          (Nouvelle-Zélande)   le Vent   Bora Bora   Makemo
Niuatoputapu   Marokau   Takatoto

C

TONGA   Alofi   Palmerston   Aitutaki   Manuae   Îles de la Société   **Papeete**   Tahiti   Hao

Îles Vavau   ◦ Niue   Mitiaro   Îles
a-   Îles Haapai   **Avarua**   Mauke   Hereheretue   du Vent

Îles Cook du Sud

U 'ALOFA   NIUE   Rarotonga   Mangaia   Maria   Îles du Duc   Tureïa   20° S
         (N.-Z.)   de Gloucester

Rimatara   Mururoa   Îles   Marutea

Rurutu   Tupuai   Fangataufa   Actéon   Mangareva

Raevavae   Îles Gambier   Tropique du Capricorne

Îles Australes   **Adamstown**   Henderson

Rapa   Îles de   Pitcairn ◦   **PITCAIRN**
     Bass   (R.-U.)

D

Échelle à l'équateur

0   1 200   2 400 km

160° W   140° W   120° W

1 120° E

INDONÉSIE

2 130° E

3

MER D'ARAFURA

MER DE TIMOR

Croker

Îles Wessel

10° S

Melville

Bathurst • Nguiu

Darwin

Rum Jungle

Maningrida • Nhulunbuy

Ashmore Cartier

TERRITOIRE DES ÎLES ASHMORE ET CARTIER

Scott

Adèle bay

Augustus

Bigge

Kalumburu

GOLFE JOSEPH-BONAPARTE

Port Keats • Adelaide River • Pine Creek

Daly River • Katherine

Alyangula Numbulwar • Ngukurt

Groote Eylandt

GO CARPE

Welle

A

OCÉAN

INDIEN

Beagle Bay Mission

Derby

Broome

Fitzroy

Wyndham

Kununurra • Newry

LAC ARGYLE

Fitzroy Crossing

Halls Creek

Larrimah

Victoria River Downs

Daly Waters

Kalkaringi

Hooker Creek

Borroloola

Elliott

Anthony Lagoon

Burke

TERRITOIRE DU NORD

Tennant Creek

Hatches Creek

Warrabri

Lake Nash

Günpa Camoowea Avon Downs Mou

20° S

Port Hedland

De Grey • Goldsworthy

De Grey

Dampier • Roebourne

Marble Bar

Nullagine

Yuendumu

Alice Springs • Santa Teresa

Onslow

Fortescue

Wittenoom

Tom Price

Ashburton

Tropique du Capricorne • Paraburdoo

Gascoyne

Newman

AUSTRALIE-OCCIDENTALE

LAC DISAPPOINTMENT

Papunya

Hermannsburg

LAC AMADEUS

Docker River

Yulara

Kulgera

AUSTRALIE

Finke

Bird

LAC MCLEOD

Carnarvon

LAC CARNEGIE

Macumba

Oodnadatta

LAC EYRE NORD

Denham

Hamelin

Murchison

Meekatharra

LAC ANNEAN

Cue

LAC AUSTIN

Wiluna

Agnew

LAC WELLS

LAC THROSSELL

LAC YEO

Coober Pedy

LAC EYRE SUD

AUSTRALIE-MÉRIDIONALE

M

Lynd

LAC TORREN

Leigh Crei

B

Northampton • Mullewa

Geraldton

LAC BARLEE

Morawa • Three Springs

Moora

Dandaragan

Leonora

Menzies

Broad Arrow

Kalgoorlie

LAC MOORE

Southern Cross • Coolgardie

Wyalkatchem

Laverton

LAC CAREY

LAC RASON

Rawlinna

LAC REBECCA

Kambalda

Widgiemooltha

LAC LEFROY

LAC COWAN

Forrest

Cook

Tarcoola

Penong Koonibba

Coorabie

Smoky Bay Streaky Bay

Kingoonya

Ceduna

LAC GAIRDNER

Wudinna

Woomera

Iron Knob

Para

Aug

Wh

30° S

Perth

Fremantle

Mandurah

Northam • York

Pingelly

Narrogin • Wagin

Kellerberrin

Norseman

Balladonia

Mundrabilla

Cleve

Cowell

Elliston

Tumby Bay

Port Lincoln

Kimba

Kadin

Adela

Bunbury • Busselton

Margaret River

Kojonup

Bridgetown

Salmon Gums

Gnowangerup

Esperance

Ravensthorpe

Mount Barker

Albany

GRANDE BAIE AUSTRALIENNE

Yorketown

H

Kangar

C

OCÉAN

INDIEN

0   200   400   600   800   1 000 km

D

40° S

120° E

130° E

PAPOUASIE-NOUVELLE-GUINÉE

ÎLES SALOMON

4 150° E **5** 160° E 10° S

DÉTROIT DE TORRES

ursday land apoon ssion ation

Coen

MER DE CORAIL

Grande

A

Laura • Cooktown • Osprey

Mitchell

Mossman
Cairns
Gordonvale
Atherton • Innisfail
Gilbert

mba Normanton
Croydon • Georgetown

Bougainville Willis
Magdelaine

Coringa

Hinchinbrook Holmes
Lihou

Mellish

Forsayth • Ingham • Townsville

Barrière

Flinders

TERRITOIRE DES ÎLES
DE LA MER

Îles Chesterfield (France)

obi Julia
curry Creek Charters
Richmond Towers • Home Hill
Bowen

ess McKinlay Hughenden • Stamford
Kynuna • Corfield

Proserpine • Whitsunday
Wälkerston • Mackay
Sarina

DE CORAIL 20° S

Frederick
Kenn
Swain

Nouvelle-
Calédonie
(France)

lia • Winton • Morella
Longreach • Barcaldine Clermont
Stonehenge Alpha
Jundah • Blackall

CANAL DU CAPRICORNE
Ogmore • Yeppoon
Rockhampton

West • Bird

OCÉAN

Cato

PACIFIQUE

Tropique du Capricorne

Diamantina

Windorah QUEENSLAND

Augathella

B

Biloela
Moura • Monto Bundaberg
Hervey Bay
Mundubbera Fraser
Maryborough

AC
MMA
MMA

Thomson

Bulloo
Downs • Quilpie • Cooladdi Charleville
Mitchell Roma • Miles
Surat Chinchilla
Saint George Dalby
Cunnamulla Dirranbandi Toowoomba

Gympie
Tewantin-Noosa
Caloundra

Brisbane
Beenleigh
Gold Coast
Warwick Tweed Heads

Milparinka

Barcoo

Warrego

Condamine

Boomi
Bollon Goondiwindi
Stanthorpe Casino
Lismore

AC
HE

Patoo

Moree • Tenterfield
Inverell Grafton

**NOUVELLE-
GALLES
DU SUD**

Brewarrina
Bourke • Walgett
Coonamble Gumeda
Narrabri Glen Innes
Armidale

Coff's Harbour 30° S

AC
OME

roken Hill

Darling

Namoi

7

ium Hill
borough

Wilcannia
Menindee • Cobar Nyngan
Warren • Gilgandra
Ivanhoe Narromine

Tamworth
Kempsey
Port Macquarie
Taree

Kaitaia

C

Renmark • Mildura
Berri • Balranald
Ouyen Swan Hill
ray • Pinnaroo

Lachlan

Hillston
Condobolin Parkes
West Wyalong Orange
Griffith Young Cowra
Hay Narrandera

Dargaville

Whangarei

Singleton Maitland
Wellington Newcastle
Lithgow Katoomba

**Île du Nord
(Île Fumante)**

Auckland
Waitemata Manukau

VICTORIA

Loddon

wn • Nhill
Maryborough Bendigo
Ararat • Ballarat Melton
Portland Colac Geelong

Murrumbidgee

Deniliquin
Echuca Finley Albury
Tumut
Goulburn Bomaderry
Camden
Wagga Wagga

• **Sydney**
Wollongong

Hamilton
Cambridge Tauranga
Tokoroa Rotorua
Taupo

New Plymouth

6

Hawera **Gisborne**
Wanganui • Napier
Hastings

Murray

Cooma
CANBERRA
Queanbeyan

**TERRITOIRE
DE LA CAPITALE**

MER DE

Palmerston North 40° S
Masterton
WELLINGTON

nt Gambier
Warrnambool

Bega
Orbost
Bairnsdale
Moe Sale
Traralgon
Wonthaggi

TASMAN

Westport

Buller

Blenheim
Upper Hutt
Lower Hutt

King

DÉTROIT DE BASS
Flinders
Îles
Furneaux

Greymouth

Kaikoura

40° S

MER DE
TASMAN

Smithton
Wynyard • George Town
Launceston

Fox Glacier • Waikari

**NOUVELLE-
ZÉLANDE**

Queenstown **TASMANIE**

New Norfolk • **Hobart**

MER DE
TASMAN

Wanaka Geraldine
Queenstown Timaru
Lumsden Oamaru
Gore
Invercargill Milton
Oban • **Dunedin**

Waitaki

Christchurch

**Île du Sud
(Île de Jade)**

D

Stewart

OCÉAN
PACIFIQUE

140° E 150° E 170° E

OCÉAN
PACIFIQUE
Perryville •
1
MER
DE BÉRING
D
2
60° N
Île Kodiak
GOLFE
D'ALASKA
Bethel •
DÉTROIT
DE
C
Penjina

12
Wales •
Cercle polaire arctique
Yukon
BÉRING
ALASKA
(États-Unis)
Point Hope
MER
DES
TCHOUKTCHES
70° N
Pevek •
Kolyma
RUSSIE
MONT MICHELSON
2 699 m ▲
Île
Wrangel
Barrow •
MER
DE SIBÉRIE
ORIENTALE
Indigirka

Mackenzie
CANADA
MER
DE
BEAUFORT
B
80° N
Nijneiansk •
Tana
Île de
Banks
180° E
Îles de la
Nouvelle-Sibérie
Léna

Île
Victoria
150° W
A
150° E
Oust-Olenek
Olenek

11
Île du
Prince-
de-Galles
Île du
Prince-
Patrick
Île du
Prince-
Melville
120° W
OCÉAN
120° E
MER
DE LAPTEV
Khatanga

Archipel
de la
Reine-
Élisabeth
PÔLE NORD
MAGNÉTIQUE
90° W
PÔLE
NORD
90° E
Terre
du Nord
Anabar

Île
Somerset
Arctic Bay •
Île
Devon
Île
Ellesmere
Alert •
60° W
ARCTIQUE
60° E
Terre
François-Joseph

10
Île
de
Baffin
Thule •
MER
DE
BAFFIN
30° W
0°
80° N
30° E
Nouvelle-
Zemble
MER
DE KARA

DÉTROIT
DE DAVIS
Spitzberg
(Norvège)
Narian Mar •

Nuuk
(Godthåb) •
GROENLAND
(Danemark)
MER DU
GROENLAND
B
Île aux Ours
(Norvège)
MER DE
BARENTS

9
WATKINS BJERGE
3 700 m ▲
• Scoresbysund
Jan Mayen
(Norvège)
MER
DE
NORVÈGE
70° N
Cap Nord
Mourmansk •
Péninsule
de Kola
RUSSIE
Arkhangelsk •

• Nanortalik
DÉTROIT DU
DANEMARK
Îles
Lofoten
Dvina septentrionale

Reykjavik •
Cercle polaire arctique
ISLANDE
C
60° N
SUÈDE
FINLANDE
GOLFE DE BOTNIE

OCÉAN
ATLANTIQUE
8
Îles Féroé
(Danemark)
Shetland
(R.-U.)
NORVÈGE
ROYAUME-
UNI
D
ESTONIE
LETTONIE
LITUANIE
7

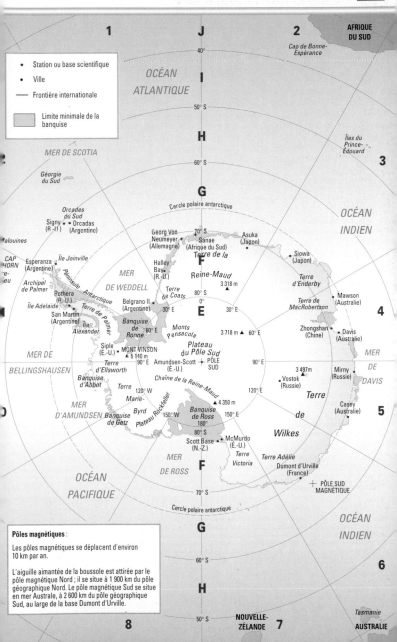

Légende
- Station ou base scientifique
- Ville
- Frontière internationale
- Limite minimale de la banquise

AFRIQUE DU SUD

Cap de Bonne-Espérance

OCÉAN ATLANTIQUE

Îles du Prince-Édouard

MER DE SCOTIA

Géorgie du Sud

Cercle polaire antarctique

OCÉAN INDIEN

Orcades du Sud
Signy (R.-U.) • • Orcadas (Argentino)
Malouines

Georg Von Neumeyer (Allemagne)
Sanae (Afrique du Sud)
Asuka (Japon)

CAP HORN
e-eu
Archipel de Palmer
Esperanza (Argentine)
Île Joinville
Terre de la Reine-Maud

Siowa (Japon)

Rothera (R.-U.)
Île Adelaide
San Martin (Argentine)
Île Alexander

MER DE WEDDELL
Halley Bay (R.-U.)
3 318 m

Terre d'Enderby

Péninsule Antarctique
Terre de Palmer

Terre de Coats
Belgrano II (Argentine)
30° E
0°
30° E

Terre de MacRobertson

Mawson (Australie)

Siple (É.-U.)
Banquise de Ronne
60° E
Monts Pensacola
Plateau du Pôle Sud
3 718 m ▲ 60° E

Terre de MacRobertson

Zhongshan (Chine)
Davis (Australie)

MONT VINSON ▲ 5 140 m
Terre d'Ellsworth
90° W
Amundsen-Scott (É.-U.)
+ PÔLE SUD
90° E

MER DE DAVIS

MER DE BELLINGSHAUSEN

Banquise d'Abbot
Terre Marie-Byrd
120° W
Chaîne de la Reine-Maud
120° E
3 497 m
Vostok (Russie)
Mirny (Russie)

Terre de Wilkes

MER D'AMUNDSEN
Banquise de Getz
Plateau Rockefeller
▲ 4 350 m
Banquise de Ross
150° W
180°
150° E
Casey (Australie)

OCÉAN PACIFIQUE
MER DE ROSS
80° S
Scott Base (N.-Z.)
McMurdo (É.-U.)
Terre Victoria
Terre Adélie
Dumont d'Urville (France)
+ PÔLE SUD MAGNÉTIQUE

70° S
Cercle polaire antarctique

OCÉAN INDIEN

Pôles magnétiques :

Les pôles magnétiques se déplacent d'environ 10 km par an.

L'aiguille aimantée de la boussole est attirée par le pôle magnétique Nord ; il se situe à 1 900 km du pôle géographique Nord. Le pôle magnétique Sud se situe en mer Australe, à 2 600 km du pôle géographique Sud, au large de la base Dumont d'Urville.

NOUVELLE-ZÉLANDE
Tasmanie
AUSTRALIE

ABRÉVIATIONS

All. = Allemagne
Amaz. = Amazonas
Anh. = Anhalt
Ant. = Antarctique
Ark. = Arkansas
Aust. = austral
Bel. = Belgique
Cal. = Californie
Cal. du N. = Californie du Nord
Cal. du S. = Californie du Sud
Can. = Canada
Com. aut. : communauté autonome
Dak. du N. = Dakota du Nord
Dak. du S. = Dakota du Sud
DN = district national
Dép. = département
Dét. = détroit
É. = État
É.-U. = États-Unis
Féd. = fédération
Fr. = France
Guad. = Guadeloupe
Holst. = Holstein
Hond. = Honduras
Ind. = Indiana
int. = intérieur
Kaza. = Kazakstan
Kent. = Kentucky
Kirg. = Kirghistan
Mart. = Martinique
mér. = méridional
Mex. = Mexique
Mich. = Michigan

Minn. = Minnesota
Missis. = Mississippi
Misso. = Missouri
Moz. = Mozambique
N.-Z. = Nouvelle-Zélande
New Hamp. = New Hampshire
Nouv.-Mex. = Nouveau-Mexique
occ. = occidental
or. = oriental
Ouzb. = Ouzbékistan
Pass. = passage
Philip. = Philippines
Pom. = Poméranie
Prad. = Pradesh
Prov. = province
Queensl. = Queensland
R. = rivière
Rép. = république
Rép. Dom. = République Dominicaine
Rés. = réservoir
R.-U. = Royaume-Uni
Rus. = Russie
S. = San
Schl. = Schleswig
sept. = septentrional
Tenn. = Tennessee
Tri. et Tob. = Trinité et Tobago
Turkm. = Turkménistan
Uk. = Ukraine
Ven. = Venezuela
Virg. = Virginie
Xinj. Ouig. = Xinjiang Ouigour

INDEX

Les chiffres en **gras** renvoient aux numéros des cartes.

A

Aalen **14** D4
Aalter **15** C2
Äänekoski **16** C7
Aarau **15** F3
Aare **15** G2
Aarschot **15** D3
Aba, Nigeria **37** D1
Aba, Zaïre **37** D4
Abadan **26** B4
Abadeh **26** B5
Abadla **36** A3
Abaetetuba **46** C6
Abagnar Qi **29** A5
Abaï **24** B4
Abaiang **48** B3
Abakan **20** D10
Abancay **46** D3
Abarqu **26** B5
Abashiri **30** A6
Abastoumani **23** D2
Abaya, Lac **37** D4
Abbadia San Salvatore **13** C4
Abbé, Lac **37** C5
Abbeville, États-Unis **43** F8
Abbeville, France **7** A4 **8** A4
Abbeyleix **12** D3
Abbot, Banquise **50** F10
Abéché **37** C3
Abemama **48** B3
Abengourou **36** D3
Abenrå **16** E4
Abeokuta **36** D4
Aberchirder **12** B5
Aberdeen, États-Unis **42** B7
Aberdeen, Royaume-Uni **12** B5
Aberfeldy **12** B5
Aberystwyth **12** D4
Abha **26** E3
Abidjan **36** D3
Abilene **42** E7
Abkhazie **23** B1
Ablis **8** B4
Aboisso **36** D3
Abomey **36** D4
Abou Kemal **25** B3
Abou-Dhabi **26** D5
Abou-Hadriya **26** C4
Abounamy **10** D7
Aboviar **23** E3
Abrantes **11** C1
Abriquemes **46** D4
Abruzzes **13** C5
Abu Hamed **37** C4
Abuja **36** D4
Abukuma **30** B5
Abuya **44** B3
Acambaro **44** D4
Acaponeta **44** C3
Acapulco **44** D5
Acaraú **46** C6
Accra **36** D3
Aceuchal **11** C2
Achkhabad **24** D2
Achkoi-Martan **23** B3
Achnasheen **12** B4
Achtarak **23** E3
Acipayam **19** B2
Acireale **13** F6
Acklins, Île **45** A2
Aconcagua **40** G3
Açores, Archipel des **2** C6

Acre **46** C3
Actéon, Îles **48** D6
Ada **42** E7
Adam **26** D6
Adama **44** A3
Adamaoua **33** D4
Adamstown **48** D6
Adana **19** B3
Adapazari **19** A2
Adda **13** A3
Addis-Abeba **37** D4
Adelaide, Île **50** G11
Adelaide **49** C3
Adelaide River **49** A3
Adelboden **15** G2
Adèle **49** A2
Adélie, Terre **50** F6
Aden **26** F4
Adige **13** B4
Adilcevaz **19** B5
Adimi **21** D3
Adiyaman **19** B4
Adjarie **23** D1
Adliswil **15** F3
Adour **6** C2 **7** E5 **9** E3
Adra **11** D4
Adrar **35** C3
Adriatique, Mer **4** C3
Adwa **37** C4
Adyghéens, Rép. des **20** E4 **23** A1
Ǣrø **16** E4
Aeschi **15** G2
Afaahiti **10** G8
Afar **26** F4
Afghanistan **26** B7
Afif **26** D3
Afjord **16** C4
Aflou **35** A4
Afrine **25** B2
Afrique **1** D5 **33** 34
Afrique du Sud **38** D2
Afsin **19** B4
Afula **25** E6
Afyon **19** B2
Agadem **36** C5
Agadès **36** C4
Agadir **35** B1
Agadyr **24** B4
Agaña **48** B2
Agano **30** B5
Agara **23** C2
Agartala **32** C8
Agats **31** C5
Agdach **23** E4
Agdam **23** E4
Agde **9** E5
Agdjabedi **23** E4
Aginskoïe **20** D12
Agios Kirikos **18** D4
Agios Nikolaos **18** E4
Agli **19** A3
Agnew **49** B2
Agordo **13** A5
Agout **6** C3 **7** E4 **9** E5
Agra **32** B4
Agreda **11** B5
Agri **19** B5
Agrihan **48** B2
Agrinion **18** D3
Agsou **23** E5
Agstafa **23** D3
Agtobe **24** A2
Agua Prieta **44** A2
Aguanaval **44** B4
Aguascalientes **44** C4
Agueda **11** B2
Aguilas **11** D5
Ahlat **19** B5

Ahlen **14** C2
Ahmadabad **32** C4
Ahmadnagar **32** D4
Ahome **44** B2
Ahvar **26** F4
Ahvaz **26** B4
Aïagouz **24** B5
Aïan **20** D14
Aigle **15** G1
Aigues-Mortes **9** E6
Aiguilles, Cap des **33** H5
Aigurande **8** C4
Aikawa **30** B5
Aiken **43** E10
Aïkhal **20** C12
Ailinglapalap **48** B3
Ailuk **48** B3
Ain **7** C6 **8** C6
Ain, R. **7** C6 **8** C6
Aïn el-Beïda **35** A5
Aïn-Milia **35** A5
Aïn-Sefra **35** B3
Aïn-Wessara **35** A4
Aïn-Yagout **35** A5
Aïoun **36** C3
Aire **12** D6
Aire-sur-l'Adour **9** E3
Airolo **15** G3
Aisne **7** B5 **8** B5
Aisne, R. **6** A3 **7** B5 **8** B5
Aït-Melloul **35** B1
Aït-Ourir **35** B2
Aitutaki **48** C5
Aix-en-Provence **7** E6 **9** E6
Aix-la-Chapelle **14** C2
Aix-les-Bains **8** D6
Aizawl **32** C8
Aizpute **21** B2
Ajaccio **6** D4 **7** E7 **9** F7
Ajanjuez **11** B4
Ajanta **32** C5
Ajdabiyah **37** A3
Ajigasawa **30** A5
Ajilun **25** E6
Ajmer **32** B4
Ajo **42** E4
Ajoya **44** B3
Akaba **25** D2
Akbou **35** A5
Akçaabat **19** A4
Akçakoca **19** A2
Akdhar **26** C2
Aketi **37** D4
Akhalkalaki **23** D2
Akhaltsikhe **23** D2
Akhisar **19** B1
Aki **30** C3
Akita **30** B5
Akjoujt **36** C2
Akka **35** C1
Akkeshi **30** A6
Akkrum **15** A4
Akkuş **19** A3
Akniste **21** B3
Aknoul **35** A3
Akoafim **37** D2
Akordat **37** C4
Akousa **23** C4
Akron **43** C10
Akrotiri **25** B3
Aksai Chin **29** B1
Aksaray **19** B3
Aksay **29** B3
Aksehir **19** B2
Akseki **19** B2
Aksaï, Kazakhstan **24** A2
Aksou, Kazakhstan **24** A4

Aksom **37** C4
Aksu **29** A2
Aktach **24** D3
Aktaou **24** A4
Aktaou **24** C2
Aktchataou **24** B4
Aktogay **24** B4
Akune **30** C3
Akureyri **16** B1
Akviren **19** B3
Akyazi **19** A2
Al Bayda **37** A3
Al Birk **26** E3
Al Jaghbub **37** B3
Al Jawarah **32** D1
Al Jawf **37** B3
Al Jofro **37** B2
Al Karat **25** C2
Al Katrun **37** B2
Al Khums **37** A2
Al Marj **37** A3
Al'Bertin **21** D3
Al-Birkah **35** D6
Al-Hajeb **35** B2
Al-Hoceima **35** A3
Al-Jawarah **26** Eb
Al-Mahbas **35** C1
Al-'Uwaynat **35** D6
Alabama **43** E9
Alaejos **11** B3
Alagir **23** B3
Alagoas **46** C7
Alagoinhas **46** D7
Alagón **11** B5
Alagón, R. **11** C2
Alaï **27** A1
Alaïkou **24** C4
Alajoe **21** A3
Alajuela **46** B2
Alakol, Lac **24** B5
Alamagan **48** B2
Alamogordo **42** E5
Alamos **44** B2
Alamosa **42** D5
Åland **16** C6
Alanya **19** B3
Alasehir **19** B2
Alaska **41** C2
Alassio **13** B3
Alazani **23** D4
Alba **13** B3
Alba de Tormes **11** B3
Alba-Iulia **18** B3
Albacète **11** C5
Albaida **11** C5
Albanie **18** C3
Albany, Australie **49** C1
Albany, Géorgie, É.-U. **43** E10
Albany, New York **43** C12
Albany, R. **41** D6
Albarracín **11** B5
Albert Lea Mason City **43** C8
Albert, Canal **15** C3
Alberta **41** D7
Albertirsa **17** E3
Albertville **7** D7 **8** D7
Albi **6** C3 **7** E5 **9** E5
Albina **46** B5
Albocácer **11** B5
Ålborg **16** D4
Albufeira **11** D1
Albuñol **11** D4
Albuquerque **42** D5
Albury **49** C4
Alcácer do Sal **11** C1
Alcalá de Henares **11** B4
Alcamo **13** F5

Alcañices 11 B2
Alcañiz 11 B5
Alcántara 11 C2
Alcaudete 11 D3
Alcázar de San-Juan
   11 C4
Alcira 11 C5
Alcorcón 11 B4
Alcoutim 11 D2
Alcoy 11 C5
Aldabra, Îles 38 A4
Aldama 44 C5
Aldan 20 D13
Aldan, R. 20 D14
Aldeburgh 12 D7
Alderney (Aurigny) 6 A2
   8 B2
Aleg 36 C2
Aleksandriskaïa 23 B4
Aleksandroeva 22 D4
Alekseievka, Rus. 22 B5
Alekseievka, Kaza. 24 C4
Alemania 47 B2
Alençon 6 A3 7 B4
   8 B4
Alep 25 C2
Aléria 9 E7
Alert 41 A7
Alès 7 D6 9 D6
Ålesund 16 C4
Alevardi 23 D3
Alexander, Île 50 F11
Alexandra Fjord 41 B6
Alexandre, Archipel
   39 B3
Alexandria, É.-U., Louis.
   43 E8
Alexandria, É.-U., Minn.
   43 B7
Alexandria, É.-U., Virg.
   43 D11
Alexandria, Roumanie
   18 B4
Alexandrie, Égypte
   37 A11
Alexandrie, Italie 13 B3
Alexandroupolis 18 C4
Alfaro 11 A5
Alfatar 18 C4
Alfios 18 D3
Alga 24 B2
Alger 35 A4
Algérie 35 B4
Algésiras 11 D3
Alghero 13 D3
Ali-Baïramly 23 F5
Alía 11 C3
Aliabad 23 D4
Aliakmon 18 C3
Alicante 11 C5
Alice 42 F7
Alice Springs 49 B3
Alife 13 D6
Aligarh 32 B5
Alijó 11 B2
Aljezur 11 D1
Aljustrel 11 D1
Alken 15 D4
Alkmaar 15 B3
Allahabad 32 B6
Alle 15 F2
Allegheny, Monts 39 D4
Allemagne 14 C4
Allende 44 A4
Allentown 43 C11
Alleppey 32 F5
Aller 14 B3
Alliance 42 C6
Allier 7 C5 8 C5
Allier, R. 6 B3 7 C5
   8 C5
Allos 9 D7
Alluitsup-Paa 41 C8
Almadén 11 C3
Almagro 11 C4
Almalyk 24 C3

Almanza 11 A3
Almaty 24 C4
Almazán 11 B4
Almelo 15 B5
Almenara 46 D6
Almendralejo 11 C2
Almería 17 D4
Almodóvar 11 D1
Almonte 11 D2
Almorahín 11 C2
Almudébar 11 A5
Almus 19 A4
Alofi 48 C4
Alor Setar 31 B1
Alora 11 D3
Alost 15 D2
Alotau 48 C2
Aloucthta 22 E4
Alpena 43 B10
Alpes 4 C3 6 B4
Alpes Dinariques 4 C3
Alpes-de-Hte-Provence
   7 D7
   9 D7
Alpes-Maritimes 7 E7
   9 E7
Alpha 49 B4
Alphen 15 B3
Alpilles 6 C4
Alpnach 15 G3
Alpu 19 B2
Alsace 7 B6
Alsasua 11 A4
Alsfeld 14 C3
Alsunga 21 B2
Alta 16 A6
Altaï 20 D9
Altamira, Brésil 46 C5
Altamira, Chili 47 B2
Altamura, Italie 13 D7
Altamura, Mexique
   42 F5
Altan Shan 27 A3
Altar 44 A2
Altay, Chine 29 A2
Altay, Mongolie 29 A3
Altdorf 15 G3
Altenburg 14 C5
Altentreptow 14 B5
Alteres 44 A4
Althofen 13 A6
Altintas 19 B3
Altkirch 7 C7 8 C7
Alto Parnaíba 46 C6
Altoona 43 C11
Altstätten 15 F4
Alturas 42 F4
Altus 42 B7
Altyagach 23 E5
Altynivka 22 B4
Alucra 19 A4
Aluksne 21 B3
Alula 37 C6
Alvalade 11 D1
Alvaneu 15 G4
Alvarado 44 D6
Älvdalen 16 C3
Alvito 11 C1
Älvsbyn 16 B5
Alwar 32 B5
Alyangula 49 A3
Alytus 21 C3
Alzkraukle 21 B3
Am Timan 37 C3
Amadeus, Lac 49 B3
Amadjuak, Lac 41 C6
Amagi 30 C3
Amahai 31 C4
Amakusa, Îles 30 C2
Åmål 16 D5
Amalias 18 D3
Amambaï 46 E5
Amami 30 D2
Amangeldy 24 A3
Amantea 13 E7
Amapá 46 B5

Amapá, Dép 46 B5
Amara 26 B4
Amarante, Brésil 46 C6
Amarante, Portugal
   11 B1
Amarillo 42 D6
Amassia 23 E2
Amasra 19 A3
Amasya 19 A3
Amazonas 46 C4
Amazone 46 C3
Amazonie 40 D4
Ambalavao 38 C4
Ambato 46 C3
Ambatondrazaka 38 B4
Amberg 14 D4
Ambergis Cays 45 A3
Ambert 7 D5 9 D5
Ambikapur 32 C6
Amboine 31 B2
Amboise 8 C4
Ambon 31 C4
Ambositra 38 C4
Ambre, Cap d' 33 F7
Ambrim 48 C3
Ambriz 38 A1
Amdo 29 C3
Ameca 44 C3
Ameca, R. 44 C3
Ameland 15 A4
Amelia 13 C5
Americus 43 E10
Amérique centrale 44 46
Amérique du Nord 39 42
   43
Amérique du Sud 40 46
   47
Amersfoort 15 B4
Ames 43 C8
Amga 20 C13
Amiens 6 A3 7 B5 8 B5
Amin, Lac 38 A2
Amirauté, Îles de l' 48 C2
Amizmiz 35 B1
Amman 25 C2
Ammassalik 41 C8
Amnok-Kang 30 A2
Amorgos 18 D5
Amou-Daria 24 C3
   28 A1
Amour 20 D14
Amphissa 18 D3
Amposta 11 B6
Amran 26 E3
Amravati 32 C5
Amriswil 15 F4
Amritsar 32 A4
Amrum 14 A3
Amsterdam 15 B3
Amsterdam, Île 2 F9
Amstetten 13 A6
Amtkeli 23 B1
Amundsen, Mer de
   50 F10
Amurrio 11 A4
Amvrochijevka 22 D5
Anabar 20 B12
Anaconda 42 B4
Anadyr 20 C18
Anaheim 42 E3
Anáhuac 44 B4
Anai Mudi 27 D2
Anaklia 23 C1
Anambas, Îles 31 B2
Anamur 19 B3
Anan 30 C4
Ananjev 22 D3
Anantapur 32 E5
Anantnag 32 A5
Anaphi 18 D5
Anápolis 46 D6
Anar 26 B5
Anarak 26 B5
Anatahan 48 B2
Anatolie, Plateau d' 4 D4
Anayza 26 C3

Ancenis 7 C3 8 C3
Anchorage 41 C3
Ancône 13 C5
Ancy-le-Franc 8 C6
Andalgalá 47 B2
Andalousie 11 D3
Åndalsnes 16 C4
Andalusia 43 E9
Andaman et Nicobar
   32 E8
Andaman, Îles 28 C3
Andaman, Mer d' 28 C3
Andarko 42 D7
Andenes 16 A5
Andenne 15 D4
Anderlecht 15 D3
Andermatt 15 G3
Andernach 14 C2
Anderson, Car. du S.
   43 E10
Anderson, Ind. 43 C9
Andes, Cordillère des
   40 E3
Andhra Pradesh 32 D5
Andijan 24 C4
Andijk 15 B4
Andiririn 19 B4
Ando 32 A8
Andong 30 B2
Andorra 11 B5
Andorre 11 A6
Andorre-la-Vieille 11 A6
Andrapol 21 B5
Andreïvka 24 B5
Andria 13 D7
Andrívka 22 C5
Andros Town 45 A2
Andros, Bahamas 45 A2
Andros, Grèce 18 D4
Andrupene 21 B3
Andrusovka 21 E4
Andújar 11 C3
Anduze 9 E6
Anegada 45 B4
Aneityum 48 D3
Aneto, Pic d' 4 C3 6 C3
Angara 20 D10
Ange 16 C5
Ángel de la Guarda
   44 A1
Ángelholm 16 D5
Ångerman 16 B5
Angermünde 14 B5
Angers 6 B2 7 C3 8 C3
Angleterre 12 D6
Angleton 43 F7
Anglo-normandes, Îles
   5 C3
Angoche 38 B3
Angol 47 C1
Angola 38 B2
Angoulême 6 B3 7 D4
   9 D4
Angren 24 C4
Anguilla 45 B4
Anhui 29 B5
Anie, Pic de 6 C2
Anjar 32 C4
Anjero-Soudjensk 20 D9
Ankang 29 B4
Ankara 19 B3
Ankara, R 19 B3
Anklam 14 B5
Ankober 37 D4
Ann Arbor 43 C10
Ann, Cap 43 C12
Annaba 35 A5
Annaberg-Buchholz
   14 C5
Annapolis 43 D11
Annean, Lac 49 B1
Annecy 7 C3 8 D7
Anniston 43 E9
Annonay 9 D6
Annot 9 D7
Anori 46 C4
Anqing 29 B5

Ansbach 14 D4
Anse-Bertrand 10 E1
Anse de Sable 10 E1
Anse du Mancenillier 10 E2
Anse-à-Veau 45 B3
Anshan 29 A6
Anshun 29 C4
Ansongo 36 C4
Ânt 49 B2
Antakya 19 B4
Antalaha 38 B4
Antalya 19 B2
Antananarivo 38 B4
Antarctique 50
Antequera 11 D3
Anthony Lagoon 49 A3
Anti Atlas 33 A2
Antibes 9 E7
Anticosti 41 E7
Antifer, Cap d' 8 B4
Antigo 43 B9
Antigua-et-Barbuda 45 B4
Antilles 45
Antilles Néerlandaises 45 B3
Antipodes, Îles G 12
Antofagasta 47 B1
Antoniny 21 F3
Antony 7 B5
Antopol' 21 D3
Antrim 12 C3
Antsiranana (Diego Suarez) 38 B4
Antsiferovo 21 A5
Antsirabé 38 B4
Antu 30 A2
Anvers 15 C3
Anvers, Province 15 C3
Anxi 29 A3
Anyang 29 B5
Anyksciai 21 C3
Anzio 13 D5
Aoiz 11 A5
Aomori 30 A5
Aoste 13 B2
Aoste, Val d' 13 B2
Aozou 37 B2
Apalache, Baie 43 F10
Apalachicola 43 F10
Aparan 23 E3
Apatou 10 C7
Apatzingán 44 D4
Apcheronsk 23 A1
Apeldoorn 15 B4
Apennins 4 C3
Apia 48 C4
Apo 27 D7
Apolda 14 C4
Apolo 46 D4
Apostolove 22 D4
Appalaches, Monts 1 C2
Appelton 43 C9
Appenzell 15 F4
Appenzell (Rhodes-ext. et int.) 15 F4
Appingedam 15 A5
Appleby 12 C5
Apples 15 G1
Approuague 10 D8
Aprilia 13 D5
Apt 7 E6 9 E6
Aqcheh 26 A8
Aqmola 24 A4
Aqqikkol Hu 29 B2
Aquila, Mexique 44 D4
Aquila, Suisse 15 G3
Aquitain, Bassin 6 B3
Aquitaine 7 D3
Arabie Saoudite 26 C4
Arabique, Péninsule 1 C6
Arabo-Persique, Golfe 26 C5
Araç 19 A3

Aracaju 46 D7
Aracati 46 C7
Araçatuba 46 E5
Aracena 11 D2
Arad 18 B3
Arada 26 D5
Arafura, Mer d' 31 C4
Aragarças 46 D5
Aragon 11 B5
Aragón, R. 11 A5
Araguaia 46 D5
Araguatins 46 C6
Aragvi 23 D3
Arak, Algérie 35 D4
Arak, Iran 26 B4
Arakan, Chaîne d' 27 B4
Aral, Kirg. 24 C4
Aral 23 A3
Aral, Mer 24 C3
Aralik 19 B4
Aralsulfat 24 B3
Aramberri 44 B5
Aranda de Duero 11 B4
Arandas 44 C4
Aransas Pass 43 F7
Araouane 36 C3
Arapkir 19 B4
Ararat, Arménie 23 F3
Ararat, Australie 49 B3
Ararat, Mont 4 D5
Aratchat 23 F3
Arauca 46 B3
Arawalli 27 B2
Áraxe 19 A5 23 F5
Arbeca 11 B6
Arbedo 15 G4
Arbois 8 C6
Arbon 15 F4
Arc 9 D7
Arcachon 9 D3
Arcata 42 C2
Archalouki 23 B3
Arco 13 B4
Arcos de Jalón 11 B4
Arctic Bay 41 B6
Arctique 50
Arda 18 C4
Ardabil 26 A4
Ardahan 23 D2
Årdalstangen 16 C4
Ardanuc 23 D2
Ardèche 7 D6 9 D6
Ardèche, R. 9 D6
Ardennes 7 B6 8 B6
Ardesen 19 A5
Ardestan 26 B5
Ardez 15 G5
Ardila 11 C2
Ardlussa 12 B4
Ardmore 42 E7
Ardon 23 B3
Arecibo 45 B3
Arenas de San Pedro 11 B3
Arendal 16 D4
Arequipa 46 D3
Arévalo 11 B3
Arezzo 13 C4
Argelès 9 E5
Argelès-Gazost 7 E3 9 E3
Argens 9 E7
Argent-sur-Sauldre 8 C5
Argentan 7 B4 8 B4
Argentat 9 D5
Argenteuil 7 B5
Argentière-la-B. 9 D7
Argentine 47 B2
Argenton-sur-Creuse 8 C4
Arges 18 B4
Arghardab 32 A3
Argos 18 D3
Argostolion 18 D3
Argoun 23 B3
Argoun, R. 23 B3
Argovie 15 F3

Arguello, Pointe 42 E2
Argyle, Lac 49 A2
Arhangay 29 A4
Århus 16 D4
Arica, Chili 47 A1
Arica, Colombie 46 C3
Ariège 6 C3 9 E4
Ariogala 21 C2
Arizona 42 D4
Arjeplog 16 B6
Arkadelphia 43 E8
Arkansas 43 E8
Arkansas, R. 42 D6
Arkhangelsk 20 C5
Arkheloos 18 D3
Arlanc 9 D5
Arlanzón 9 E2
Arles 7 E6 9 E6
Arlington 42 E7
Arlit 36 C4
Arlon 15 E4
Armançon 8 C5
Armavir 23 E3
Armenia 46 B3
Armenie 23 E3
Armentières 8 A5
Armidale 49 B4
Armoricain, Massif 6 A2
Arnay-le-Duc 8 C6
Arnedo 9 E2
Arnes 16 B1
Arnhem 15 B4
Arno, Île 48 B3
Arno, R. 13 C4
Arnsberg 14 C3
Arnstadt 14 C4
Aroche 11 C2
Arock 42 C4
Arorae 48 C3
Arosa 15 G4
Arpajon 7 B5
Arqalik 24 B4
Arraias 46 D6
Arran 12 C4
Arras 6 A3 7 A5 8 A5
Arrée, Monts d' 6 A2
Arriaga 44 D6
Arromanches 8 B4
Arroyo de la Luz 11 C2
Arseniev 20 E14
Arsin 19 A4
Arsiw 35 A1
Arta, Espagne 11 C7
Arta, Grèce 18 D3
Artawiya 26 C4
Artem 30 A3
Artemisa 45 A1
Artesia 42 E6
Arth 15 F3
Artigas 47 C3
Artik 23 E2
Artix 9 E3
Artois, Collines de l' 6 A3
Artova 19 A4
Artsya 22 E3
Artvin 19 A5
Aru, Îles 31 C4 48 C1
Arua 37 D3
Aruanã 46 D5
Aruba 46 A3
Arue 10 F7
Arunachal Pradesh 32 B8
Arusha 38 A3
Aruwimi 37 D3
Arvayheer 29 A4
Arvidsjaur 16 B6
Arvika 16 D5
Arys 24 C3
Arzachena 13 D3
Arzipe 44 A2
Arzúa 11 A1
As Sidrah 37 A2
Asad, Lac 25 B3
Asagi 23 D4
Asahikawa 30 A6

Asansol 32 C7
Āsarna 16 C5
Ascension 44 A3
Aschaffenburg 14 D3
Aschersleben 14 C4
Ascoli Piceno 13 C5
Asela 37 D4
Äsele 16 B5
Asenovgrad 18 C4
Ashburton 49 B1
Ashdod 25 E5
Asheville 43 D10
Ashikaga 30 B5
Ashland, Wisconsin 43 B8
Ashland, Kentucky 43 D10
Ashland, Oregon 42 C2
Ashmore 49 A2
Ashmore et Cartier 49 A2
Ashqelon 25 E5
Ashtabula 43 C10
Asie 27 28
Asilah 35 A2
Askale 19 B5
Askania-Nova 22 D4
Askvoll 16 C3
Asmara 37 C4
Asni 35 B2
Asosa 37 D4
Aspe 11 C5
Aspen 42 D5
Aspet 9 E4
Aspindza 23 D2
Assa 35 C1
Assab 37 C4
Assam 27 C4 32 B8
Asse 15 D3
Assekaifaf 35 C6
Assemini 13 E3
Assen 15 B5
Assici 10 D7
Assise 13 C5
Assouan 37 B4
Asten 15 C4
Asti 13 B3
Astipalaia 18 D4
Astoria 42 B2
Astrakhan 20 E5
Astudillo 11 A3
Asturies 11 A3
Asuncion 48 A2
Asunción 47 B3
Asyut 37 B4
At-Bachi 24 C4
Atafu 48 C4
Atakora, Chaîne de l' 33 D3
Atakpamé 36 D4
Atambua 31 C3
Atami 30 B5
Atar 36 B2
Atascadero 42 D2
Atassou 24 B4
Atbara 37 C4
Atbara, R. 37 C4
Atbassar 24 C4
Atchisou 23 C4
Ateca 11 B5
Ath 15 D2
Athabasca 41 D4
Athabasca, Lac 41 D5
Athabasca, R. 41 D4
Athènes 18 D3
Athenry 12 D2
Athens É.-U., Géorgie 43 E10
Athens, Tennese 43 D10
Atherton 49 A4
Athi 33 E6
Athy 12 D2
Ati 37 C2
Atienza 11 B4
Atlanta 43 E10
Atlantique, Océan 1 C3
Atlas Saharien 4 D3 33 A3

Atlas Tellien **4** D3 **33** A3
Atoll Caroline **48** C5
Atoll de Johnston **48** B4
Atoll Kure **48** A4
Atoll Palmyra **48** B4
Atoll Pearl et Hermes **48** A4
Attalens **15** G1
Attawapiskat **41** D6
Attert **15** E4
Åtvidaberg **16** D5
Atyraou **24** B2
Aubagne **9** E6
Aubange **15** E4
Aube **7** B6 **8** B6
Aube, R. **7** B6 **8** B6
Aubenas **9** D6
Aubigny **42** B2
Aubusson **7** D5 **8** D5
Auce **21** B2
Auch **6** C3 **7** E4 **9** E4
Auckland **49** C7
Aude **7** E5 **9** E5
Aude, R. **9** E5
Audierne **8** B1
Aue **14** C5
Augathella **49** B4
Auge, Pays d' **6** A3
Augsbourg **14** D4
Augusta, E.-U., Géorgie **43** E10
Augusta, É.-U., Maine **43** C13
Augusta, Sicile **13** F6
Augustów **17** B4
Augustus **49** A2
Aulne **7** B2 **8** B2
Auneau **8** B4
Aups **9** E7
Aurangabad **32** D5
Auray **8** C2
Aurich **14** B2
Aurignac **9** E4
Aurillac **6** B3 **7** D5 **9** D5
Auron **9** D7
Aurora, Colorado **42** D6
Aurora, Illinois **43** C9
Aurora, Minnesota **43** C8
Austin, Texas **42** E7
Austin, Lac **49** B1
Australes, Îles **48** D5
Australie **49**
Australie-Méridionale **49** B3
Australie-Occidentale **49** B2
Authie **8** A4
Autlán **44** D3
Autun **7** C6 **8** C6
Auvergne **7** D5
Auvers-sur-Oise **7** B5 **8** B5
Aux Sources, Mont **33** G5
Auxerre **6** B3 **7** C5 **8** C5
Auzances **8** C3
Avallon **7** C5 **8** C5
Avarua **48** D5
Aveiro **11** B1
Avenches **15** G2
Aversa **13** D6
Avesnes-sur-Helpe **8** A5
Avesta **16** C5
Aveyron **7** D5 **9** D5
Aveyron, R. **6** B3 **7** D5 **9** D5
Avignon **6** B4 **7** E6 **9** E6
Avila **11** B3
Avilés **11** B2
Avinurme **21** A3
Aviz **11** C2

Avola **13** F6
Avon **12** E5
Avon Downs **49** A3
Avranches **7** B3 **8** B3
Awaji **30** C4
Awash **37** C5
Awled-Djellal **35** A5
Ax-les-Thermes **9** E4
Axat **9** E5
Axel **15** C2
Axel-Heibreg, Île **41** B5
Axios **18** C3
Ayacucho **46** D3
Ayakkum Hu **29** B2
Ayancik **19** A3
Ayapel **46** B3
Ayas **19** A3
Ayaviri **46** D3
Aybasti **19** A4
Aydin **19** B1
Aydincik **19** B3
Ayer **15** G2
Aygues **9** D6
Aylesbury **12** E6
Ayllón **11** B4
Ayn **26** C2
Ayora **11** C5
Ayorou **36** C4
Ayoun **26** C3
Ayr **12** C4
Aytos **18** C4
Ayutla **44** D5
Ayutthaya **31** A1
Ayvacik **19** B1
Ayvalik **19** B1
Azdavay **19** A3
Azemmour **35** B1
Azerbaïdjan **23** E4
Azilal **35** B2
Aznalcóllar **11** D2
Azogues **46** C3
Azov, Mer d' **5** C7
Azovskoie **22** E4
Azraq **25** C2
Azrou **35** B2
Aztec **42** D5
Azuaga **11** C3
Azuara **11** B5
Azul **47** C3

B

Baabda **25** C2
Baalbak **25** B2
Baa **31** C3
Baaherove **22** E5
Baar **15** F3
Bab **25** B2
Bab El Mandeb **33** C7
Bab-Taza **35** A2
Babadag **18** B5
Babaeski **19** A1
Babar **31** C4
Babaiourt **23** B4
Babelthuap **48** B1
Babol **26** A5
Babuyan **29** D6
Bac Lieu **31** B2
Bacabachi **44** B2
Bacabal **46** C6
Bacalar **44** D7
Bacau **18** B4
Baccarat **8** B7
Bachi, Détroit de **29** C6
Bachiniva **44** A2
Bachkend **23** E3
Bachkortostan **20** D6
Bachtanka **21** D4
Backnang **14** D3
Bacoachi **44** A2
Bacolod **31** A3
Bad Axe **43** C10
Bad City **43** F7
Bad Doberan **14** A4
Bad Hersfeld **14** C3

Bad Ischl **13** A5
Bad Kissingen **14** C4
Bad Kreuznach **14** D2
Bad Mergentheim **14** D3
Bad Nauheim **14** C3
Bad Neuenahr-Ahrweiler **14** C2
Bad Neustadt a. d. Saale **14** C4
Bad Oldesloe **14** B4
Bad Ragaz **15** F4
Bad Reichenhall **14** E5
Bad Salzdetfurth **14** B4
Bad Tölz **14** E4
Badajoz **11** C2
Badalona **11** B7
Badami **32** D5
Bade-Wurtemberg **14** D3
Baden, Autriche **13** A7
Baden, Suisse **15** E3
Baden-Baden **14** D3
Badgastein **13** A5
Badr Hunayn **26** D2
Badrinath **32** A5
Badulla **32** F6
Baena **11** D3
Baeza **11** D4
Baffin, Baie de **41** B7
Baffin, Terre de **39** A6
Bafoussam **36** D4
Bafq **26** B6
Bafra **19** A3
Baft **26** C6
Bagdad **26** B3
Bagdati **23** C2
Bagé **47** C3
Baghlan **26** A8
Bagnères-de-Bigorre **7** E4 **8** E4
Bagnères-de-Luchon **9** E4
Bagnols-de-l'Orne **8** B3
Bagnols-sur-Cèze **9** D6
Baguio **31** A3
Bahamas **45** A2
Bahariya **37** B3
Bahawalpur **32** B4
Bahçe **19** B4
Bahia **46** D6
Bahía Asunción **44** B1
Bahía Blanca **47** C2
Bahía de la Paz **44** B2
Bahía de los Angeles **44** A1
Bahía Grande **47** E2
Bahía Kino **44** A2
Bahía Seb. Vizcaino **44** A1
Bahía Tortugas **44** B1
Bahraich **32** B6
Bahrein **26** C5
Baia Mare **18** B3
Baïanaoul **24** A4
Baicheng, Jilin **29** A6
Baicheng, Xinj. Ouig. **29** A2
Baie, Îles de la **46** A2
Baie-Mahaudt **10** E1
Baïkal, Lac **20** D11
Baïkonour **24** B3
Baillif **10** E1
Baïram-Ali **24** D3
Bairiki **48** B3
Bairnsdale **49** C4
Baïse **9** E4
Baja **17** E3
Baján **44** B4
Bajigan **23** A3
Bajram-Curri **18** C3
Bakhchty **21** D3

Bakhardok **24** D2
Baker, Montana **42** B6
Baker, Oregon **42** C3
Baker, Île **48** B4
Bakersfield **42** D3
Bakharden **24** D2
Bakhta **20** C9
Bakhtchyssaraï **22** E4
Bakkagerdhi **16** B2
Bakou **23** E5
Bakouriani **23** C2
Baksan **23** B2
Balå **13** B3
Balabac, Détroit de **31** B3
Balachov **20** D5
Balaguer **11** B6
Balakan **23** D4
Balakiia **22** C5
Balancán **44** D7
Balangir **32** C6
Balaton, Lac **17** E2
Balci **19** B3
Baldone **21** B3
Bâle **15** F2
Baléares, Îles **11** C7
Balen **15** C4
Baley **20** D12
Bali **31** C3
Balikesir **19** B1
Balikpapan **31** C3
Balingen **14** D3
Balistan **32** A4
Balkans **4** C4
Balkarie **23** B2
Balkhach **29** A1
Balkhach, Lac **24** B4
Balladonia **49** C2
Ballarat **49** C4
Ballater **12** B5
Ballia **12** C2
Ballina **12** D2
Ballinrobe **12** D2
Ballycastel **12** C3
Ballymena **12** C3
Ballymoney **12** C3
Baloutchistan **27** B1 **32** B2
Balqach **24** B4
Balranald **49** C4
Balsas **46** C6
Balsas, R. **44** D4
Balsthal **15** F2
Balta **22** D3
Baltanás **11** B3
Balti **22** D2
Baltijsk **21** C1
Baltimore, État-Unis **43** D11
Baltimore, Irlande **12** E2
Baltique, Mer **5 16** D6
Balvi **21** B3
Bam **26** C6
Bamako **36** C3
Bamba **36** C3
Bambari **37** D3
Bamberg **14** D4
Bamenda **36** D5
Bamian **26** B8
Bampur **26** C7
Ban Me Thuot **31** A2
Ban Phai **31** A1
Banaba **48** C3
Banana **38** A1
Banaz **19** B2
Banbesa **37** D3
Banbridge **12** C3
Banbury **12** D6
Banchory **12** B5
Banda **32** B6
Banda Aceh **31** B1
Banda, Mer de **31** C4
Bandama **33** D2
Bandar Abbas **26** C6
Bandar Beheshti **32** B2
Bandar Seri Begawan **31** B2

Bandar-e Lengeh 26 C5
Bandar-e Torkeman
  26 A5
Bandeira 40 F6
Banderas 44 A3
Bandiagara 36 C3
Bandirma 19 A1
Bandol 9 E6
Bandon 12 E2
Bandovan 23 F5
Bandundu 38 A1
Bandung 31 C2
Bañeres 11 C5
Banes 45 A2
Banfora 36 C3
Bangalore 32 E5
Bangassou 37 D3
Bangka 31 C2
Bangkok 31 A1
Bangladesh 32 C7
Bangor, État-Unis 43 C13
Bangor, Irlande du N.
  12 C4
Bangui 37 D2
Bangweulu, Lac 38 B3
Bani 33 C2
Banja Luka 18 B2
Banjarmasin 31 C2
Banjul 36 C2
Banks, Île, Canada 41 B4
Banks, Îles de, Vanuatu
  48 C3
Bann 12 C3
Bannu 32 A4
Bañolas 11 A7
Banská Bystrica 17 D3
Banská Stiavnica 17 D3
Banswara 32 C4
Bantry 12 E2
Banyas 25 B2
Banyo 36 D5
Banyuls 9 E5
Baoding 29 B5
Baoji 29 B4
Baoshan 29 C3
Baotou 29 A4
Bapaume 8 A5
Baquedano 47 B1
Bar 22 C2
Bar-le-Duc 6 A4 7 B6
  8 B6
Bar-sur-Aube 7 B6 8 B6
Barabinsk 20 D8
Baraboo 43 C9
Baracoa 45 A2
Barahona 45 B3
Barak, Afghanistan
  26 B8
Barak, Turquie 19 B4
Baranof, Île 41 D3
Baranovitchi 21 D3
Barbacena 46 E6
Barbade 45 B4
Barbezieux 9 D3
Barbotan 9 E3
Barbuda 45 B4
Barcaldine 49 B4
Barcaldo 11 A4
Barcarrota 11 C2
Barcelona 46 A4
Barcelone 11 B7
Barcelonnette 7 D7
  9 D7
Barcelos 46 C4
Barcoo 49 B4
Barda 23 E4
Bardaï 37 B2
Bardas-Blancas 47 C2
Bardera 37 D5
Bareilly 32 B5
Barents, Mer de 20 B2
Barfleur 8 B3
Barga 29 B2
Bari 13 D7
Bariasskho 23 C3
Barinas 46 B3

Baripada 32 C7
Baris 37 B4
Barkol 29 A3
Barlee, Lac 49 B1
Barlinek 17 B2
Barmer 32 B4
Barmouth 12 D4
Barneveld 15 B4
Barnsley 12 D6
Barnstaple 12 E4
Baro 36 D4
Baroda 32 C4
Barquisimeto 46 A4
Barra 46 D6
Barra do Corda 46 C6
Barranca 46 D3
Barranquilla 46 A3
Barras, Brésil 46 C7
Barras, Colombie 46 C3
Barreiras 46 D6
Barreiro 11 C1
Barrême 9 E7
Barrens Grounds 39 A4
Barrow 12 D3
Barrow-in-Furness 12 C5
Barry 41 E6
Barsal 32 C8
Barsi 32 D5
Barstow 42 E3
Bartica 46 B5
Bartin 19 A3
Bartlesville 43 D7
Bartoszyce 17 A3
Baruun-Urt 29 A5
Barwon 49 B4
Barzacaj 23 F3
Bas-Rhin 7 B7 8 B7
Basankusu 37 D2
Basilian 31 B3
Basilicate 13 D7
Baskale 19 B5
Baskil 19 B4
Basoko 37 D3
Bass, Détroit de 49 C4
Bass, Îles de 48 D5
Bassas da India 38 C3
Basse-Autriche 13 A6
Basse-Californie du Nord
  44 A1
Basse-Californie du Sud
  44 B2
Basse-Normandie 7 B3
Basse-Pointe 10 A1
Basse-Saxe 14 C4
Basse-Terre 10 E1
Basse-Terre, Chef Lieu
  10 F1
Bassecourt 15 F2
Bassein 28 C4 32 D9
Basses, Pointe des 10 F2
Basseterre 45 B4
Bassora 26 B4
Båstad 16 D5
Bastia 6 D4 7 E9 8 E7
Bastogne 15 D4
Bastrop 43 E8
Basturtrask 16 B6
Bata 37 D1
Batamsinski 24 A2
Batan 29 C6
Batang 29 B3
Batangas 28 C7
Batchmac 22 B4
Bath 43 C13
Bathgate 12 C5
Bathurst 49 A3
Bathurst, Île 41 B5
Batman 19 B5
Batna 35 A5
Baton Rouge 43 E8
Batoumi 23 D1
Batroun 25 B2
Battambang 31 A1

Batterie, Pointe de la
  10 B2
Batticaloa 32 F6
Battle 43 C9
Battle Harbour 41 D7
Battle Mountain 42 C3
Baturité 46 C7
Batz 8 B1
Baubau 31 C3
Baud 8 C2
Baugé 8 C3
Baume-les-Dames 8 C7
Baunatal 14 C3
Baunei 31 D3
Bauru 46 E6
Bauska 21 B3
Bavière 14 D4
Baxoi 29 B3
Bay City 43 C10
Bayad 26 F4
Bayamo 45 A2
Bayan 29 A2
Bayan Mod 29 A4
Bayan Obo 29 A4
Bayan-Hongor, Prov.
  29 A3
Bayanhongor 29 A3
Bayat 19 A3
Bayburt 19 A5
Bayeux 7 B3 8 B3
Bayir 25 C2
Bayombong 29 A3
Bayona 11 A1
Bayonne 7 E3 9 E3
Bayreuth 14 D4
Baza 11 D4
Bazas 9 D3
Beagle Bay Mission
  49 A2
Beale, Cap 42 B1
Béarn 6 C2
Beas de Segura 11 C4
Beatenberg 15 G2
Beatrice 42 C7
Beaucaire 9 E6
Beauce 6 A3
Beaufort 43 E10
Beaufort Ouest 38 D2
Beaufort, Mer de 41 B3
Beaulieu 9 E7
Beaumont, État-Unis
  43 E8
Beaumont, France 12 E6
Beaumont, Royaume-Uni
  15 D3
Beaune 7 C6 8 C6
Beauraing 15 D3
Beaurepaire 9 D6
Beauty 12 B4
Beauty, R 12 B4
Beauvais 6 A3 7 B5
  8 B5
Beauvoir 8 C3
Beaver 42 D4
Beawar 32 B4
Bebra 14 C3
Becej 18 B3
Bechar 35 B3
Beckley 43 D10
Bédarieux 9 E5
Bedford 12 D6
Bedfordshire 12 D6
Beechey Point 41 B3
Beenleigh 49 B5
Beer Menuha 25 C2
Beersheva 25 E5
Beeville 42 F7
Bega 49 C4
Beglisavar 23 F5
Begoml 21 C4
Beguitchev 20 B12
Beian 29 A6
Beihai 29 C4
Beijing (Pékin) 29 A5
Beilen 15 B5

Beïneou 24 B2
Beira 34 F6
Beit Safafa 25 E5
Beitbridge 38 C3
Beius 18 B3
Beja, Espagne 11 C2
Beja, Tunisie 35 A6
Bejaïa 35 A5
Réjar 11 B?
Bejestan 26 B6
Békéscsaba 17 E3
Bela 32 B3
Belaïa-Gora 21 A4
Belchatów 17 C3
Belcher, Îles 41 D6
Belém 46 C6
Belen 42 B3
Bélep, Îles 10 A3
Belet Uen 37 D5
Belfast 12 C4
Belfield 42 B6
Belfort 7 C8 8 C7
Belgaum 32 D4
Belgique 15 C4
Belgrade 18 B3
Belidji 23 D5
Belin-Béliet 9 D3
Belitsk 21 D4
Belitung 31 C2
Belize 46 A1
Belize, État 46 A1
Bélizon 10 D8
Bellac 7 C4 8 C4
Bellacaty, Pointe 10 E2
Bellary 32 D5
Belle Fourche 42 C6
Belle Glade 43 F10
Belle-Île 6 B2 8 C2
Bellefontaine 10 B1
Bellême 8 B4
Belleville, États-Unis
  43 D8
Bellville, France 7 C6
Belley 7 D6 8 D6
Bellin Bay 41 C6
Bellingham 42 B2
Bellingshausen, Mer de
  50 G10
Bellinzona 15 G4
Bellundo 13 A5
Belmonte, Brésil 46 D7
Belmonte, Espagne
  11 C4
Belmonte, Portugal
  11 B2
Belmopan 46 A1
Belo Horizonte 46 D6
Beloeil 15 D2
Belogorie 21 F3
Belogorsk 20 D13
Beloit 43 C9
Beloozersk 21 D3
Belorado 11 A4
Beloti 23 C3
Belovodsk 22 C5
Belusa 17 D3
Belvi 20 B8
Belzec 17 C4
Bemidji 43 B8
Ben Arous 35 A6
Ben Nevis 4 B2
Ben-Gardane 35 B6
Ben-Limane 35 B2
Benabarre 11 A6
Benadir 33 D7
Benahmed 35 B2
Benalmádena 11 D3
Benavente 11 B3
Bend 42 C2
Bender-Beila 37 D6
Bendigo 49 C4
Bene 21 B2
Bene Beraq 25 E5
Benesov 17 D2
Bénévent 13 D6
Bengale Occidental
  32 C7

Bengale, Golfe du **32** D7
Bengbu **29** B5
Benghazi **37** A3
Bengkulu **31** C1
Benguela **38** B1
Benguerir **35** B2
Beni **46** D4
Beni-Abbas **35** B3
Beni-Mellal **35** B2
Beni-Saf **35** A3
Benicarló **11** B6
Benidorm **11** C5
Benifayó **11** C5
Bénin, État **36** C4
Bénin, Nigeria **36** D4
Benjamin Constant **46** C3
Benkovak **18** B1
Bénoué **36** D4
Bensheim **14** D3
Benxi **29** A6
Beppu **30** C3
Bequia **45** B4
Berat **18** C2
Berber **37** C4
Berbera **37** C5
Berbérati **37** D2
Berbourg **15** E5
Berchad **22** C3
Berchtesgaden **14** E5
Berck-sur-Mer **8** A4
Berdiansk **22** D5
Berditchev **22** C3
Berehove **22** C1
Berejany **22** C2
Berestovitsa **21** D2
Berettyóújfalu **17** E3
Berezina **21** D4
Berezino **21** D4
Berezna **21** E4
Berezivka **22** D3
Bereznik **20** C5
Berg **16** A5
Berga **9** E4
Bergama **19** B1
Bergame **13** B3
Bergen, All., Basse-Saxe **14** B4
Bergen, All., Pom.-Occ. **14** A5
Bergen, Norvège **16** C3
Bergen op Zoom **15** C3
Bergerac **7** D4 **9** D4
Bergisch Gladbach **14** C2
Bergsjö **16** C5
Berguent **35** A3
Bergues **8** A5
Berhampore **32** C7
Berhampur **32** D6
Béring, Détroit de **39** A1
Béring, Mer de **39** A1
Berkane **35** A3
Berkeley **42** D2
Berkshire **12** E6
Berlanga de Duero **11** B4
Berlevåg **16** A7
Berlin **14** B5
Berlin, Land **14** B5
Berlin, État-Unis **43** C12
Bermeo **11** A4
Bermillo de Sayago **11** B2
Bermudes **49** C6
Bernalda **13** D7
Bernalillo **42** D5
Bernay **7** B4 **8** B4
Bernburg **14** C4
Berne **15** G3
Berne, Canton **15** G2
Berovni **24** C3
Berounka **17** D1
Berovo **18** C3
Berrechid **35** B2
Berri **49** C4
Berriyane **35** B4
Berry **6** B3
Berry, Îles **45** A2

Bertitchev **21** F4
Bertoua **36** D5
Beru **48** C3
Besançon **6** B4 **7** C7 **8** C7
Beslan **23** B3
Besni **19** B4
Bessemer **43** E9
Bestobe **24** A4
Bet Ha Shitta **25** E5
Bet Ha' Arava **25** E5
Bet Shean **25** E5
Bet Shemesh **25** E5
Bethel **41** C2
Bethléem **25** E5
Bethlehem **38** C2
Béthune **7** A5 **8** A5
Béthune, R **8** B4
Bettles Field **41** C2
Beveren **15** C3
Beverley **12** D6
Bex **15** G2
Beyla **36** D3
Beylagan **23** F4
Beypazari **19** A2
Beyrouth **25** C2
Beysehir **19** B2
Beysehir, Lac **19** B2
Beytüssebap **19** B5
Béziers **7** E5 **9** E5
Bezmein **24** D2
Bhadrakh **32** C7
Bhagalpur **32** B7
Bhamo **32** C9
Bharatpur **32** B5
Bhaunagar **32** C4
Bhawanipatna **32** D6
Bhilwara **32** B4
Bhiwani **32** B5
Bhopal **32** C5
Bhoutan **32** B8
Bhubaneshwar **32** C7
Bhuj **32** C3
Biak **31** D6
Biala Podlaska **17** B4
Bialogard **17** B2
Bialystok **17** B4
Biarritz **9** E3
Biasca **15** G3
Bibai **30** A5
Bibirovo **21** C5
Bichkek **24** C4
Bida **36** D4
Biddiya **25** E5
Bideford **12** E4
Biebrza **17** B4
Bielefeld **14** B3
Biella **13** B3
Biélorussie **21** D3
Bielsk Podalski **17** B4
Bielsko Biala **17** D3
Bien Hoa **31** A2
Bienne **15** F2
Bienvenue **10** D8
Bièvre, Belgique **15** E3
Bièvre, R., France **7** B5
Big Moghrein **36** B2
Big River **41** D5
Big Spring **42** E6
Biga **19** A1
Bigadiç **19** B2
Bigge **49** A2
Bigosovo **21** C3
Bihac **18** B1
Bihar **32** C7
Bihé, Plateau de **33** F4
Bijapur, Karnataka **32** D5
Bijapur, Madhya-Prad. **32** D6
Bijiang **29** C3
Bikaner **32** B4
Bikar **38** B3
Bikavu **38** A2
Bikini **48** B3
Bilaspur, Madhya-Prad. **32** C6

Bilaspur, Himachal-Prad. **32** A5
Bilassouvar, **23** F5
Bilauk, Monts **27** C4
Bila-Tserkva **22** C3
Bilbao **11** A4
Bilecik **19** A2
Bilgoraj **17** C4
Bilhorod-Dniystrovskyi **22** D3
Bilibino **20** C17
Billings **42** B6
Bilma **36** C5
Biloela **49** B5
Bilolouisk **22** C5
Bilopilia **22** B4
Biloxi **43** E9
Biltine **37** C3
Bilzen **15** D4
Bimini, Îles **45** A2
Bindura **38** B3
Bine-El-Qidane **35** B2
Binéfar **11** B6
Binghamton **43** C11
Bingöl **19** B5
Binjai **31** B1
Binningen **15** F2
Bintulu **31** B2
Bioko **36** D4
Bir Bala **26** C6
Bir el-Ater **35** A6
Bir Hakeim **37** A3
Bir Natrun **37** C3
Bir Zayt **25** E5
Birao **37** C3
Biratnagar **32** B7
Bird **49** B5
Birdsville **49** B3
Birganj **32** B7
Birjand **26** B6
Birlad **18** B4
Birmanie **32** C9
Birmingham, É.-U. **43** E9
Birmingham, R.-U. **12** D6
Birnie **48** C4
Birnin Kebbi **36** C4
Birobidjan **20** E14
Birobidjan, RA Juive de **20** E14
Birzai **21** B3
Biscarrosse **9** D3
Biskra **35** A5
Bislig **31** B4
Bismarck **42** B6
Bismarck, Archipel **48** C2
Bismark, Mer de **48** C2
Bison **42** B6
Bissagos, Îles **36** C2
Bissau **36** C2
Bissett **41** D5
Bistrita **18** B3
Bitche **8** B7
Bitlis **19** B5
Bitola **18** C3
Bitterfeld **14** C5
Bitteroot, Chaîne de **39** B4
Bitti **13** D3
Biysk **20** D9
Bizerte **35** A6
Bjélovar **18** B2
Black River **45** B2
Blackall **49** B4
Blackpool **12** D5
Blacksburg **43** D10
Blackwater, Australie **49** B4
Blackwater, R., R.-U. **12** D2
Blagoevgrad **18** C3
Blagovechtchensk **20** D13
Blairgowrie **12** C5
Blanc, Cap **42** C2
Blanding **42** D5

Blanes **11** B7
Blankenberge **15** C2
Blanquilla, Île **45** C4
Blantyre **38** B3
Blatten **15** G2
Blavet **7** C2 **8** C2
Blaye **7** D3 **9** D3
Blenheim **49** D7
Blida **35** A4
Bloemfontein **38** C2
Blois **6** B3 **7** C4
Blönduós **16** B1
Bloomington, Illinois **43** C9
Bloomington, Indiana **43** D9
Bluefield **43** D10
Bluefields **46** A2
Blumenau **47** B4
Blyth **12** C6
Blythe **42** E4
Blytheville **43** D9
Bo **36** D2
Bo Hai, Mer de **29** B5
Boa Vista, Brésil **46** B4
Boa Vista, Cap-Vert **36** C1
Boaco **46** A2
Bobai **29** C5
Bobigny **7** B5 **8** B5
Böblingen **14** D3
Bobo-Dioulasso **36** C3
Bobr **21** C4
Bobrinets **22** D4
Bobrouisk **21** D4
Bobrov **22** B6
Bobrovica **21** E4
Bobrovitsa **22** B3
Bobruysk **5** B7
Bôca do Acre **46** D4
Boca Raton **43** F10
Bocas del Toro **46** B2
Bocholt **14** C2
Bochum **14** C2
Bodaïbo **20** D12
Boden **16** B5
Bodø **16** B5
Bodrum **19** B1
Boendé **38** A2
Bogale **32** D9
Bogalusa **43** E9
Bogda Shan **27** A3
Bognes **16** A5
Bognor Regis **12** E6
Bogor **31** C2
Bogotá **46** B3
Bogra **32** C7
Bohuslav **22** C3
Bohodoukhiv **22** B4
Bohol **31** B3
Bois, Lac des **41** E5
Bois-le-Duc **15** C4
Boise **42** C3
Boizenburg **14** B4
Bojarka **21** E4
Boké **36** C2
Boksitogorsk **21** A5
Bol **36** C5
Bolbec **8** B4
Bolekhov **22** C1
Bolgatanga **36** C3
Bolhrad **22** E3
Bolivar **43** D8
Bolivie **46** D4
Bollène **9** D6
Bollon **49** B4
Bolnissi **23** D3
Bologne **13** B5
Bologoye **21** B5
Bolsward **15** A4
Boltaña **11** A6
Bolu **19** A2
Bolvadin **19** B2
Bolzano **13** A4

Bom Jesus De Lapa 46 D6
Boma 38 A1
Bomaderry 49 C5
Bombay 32 D4
Bomi 37 D3
Bon, Cap 4 D3
Bonaduz 15 G4
Bonaire 45 B3
Bonarbridge 12 B4
Bonavista 41 E7
Boncourt 15 F2
Bondo 37 D3
Bondoukou 36 D3
Bone, Golfe de 31 C3
Bongo, Monts des 33 D5
Bongor 37 C2
Bonifacio 9 F7
Bonn 14 C2
Bonne-Espérance, Cap 38 D1
Bonneville 7 C7 8 C7
Bonnieux 9 E6
Boom 15 C3
Boomi 49 B4
Boothia, Golfe de 41 C6
Boppard 14 C2
Boquillas del Carmen 44 A4
Bor, Biélorussie 21 D4
Bor, Rép. Tchèque 17 D1
Bor, Soudan 37 D4
Bor, Turquie 19 B3
Bor, Yougoslavie 18 B3
Borås 16 D5
Borbrka 22 C2
Borchtchev 22 C2
Borculo 15 B5
Bordeaux 6 B2 7 D3 9 D3
Borders 12 C5
Bordertown 49 C4
Bordheyri 16 B1
Bordj El-Hattaba 35 B6
Bordj-Bou-Arreridj 35 A5
Bordj-Omar-Idriss 35 C5
Borga 21 A3
Borgarnes 16 B1
Borge 16 A5
Borger, État-Unis 42 D6
Borger, Pays Bas 15 B5
Borgholm 16 D5
Borgnesse, Pointe 10 C2
Borislav 22 C1
Borisov 21 C4
Borja 11 B5
Borjomi 23 D2
Borkça 23 D1
Borken 14 C2
Borkovitchi 21 C4
Borkum 15 A5
Borlänge 16 C5
Bormes-les-Mimosas 9 E7
Borna 14 C5
Bornéo 31 B2
Bornholm 16 E5
Borodianka 22 B3
Boroloola 49 A3
Boromo 36 C3
Boron'ki 21 D5
Borovitchi 20 D4
Borovskoï 24 A3
Bort-les-Orgues 9 D5
Borujerd 26 B4
Boryspil 22 B3
Borzna 22 B4
Bosanski Novi 18 B2
Bosaso 37 C5
Bosna 18 B2
Bosnie 18 B2
Bosnie-Herzégovine 18 C2
Bosphore, Détroit du 19 A2
Bossangoa 37 D2

Bosso 36 C5
Bosten Hu 29 A2
Boston, État-Unis 43 C12
Boston, Royaume-Uni 12 D6
Botevgrad 18 C3
Botlikh 23 C4
Botnie, Golfe de 16 C6
Dotosani 10 D4
Botswana 38 C2
Bottineau 42 B6
Bou-Ahmed 35 A2
Bou-Arfa 35 B3
Bou-Izakarn 35 C1
Bou-Kadir 35 A4
Bou-Saâda 35 A5
Bouaké 36 D3
Bouânane 35 B3
Bouar 37 D2
Boubiyan 26 C4
Bouches-du-Rhône 7 E6 9 E6
Boucmany 21 E4
Bouda 22 A4
Bouda-Kochelevo 21 D4
Boudenib 35 B3
Boudry 15 G1
Boufarik 35 A4
Boug 22 D3
Bougainville 48 C2
Bougouni 36 C3
Bouillante 10 E1
Bouillon 15 E4
Bouïnaksk 23 C4
Bouïnovitchi 21 E4
Bouïra 35 A4
Boujad 35 B2
Boujdour 35 B2
Boukatchatcha 20 D12
Boukhara 24 D3
Boulaïevo 24 A4
Boulay-Moselle 7 B7 8 B7
Boulder 42 D5
Boulder City 42 D4
Boulemane 35 B2
Boulia 49 B3
Boulogne, R. 8 C3
Boulogne-Billancourt 7 B5
Boulogne-sur-Mer 8 A4
Bouloupari 10 M5
Boumaine 35 B2
Bouna 36 D3
Bourail 10 M4
Bouraydah 26 C3
Bourbon-l'Archambault 8 C5
Bourbon-Lancy 8 C5
Bourem 36 C3
Bourg-en-Bresse 7 C6 8 C6
Bourg-Leopold 15 C4
Bourg-Saint-Maurice 8 D7
Bourganeuf 8 D4
Bourges 6 B3 7 C5 8 C5
Bourgogne 7 C5
Bourgoin-Jallieu 9 D6
Bourgueil 8 C4
Bouriates d'Aginskoïe, DN des 20 D12
Bouriatie 20 D12
Bourke 49 C4
Bournemouth 8 A3
Bouroundaï 24 C4
Boussac 8 C5
Bout, Pointe du 10 B1
Boutchatch 22 C2
Boutilimit 36 C2
Boutourlinovka 22 B6
Bouzka 21 D4
Bovalino 13 E7
Bovelone 13 B4
Bovigny 15 D4
Bowen 49 B4

Bowling Green 43 D9
Bowman 42 B6
Boxmeer 15 C4
Boxtel 15 C4
Boyabat 19 A3
Bozdogan 19 B2
Bozeman 42 B4
Bozoum 36 D5
Bözövä 19 B4
Bozüyük 19 B2
Bra 13 B2
Brabant 15 D3
Brabant-Septentrional 15 C3
Brac 18 C2
Bräcke 16 C4
Brad 18 B3
Bradenton 43 F10
Bradford 43 C11
Braga 11 B1
Bragança, Espagne 11 B2
Bragança Brésil 46 C6
Brahmapoutre 29 C2 32 B6
Braila 18 B4
Braine-l'Alleud 15 D3
Braine-le-Comte 15 D3
Brainerd 43 B8
Brake 14 B3
Bramsche 14 B3
Brancaleone Marina 13 F7
Branco 46 C4
Brandebourg 14 C5
Brandon 41 E5
Braniewo 17 A3
Brantôme 9 D4
Bras-Panon 10 A8
Brasilia 46 D5
Braslav 21 C3
Brasov 18 B4
Brate 16 D4
Bratislava 17 D2
Bratsk 20 D11
Braunau 13 A5
Brava 37 D5
Bravo del Norte 44 A3
Brawley 42 E3
Bray 12 D3
Bray, Pays de 6 A3
Brazzaville 38 A1
Brechin 12 B5
Brecht 15 C3
Breclav 17 D2
Brecon 8 A2
Breda 15 C3
Bredbyn 16 C6
Brède 8 A6
Bree 15 C4
Bregenz 13 A3
Bréhat 8 A6
Breil 15 G4
Brejo 46 C6
Brême 14 B3
Brême, Land 14 B3
Bremerhaven 14 B3
Bremerton 42 B2
Bremervörde 14 B3
Brenham 42 E7
Brenne 6 B3
Brescia 13 B4
Brésil 46 C5
Breskens 15 C3
Bressuire 7 C3 8 C3
Brest, Biélorussie 21 D2
Brest, France 7 B1 8 B1
Bretagne 7 B2
Breves 46 C5
Brewarrina 49 B4
Brezice 18 B1
Brezina 35 B4
Brezno 17 D3
Bria 37 D2
Briançon 7 D7 9 D7
Briansk 20 D4
Briare 8 C5

Bridgeport, Nebraska 42 C6
Bridgeport, New York 43 C12
Bridgetown, Australie 49 C1
Bridgetown, Barbade 45 R4
Bridgwater 12 E5
Bridlington 12 C6
Brie-Comte-Robert 7 B5
Brielle 15 C3
Brienne-Le-Château 8 B6
Brienz 15 G3
Briey 7 B6 8 B6
Brigham City 42 C4
Brighton 12 E6
Brignoles 7 E7 9 E7
Brigue 15 G2
Brikama 36 C2
Brindisi 13 D7
Brioude 7 D5 9 D5
Brioux 8 C3
Brisbane 49 B5
Bristol 12 E5
Bristol, Canal de 12 E5
Britanniques, Îles 4 B2
Brive-la-Gaillarde 7 D4 9 D4
Briviesca 11 A4
Brno 17 D2
Brooch 32 C4
Broad Arrow 49 C2
Brochet 41 D5
Brodnica 17 B3
Brody 21 E3
Broja 21 D4
Broken Blow 42 C7
Broken Hill 49 C4
Brokopondo 46 B5
Brome 14 B4
Brønderslev 16 D4
Brønnøysund 16 B5
Bronte 13 F6
Brookhaven 43 E8
Brookings 42 C7
Brooks, Chaîne de 39 A2
Broom 49 A2
Brora 12 A5
Brovary 21 E4
Brown Reef 31 A5
Brownfield 42 E6
Brownsville 42 F7
Brownwood 42 E7
Bruchsal 14 D3
Bruck 13 A5
Bruges 15 C2
Bruneau 42 C3
Brunei 28 D6
Brunico 13 A4
Brunsbüttel 14 B3
Brunswick, Allemagne 14 B4
Brunswick, État-Unis 43 E10
Bruxelles 15 D3
Bryan 42 E7
Brzeg 17 C2
Buala 48 C5
Bucak 19 B2
Bucakkisla 19 B3
Bucaramanga 46 B3
Bucarest 18 B4
Buchanan 36 D3
Buchans 41 E7
Bucher 26 C5
Büchholz in der Nordheide 14 B3
Buckinghamshire 12 E6
Budapest 17 E3
Budduso 13 D3
Büdelsdorf 14 A3
Búdhardalur 16 B1
Büdingen 14 C3
Buéa 37 D1

Buenaventura, Colombie 46 B3
Buenaventura, Mexique 44 A3
Buenos Aires 47 C3
Buenos Aires, Lac 47 D1
Buffalo, Dak. du S. 42 B6
Buffalo, New York 43 C11
Buffalo, Wyoming 42 C5
Bug 17 B4
Bugdorf 15 F2
Bugojno 18 B2
Bujumbura 38 A2
Bukama 38 A2
Bukittinggi 31 C1
Bukoba 38 A3
Bülach 15 F3
Bulanik 19 B5
Bulawayo 38 C2
Bulgan 29 A4
Bulgarie 18 C4
Bulhar 37 C5
Bulhead City 42 D4
Bulle 15 G2
Buller 49 D7
Bulloo Downs 49 B4
Bulo Burti 37 D5
Bumba 37 D3
Bunbury 49 C1
Buncrana 12 C3
Bundaberg 49 B5
Bundi 32 B5
Bundoran 12 C2
Bungo, Détroit de 30 C3
Bunia 37 D4
Bünyan 19 B3
Burao 37 D5
Buraimi 26 D6
Burdur 19 B2
Burdwan 32 C7
Bureå 16 B6
Burg, All., Saxe-Anh. 14 B4
Burg, All., Schl.-Holst. 14 A3
Burgas 5 C6
Burgenland 13 A7
Burghausen 14 D5
Burghead 12 B5
Burgos 11 A4
Burgsteinfurt 14 B2
Burgsvik 16 D6
Burhanpur 32 C5
Burketown 49 A3
Burley 42 D6
Burlington, Iowa 43 C8
Burlington, Vermont 43 C12
Burnham-on-Sea 8 A2
Burnley 12 D5
Burns 42 C3
Burravoe 12 A6
Burrel 18 C2
Burriana 11 C5
Bursa 19 A2
Burträsk 16 B6
Buru 31 C4
Burundi 38 A2
Buryn' 34 E5
Busalla 13 B3
Busko-Zdrój 17 C3
Busselton 49 C1
Bussum 15 B4
Bustamante 44 B4
Buta 37 D3
Butaritari 48 B3
Butler 43 C11
Butte 42 B4
Butuan 31 B4
Butung 31 C3
Bützow 14 B4
Buxtehude 14 B3
Buyr, Lac 29 A5

Buzançais 8 C4
Buzau 18 B4
Byala 18 C4
Bydgoszcz 17 B2
Bygland 16 D4
Bykhov 21 D4
Bykle 16 D4
Bypi 23 B1
Bytchykha 21 C4
Bytów 17 A2
Byvalki 21 E4
Bzybskiy 23 B1

C

Ca 31 A1
Caazapá 47 B3
Caballero 46 E5
Cabañaquinta 11 A3
Cabanatuan 31 A3
Cabinda 38 A1
Cabo Corrientes 44 C3
Cabo Falso, Honduras 46 A2
Cabo Falso, Mexique 44 C2
Cabora Bassa, Lac de 38 B3
Cabourg 8 B3
Cabra del Santo-Cristo 11 D4
Cacak 18 C3
Cáceres, Brésil 46 D5
Cáceres, Espagne 11 C2
Cachoeiro de Itapemirim 46 E6
Caconda 38 B1
Cadaqués 11 A7
Cadca 17 D3
Cadereyta 44 B4
Cadillac, État-Unis 43 C9
Cadillac, France 9 D3
Cadix 11 D2
Cadix, Golfe de 35 A2
Caen 6 A2 7 B3 8 B3
Caernarvon 12 D4
Caetité 46 D6
Cagayan de Oro 31 B3
Cagliari 13 E5
Caguas 45 B3
Cahirciveen 12 E1
Cahors 6 B3 7 D4 9 D4
Cahul 22 E3
Caicó 46 C7
Caillac 8 B2
Caïques, Îles 45 A3
Cairns 49 A4
Cairo 43 D9
Cajamarca 46 C3
Cajàzeiras 46 C7
Çal 19 B2
Çala 19 A5
Cala d'Oliva 13 D3
Calabar 36 D4
Calabre 13 E7
Calais, État-Unis 43 B13
Calais, France 7 A4 8 A4
Calama 47 B2
Calamianes, Îles 31 A3
Calamocha 11 B5
Calañas 11 D2
Calanda 11 B5
Calapan 31 A3
Calarasi, Moldavie 22 D3
Calarasi, Roumanie 18 B4
Calasparra 11 C5
Calatayud 11 B5
Calcutta 32 C7
Caldas da Rainha 11 C1
Çaldiran 19 B5
Caldwell 42 C3
Calgary 41 D4
Calicut 32 E5
Californie 42 D3

Calitri 13 D6
Calkiní 44 C7
Callan 12 D3
Callantsoog 15 B3
Callao 46 D2
Calore 13 D6
Caloundra 49 B5
Calpe 11 C6
Calvados 7 B3 8 B3
Calvello 13 D6
Calvi 7 E7 9 E7
Calvia 11 C7
Calvinia 38 D1
Camacho 44 B4
Camagüey 45 A2
Camaná 46 D3
Camaran 26 E3
Camaret 8 B1
Camarones 47 C3
Cambay 32 C4
Cambodge 31 A1
Cambrai 8 A5
Cambria 42 D2
Cambridge, N.- Z. 49 C7
Cambridge, R.-U. 12 D7
Cambridge Bay 41 C5
Cambridgeshire 12 D6
Cambrils 11 B6
Camden 49 C5
Çameli 19 B2
Camerino 13 C5
Cameroun 37 D2
Cameroun, Mont 33 D3
Cametá 46 C6
Camiranga 46 C6
Camiri 46 E4
Camooweal 49 A3
Camopi 10 D8
Camopi, R. 10 D8
Campanario 11 C3
Campanie 13 D6
Campbell River 41 D4
Campbelton 12 C4
Campbeltown 12 C4
Campeche 44 D7
Campeche, État féd. 44 D7
Campeche, Golfe de 39 D5
Campillo de Altobuey 11 C5
Campillos 11 D3
Campina Grande 46 C7
Campinas 46 E6
Campo Grande 46 E5
Campo Serio 46 C3
Campobasso 13 D6
Campos 46 E6
Camrose 41 D4
Çan 19 A1
Can Tho 28 D5
Canada 41 C5
Canakkale 19 A1
Canal Royal 12 D3
Canala 10 B5
Cananea 44 A2
Canarie, Grande 36 B2
Canaries, Îles 34 B1
Canathlán 44 B3
Canaveral, Cap 43 F10
Canberra 49 C4
Cancale 8 B3
Cancer, Tropique du 1 C2
Cancún 44 C8
Candás 11 A2
Cañete 46 D2
Cangas de Narcea 11 A2
Cangzhou 29 B5
Caniapiscau 41 D7
Canipole 44 B2
Canjáyar 11 D4
Çankiri 19 A3
Çankırı 19 A3
Cannanore 32 E5
Cannes 9 E7
Canon City 42 D5

Canouan 45 B4
Cantabrie 11 A3
Cantabriques 6 C2
Cantabriques, Monts 4 C2
Cantal 7 D5 9 D5
Cantal, Monts du 6 B3
Cantalejo 11 B4
Cantanhede 11 B1
Canterbury 12 E7
Canton, Chine 28 B6
Canton, État-Unis 43 C10
Canutama 46 C4
Cao Bang 31 A2
Cap Coast 36 D3
Cap Ferré 10 C2
Cap-Ferret 9 D3
Cap-Haïtien 45 B3
Cap-Vert 36 C1
Caparica 11 C1
Capbreton 9 E3
Cape Charles 43 D11
Cape Coral 43 F10
Capellen 15 B4
Capelongo 38 B1
Capenda Camulemba 38 A1
Capesterre 10 F2
Capitol Hill 48 B2
Capo d'Orlando 13 E6
Capricorne, Canal du 49 B5
Capricorne, Tropique du 1 F1
Capristello 13 D5
Captieux 9 D3
Caracaraí 46 B4
Caracas 46 A4
Caraïbes, Mer des 45 B3
Caransebes 18 B3
Caratinga 46 E6
Carauari 46 C4
Caravelas 46 D7
Carbondale 43 D9
Carcans 9 D3
Carcassonne 7 E5 9 E5
Cárdenas, Cuba 45 A2
Cárdenas, Mex., S. Luis Pot. 44 C5
Cárdenas, Mex., Tab. 44 D6
Cardiff 12 E5
Cardigan 12 D4
Cardone 11 B6
Carei 18 B3
Carélie 20 C4
Carey, Lac 49 B2
Cargèse 9 E7
Carhaix-Plouguer 8 B2
Cariati 13 E7
Caribou 43 B13
Carichic 44 B3
Cariñena 11 B5
Carini 13 E5
Carinthie 13 A5
Carlet 11 C5
Carlisle 12 C5
Carlow 12 D3
Carlow, Comté 12 D3
Carlsbad 42 E6
Carmarthen 12 E4
Carmeaux 9 D5
Carmelita 44 D7
Carmen 44 B2
Carmona 11 D3
Carnarvon 49 B1
Carndonagh 12 C3
Carnegie, Lac 49 B2
Carnot 37 D2
Carolina 46 C6
Caroline du Nord 43 D10
Caroline du Sud 43 E10
Carolines, Îles 48 B2
Caroni 46 A4
Carpates 4 C4
Carpentarie, Golfe de 49 A3

Carpentras 7 D6 9 D6
Carpi 13 B4
Carrare 13 B4
Carrbridge 12 B5
Carriacou 45 B4
Carrick-on-Shannon
  12 D3
Carrick-on-Suir 12 D3
Carrickmacross 12 D3
Cavian 11 C2
Lårrington 42 B7
Carrión 11 B3
Carrizo Springs 42 F7
Çarşamba 19 A4
Carson City 42 D3
Cartagena 46 A3
Cartago 46 B2
Carthage, État-Unis
  43 E8
Carthage, Tunisie 35 A6
Carthagène 11 D5
Cartier 49 A2
Cartwright 41 D7
Carutapera 46 C6
Casa de Janos 44 A2
Casa Grande 42 E4
Casablanca 35 B2
Cascades, Chaîne des
  39 B3
Cascades, Pointe des
  10 B8
Cascavel 47 B3
Case-Pilote 10 B1
Laserte 13 D6
Casino 49 B5
Caspe 11 B5
Casper 42 C5
Caspienne, Mer 20 E5
Cassian 41 D3
Cassino 13 D5
Cassis 9 E6
Casteljaloux 9 D4
Castelnaudary 9 E5
Castellamonte 13 B2
Castellane 7 E7 9 E7
Castellón de la Plana
  11 C5
Castellote 11 B5
Castelnaudary 9 E5
Castelo Branco 11 C2
Castelo de Vide 11 C2
Castelsarrasin 7 D4
  9 E4
Castelvetrano 13 F5
Castets 9 E3
Castille, Plateau de 4 C2
Castille-et-León 11 B3
Castille-La Manche
  11 C4
Castle Douglas 12 C5
Castlebar 12 D2
Castres 7 E5 9 E5
Castricum 15 B3
Castries 45 B4
Castro 47 D1
Castro Verde 11 D1
Castrojeriz 11 A3
Castropol 11 A2
Castrovillari 13 E7
Castuera 11 C3
Çat 19 B5
Cat, Île 45 A2
Çatak 19 B5
Çatalca 19 A2
Catalogne 11 B7
Catamarca 47 B2
Catana 13 F6
Catanduanes 31 A3
Catane 5 D5
Catanzaro 13 E7
Catarman 31 A3
Catbalogan 31 A3
Cato 49 B5
Cattenom 8 B7
Cauca 40 C3
Caucase 4 C5
Caudebec 8 B4
Cauquenes 47 C1

Causeni 22 D3
Caussade 9 E4
Cauterets 9 E3
Cauvery 32 E5
Caux, Pays de 6 A3
Cavalcante 46 D6
Cavan 12 D3
Cavan, Comté 12 D3
Cavião 11 C2
Caxias 46 C6
Caxias do Sul 47 B3
Caxito 44 D4
Çay 19 B2
Cay Verde 45 A2
Çayeli 19 A5
Cayenne 10 D8
Çayirli 19 B5
Cayo Largo 45 A2
Cayo Romano 45 A2
Cayos de San Felipe
  45 A1
Cayos Miskitos 46 A2
Cazaux, Étang de 6 B2
Cazin 18 B1
Cazorla 11 D4
Ceadar-lunga 22 E3
Ceará 46 C7
Cébaco 46 B2
Cebreros 11 B3
Cebu 31 A3
Cebul 28 C7
Cecina 13 C4
Ceclavin 11 C2
Cedar City 42 D4
Cedar Rapids 43 C8
Cedra 44 C8
Cedros 44 A1
Ceduna 49 C3
Cefalu 13 E5
Cegléd 17 E3
Cehegín 11 C5
Çekrek 19 A3
Celanova 11 A2
Célèbes 28 E7
Célèbes, Mer de 31 B3
Celikhan 19 B4
Cella 11 B5
Celldömölk 17 E2
Celle 14 B4
Çemişgezek 19 B4
Cendrawasih, Golfe de
  31 C5
Centrafrique 37 D2
Centre, France 7 C4
Centre, Royaume-Uni
  12 B4
Céphalonie 18 D3
Cerbère 9 E5
Cère 9 D5
Cerea 13 B4
Céret 7 E5 9 E5
Cerignola 13 D6
Cerizay 8 C3
Çerkes 19 A3
Çerkezköy 19 A1
Cerralvo 44 B5
Cerralvo, Île 44 B2
Cerritos 44 C4
Cerro Azul 44 C5
Cerro de Pasco 46 D3
Cerro Tres Picos 40 G4
Cervera 11 B6
Cervera de Pisuerga
  11 A3
Cervia 13 C4
Cesis 21 B3
Ceske Budejovice 17 D2
Cesvaine 21 B3
Cetinje 18 C2
Çetinkaya 19 B4
Cevio 15 G3
Cevizli 19 B2

Ceyhan 19 B3
Ceylan 27 D3
Ceylanpinar 19 B5
Chaartouz 24 D3
Chabanais 8 D4
Chablis 8 C5
Chachapoyas 46 C3
Chadron 42 C6
Chakhrisabz 24 D3
Chaki 23 D4
Chalais 9 D4
Chali 23 D3
Chalkis 18 D3
Challans 8 C3
Challis 42 C4
Chalon-sur-Saône 7 C6
  8 C6
Châlons-en-Champagne
  7 B6 8 B6
Chalus 26 A5
Chålus 8 D4
Cham 14 B5
Chama 38 B3
Chamakhy 23 E5
Chaman 32 A3
Chambal 32 B5
Chambéry 6 B4 7 D7
Chamical 47 C2
Chamkir 23 E4
Chamonix 8 D7
Champagne 6 A4
Champagne-Ardenne
  7 B6
Champagnole 8 C6
Champaign 43 C9
Champex 15 G2
Champotón 44 D7
Champs-sur-Marne 7 B5
Chañaral 47 B1
Chanca 11 D2
Chancy 15 G1
Chandigarh 32 A5
Chandigarh, Prov. 32 A5
Chandrapur 32 C5
Changbai 30 A2
Changchun 29 A6
Changde 29 C5
Changhung 30 C2
Changji 29 A3
Changjiang 28 A4
Changsha 29 C5
Changwu 29 B4
Changyon 30 B1
Changzhi 29 B5
Changzhou 29 B5
Channel Islands 12
Channel-Port-aux-B.
  41 E7
Chantada 11 A2
Chantar 20 D14
Chantilly 8 B5
Chantonnay 8 C3
Chaouen 35 A2
Chapala 44 C4
Chapecó 47 B3
Charcas 44 C4
Charente 7 D4 8 D4
Charente, R. 6 B2 7 D3
Charente-Maritime 7 D3
  8 D3
Chari 37 C2
Charikar 24 A8
Charleroi 8 A6
Charles City 43 C8
Charleston, Car. du S.
  43 E11
Charleston, Virg. Occ.
  43 D10
Charleville 49 B4
Charleville-Mézières 7 B6
  8 B6
Charlieu 8 C6
Charlotte 43 D10
Charlotte Amalie 45 B4
Charlottesville 43 D11

Charlottetown 41 E7
Charmes 8 B7
Charmey 15 G2
Charolles 7 C6 8 C6
Charour 22 D3
Charovka 22 C4
Charters Towers 49 B4
Chartres 6 A3 7 B4
Charyk 24 B4
Chasong 30 A2
Chastre 15 D3
Château-Chinon 7 C5
  8 C5
Chateau-d'Oex 15 G2
Château-du-Loir 8 C4
Château-Gontier 7 C3
  8 C3
Château-Salins 7 B7
  8 B7
Château-Thierry 7 B5
  8 B5
Châteaubriant 7 C3
  8 C3
Châteaudun 7 B4 8 B4
Châteaulin 7 B1 8 B1
Châteaumeillant 8 C5
Château-Renault 8 C4
Châteauroux 6 B3 7 C4
Châtelet 15 D3
Châtelguyon 8 D5
Châtellerault 7 C4 8 C4
Châtillon-sur-Seine 8 C6
Chatsk 21 D3
Chattanooga 43 D9
Chaude-Aigues 9 D5
Chauffailles 8 C6
Chaumont 6 A4 7 B6
Chauny 8 B5
Chauvigny 8 C4
Chaves 11 B2
Chavornay 15 G1
Cheb 17 C1
Chebba 35 A6
Cheboygan 43 B10
Chechaouen 30 B2
Cheddar 12 F5
Cheildag 23 E5
Cheju 30 C2
Cheju, Prov 30 C2
Chelan 42 B2
Cheliff 33 A3
Chelm 17 C4
Chelmno 17 B3
Chelmsford 12 E7
Chelva 11 C5
Chemaïa 35 B1
Chemnitz 14 C5
Chenachane 35 C2
Chengde 29 A5
Chengdu 29 B4
Chepetivka 22 B2
Cher 7 C5 8 C4
Cher, R. 6 B3 7 C4
  8 C4
Cherabad 24 D3
Cherbourg 7 B3 8 B3
Cherchell 35 A4
Cherechevo 21 D3
Cheshire 12 D5
Chester 12 D5
Chesterfield 12 D6
Chesterfield Inlet 41 C5
Chesterfield, Îles 49 A5
Chetcherbakty 24 A4
Chetpe 24 C2
Chetumal 44 D7
Cheverny 8 C4
Cheyenne 42 C6
Chhindwara 32 C5
Chiang Mai 31 A1
Chiang Rai 31 A1
Chiange 38 B1
Chiangmai 28 C4
Chiapas 44 D7
Chiasso 15 H4
Chiba 30 C5
Chibeli 37 D5

Chibougamau 41 E6
Chibuto 38 C3
Chicago 43 C9
Chicagof, Île 41 D3
Chichester 12 E6
Chichibu 30 B5
Chickasha 42 D7
Chiclayo 46 C3
Chico 42 D2
Chicomo 38 C3
Chicomuselo 44 E6
Chicoutimi 41 E6
Chieti 13 C6
Chiguana 46 E4
Chihuahua 44 A3
Chihuahua, État, Brésil 44 A3
Chikuma 30 B5
Chilapa 44 D5
Chilas 32 A4
Childress 42 E6
Chile Chico 47 D1
Chili 47 B1
Chilka 29 A5
Chillán 47 C1
Chillicothe, É.-U., Misso. 43 D8
Chillicothe, É.-U., Ohio 43 D10
Chiloé 40 H3
Chiloé, Île de 47 D1
Chilpancingo 44 D5
Chimaltenango 46 A1
Chimanovsk 20 D13
Chimay 15 D3
Chimborazo 40 D3
Chimbote 46 C3
Chimkent 24 C3
China 44 B5
Chinandega 46 A2
Chinchilla 49 B5
Chinchón 11 B4
Chindu 29 B3
Chindwin 32 B9
Chine 29 B4
Chine mérid., Mer de 27 D6
Chine orientale, Mer de 27 B7
Chinelnikovo 22 C4
Chingola 38 B2
Chinguetti 36 B2
Chinhae 30 C2
Chinju 29 B6
Chinkolobwe 38 B2
Chinon 7 C4 8 C4
Chiny 15 E4
Chio 18 D4
Chio, Île 18 D4
Chipadas dos Parecis 40 E5
Chipata 38 B3
Chipoka 38 B3
Chiquimula 46 A1
Chiraz 26 C5
Chire 38 B3
Chirpan 18 C4
Chirvan 26 A6
Chisinau 22 D3
Chitradurga 32 E5
Chitral 32 A4
Chitré 46 B2
Chittagong 32 C8
Chittoor 32 E5
Chiusi 13 C4
Chivasso 13 B2
Chklov 21 C4
Chkotovo 30 A3
Chodziez 17 B2
Choele-Choel 47 C2
Choiseul 48 C2
Choix 44 B2
Chojnice 17 B2
Cholet 7 C3 8 C3
Choluteca 46 A2
Choma 38 B2

Chomutov 17 C1
Chon Buri 31 A1
Chonan 30 B2
Chonchon 30 A2
Chongjin 30 A2
Chongju, Corée du Nord 30 B1
Chongju, Corée du Sud 30 B2
Chongqing 29 C4
Chongup 30 C2
Chongyang 29 C5
Chonju 30 C2
Chorwon 30 B2
Chos-Malal 47 C1
Chosan 30 A1
Choshi 30 C5
Chostka 22 B4
Choteau 42 B4
Chott Ech-Chergui 35 A4
Chott El Djerid 35 B6
Chott El-Hodna 35 A5
Chott Fejaj 35 B6
Chott Gharsa 35 A5
Chott Melrhir 35 A5
Choubarkoudouk 24 B2
Choucha 23 F4
Choumilino 21 C4
Chov 24 C1
Choybalsan 29 A5
Chpola 22 C3
Christalandia 46 D6
Christchurch 49 D7
Christinovka 22 C3
Chrudim 17 C2
Chtchors 22 B3
Chtchoutchinsk 24 A4
Chtchoutchin 21 D3
Chubu 30 C4
Chubut 47 D2
Chubút 40 H4
Chugoku 30 C3
Chumphon 31 A1
Chunchon 30 B2
Chunghsing 29 C6
Chungju 30 B2
Chungsan 30 B1
Chunhuhub 44 D7
Churchill 41 D5
Churchill Falls 41 D7
Churchill, R 41 D5
Churu 32 B4
Chuuk 48 C2
Chuxiong 29 C4
Chypre 25 B1
Ciampino 13 D5
Cide 19 A3
Ciechanów 17 B3
Ciechocinek 17 B3
Ciego de Avila 45 A2
Cienfuegos 45 A2
Cieza 11 C5
Çifteler 19 B3
Çihanbeyli 19 B3
Cihuatlán 44 D3
Cilaos 10 B7
Çildir 23 D2
Çildir 19 A5
Çildir, Lac 23 D2
Cimpina 18 B4
Çinar 19 B5
Cinca 9 F4
Cincinnati 43 D10
Çine 19 B5
Ciney 15 D4
Cintalapa 44 D6
Circle 41 C3
Cirebon 31 C2
Ciriè 9 D7
Cisjordanie 25 E5
Cistierna 11 A3
Citlaltepetl 1 C2
Citron 10 D8
Ciudad 44 C3
Ciudad Bolívar 46 B4
Ciudad Camargo 44 B3
Ciudad de Valles 44 C5

Ciudad del Carmen 44 D7
Ciudad Guzmán 44 D4
Ciudad Jiménez 44 B3
Ciudad Juárez 44 A3
Ciudad Madero 44 C5
Ciudad Mante 44 C5
Ciudad Obregón 44 B2
Ciudad Real 11 C3
Ciudad Río Bravo 44 B5
Ciudad Rodrigo 11 B2
Ciudad Victoria 44 C5
Ciudadela 11 B7
Civitavecchia 13 C4
Civray 8 C4
Çivril 19 B2
Cizre 19 B5
Clain 8 C4
Clamecy 7 C5 8 C5
Clamorgan-Sud 12 E5
Clare 12 B1
Claremorris 12 B2
Clarión 44 D1
Clarksdale 43 E8
Clarksville 43 D9
Clay Belt 39 B5
Clayton 42 D6
Clearwater 43 F10
Clément 10 D8
Clermont, Australie 49 B4
Clermont 7 B5 8 B5
Clermont-Ferrand 7 D5 8 D5
Clermont-l'Hérault 9 E5
Clervaux 15 D5
Cleve 49 C3
Cleveland, É.-U., Ohio 43 C10
Cleveland, É.-U., Tenn. 43 D10
Cleveland, É.-U., Missis. 43 E8
Cleveland, R.-U. 12 C6
Clevelandia do Norte 46 B5
Clifden 12 D1
Clifton 42 E5
Clinton, Missouri 43 D8
Clinton, Oklahoma 42 D7
Cliperton, Île 2 D3
Clisson 8 C3
Clitchigny 22 B5
Clonakilty 12 E2
Cloncurry 49 B4
Clonmel 12 D3
Cloppenburg 14 B3
Clorinda 47 B5
Clovis, Californie 42 D3
Clovis, Nouv.-Mex. 42 E6
Cluj 5 C6
Cluj-Napoca 18 B3
Cluny 8 C6
Cluses 8 C7
Clwyd 12 D5
Clyde, Golfe de 12 C4
Clyde, R. 12 C5
Coahuila 44 B4
Coari 46 C3
Coatepec 44 D5
Coatzacoalcos 44 D6
Cobalt 41 E6
Cobán 46 A1
Cobar 49 C4
Cobh 12 E2
Cobija 46 D4
Coblence 14 C2
Coburg 14 C4
Cochabamba 46 D4
Cochin 32 G3
Cochrane 41 E6
Coco 40 D7
Cocos, Îles 2 E10
Cod, Cap 43 C13
Codó 46 C6
Codrington 45 B4

Cody 42 C5
Coen 49 A4
Cœur d'Alene 42 B3
Coevorden 15 B5
Coff's Harbour 49 C5
Coffeyville 43 D7
Cognac 7 D3 8 D3
Cogolludo 11 B4
Coihaique 47 D1
Coimbatore 32 E5
Coimbra 11 B1
Coin 11 D3
Coire 15 G4
Colac 49 C4
Colby 42 D6
Colchester 12 E7
Coleraine 12 C3
Colibris, Pointe des 10 E2
Colima 44 D3
Colima, État, Mexique 44 D4
Colinas 46 C6
Collado Villalba 11 B3
College Station 42 E7
Collioure 9 F5
Collooney 12 C2
Colmar 7 B7 8 B7
Colmenar Viejo 11 B4
Cologne 14 C2
Colombey-les-Deux-Égl. 8 B6
Colombie 46 B3
Colombie-Britannique 41 D4
Colombo 32 F5
Columbus 43 C10
Colón, Cuba 45 A2
Colón, Panamá 46 B3
Colón, Archipel de 40 C1
Colonia 48 B1
Colorado 42 D5
Colorado, R., Argentine 47 C2
Colorado, R., État-Unis 42 D4
Colorado Springs 42 D6
Colotlán 44 C4
Columbia, Car. du S. 43 E10
Columbia, Missouri 43 D8
Columbia, Tennessee 43 D9
Columbia, R., Canada 41 D4
Columbia, R., État-Unis 42 B3
Columbus, Géorgie 43 E10
Columbus, Indiana 43 D9
Columbus, Mississippi 43 E9
Columbus, Nebraska 42 C7
Colville 42 B3
Comalcalco 44 D6
Comayagua 46 A2
Combeaufontaine 8 C6
Combourg 8 B3
Côme 13 B3
Côme, Lac de 13 A3
Commercy 7 B6 8 B6
Comodoro Rivadavia 47 D2
Comoé 36 D3
Comores 38 B4
Comotini 18 C4
Compiègne 7 B5 8 B5
Comps 9 E7
Comrat 22 D3
Comté 10 D8
Comundú 44 B2
Conakry 36 D2
Concarneau 8 C2
Conceição 46 C5

Conceição do Araguaia 46 C6
Concepción, Bolivie 46 D4
Concepción, Chili 47 C1
Concepción, Paraguay 47 B3
Concepción de Uruguay 47 C3
Conches 8 B4
Conchos 44 A3
Concise 15 G1
Concord 43 C12
Concordia, Argentine 47 C3
Concordia, État-Unis 42 D7
Concordia, Pérou 46 C3
Condamine 49 B4
Condé-sur-Noireau 8 B3
Condobolin 49 C4
Condom 7 E4 9 E4
Confolens 7 C4 8 C4
Congo 38 A1
Congo (Rép. dém. du) 38 A2
Congo (Zaïre), R. 37 D3 38 A1
Connecticut 43 C12
Conques 9 D5
Conroe 43 E7
Consett 12 C6
Conotonoc 15 F4
Constance, Lac de 15 F4
Constanta 18 B5
Constantina 11 D3
Constantine 35 A5
Constitución 47 C1
Contarine 13 B5
Conversano 13 D7
Conway 43 D8
Coober Pedy 49 B3
Cook 49 C3
Cook, Îles 48 C4
Cooktown 49 A4
Cooladdi 49 B4
Coolgardie 49 C2
Cooma 49 C4
Coonamble 49 C4
Coorabie 49 C3
Coos Bay 42 C2
Cootehill 12 C3
Copenhague 16 E5
Copiapó 47 B1
Coppermine 41 C4
Corail, Mer de 49 A5
Coral Rapids 41 D6
Corbeil-Essonne 7 B5
Corbières 6 C3
Corbigny 8 C5
Corbin 43 D10
Cordele 43 E10
Cordenons 13 A5
Cordes 9 D5
Córdoba, Argentine 47 C2
Cordogno 13 B3
Cordova 41 C3
Corée du Nord 30 A2
Corée du Sud 30 B2
Corella 11 A5
Corfield 49 B4
Corfou 18 D2
Corgo 11 A2
Coria 11 C2
Coria del Río 11 D2
Corigliano Calabro 13 E7
Coringa 49 A5
Corinth 43 E9
Corinthe 18 D3
Cork 12 E2
Cork, Comté 12 E2
Corleone 13 F5
Çorlu 19 A1
Corner Brook 41 E7

Cornesti 22 D3
Corning 43 C11
Cornouailles 12 E4
Coro 46 A4
Coroico 46 D4
Coronado, Baie de 46 B2
Corozal 46 A1
Corps 9 D7
Corpus Christi 42 F7
Corque 46 D4
Corrèze 7 D4 9 D4
Corrèze, R. 9 D4
Corrib, Lac 12 D2
Corrientes 47 B3
Corrientes, Cap 40 G5
Corse 7 E7
Corse, Cap 9 E7
Corse-du-Sud 9 F7
Corsicana 42 E7
Corte 7 E7 9 E7
Cortegana 11 D2
Cortez 42 D5
Cortina d'Ampezzo 13 A5
Cortland 43 C11
Coruche 11 C1
Çorum 19 A3
Corumbá 46 D5
Coruripe 46 D7
Corvallis 42 C2
Cosala 44 B3
Cosamaloapan 44 D6
Cosenza 13 E7
Cosne-Cours/Loire 7 C5 8 C5
Cossonay 15 G1
Costa Rica, Mexique 44 B3
Costa-Rica, État 46 B2
Côte-d'Or 6 B4 7 C6 8 C6
Côte-d'Ivoire 36 D3
Côteaux des Prairies 39 B4
Côteaux du Missouri 39 B5
Cotentin 6 A2
Côtes-d'Armor 7 B2 8 B2
Cotonou 36 D4
Cotopaxi 40 D3
Cottbus 14 C6
Cottonwood 42 E4
Coubre, Pointe de la 8 D3
Coulommiers 8 B5
Council Bluffs 43 C7
Courantyne 40 C5
Courroux 15 F2
Courseulles 8 B3
Courtrai 15 D2
Coutances 7 B3 8 B3
Coutras 9 D3
Couvin 15 D3
Coventry 12 D6
Covilhã 11 B3
Cowan, Lac 49 C2
Cowell 49 C3
Cowra 49 C4
Coxim 46 D5
Coyame 44 A3
Cozumel 44 C8
Craig 42 C5
Craiova 18 B3
Craon 8 C3
Crateús 46 C6
Crawley 8 A3
Creek 43 C9
Creel 44 B3
Crema 13 B3
Crémone 13 B4
Cres 18 B1
Crescent City 42 C2
Crest 9 D6
Crêt de la Neige 6 B4

Crète 18 E4
Crète, Mer de 18 E4
Créteil 7 B5 8 B5
Creuse 7 C4 8 C4
Creuse, R. 6 B3 7 C4 8 C4
Criciúma 47 B4
Crieff 12 B5
Crimée, Rép. aut. 22 E4
Criptana 11 C4
Croatie 18 B2
Crocq 9 D5
Croker 49 A3
Crooked Island Passage 45 A2
Crooked, Île 45 A3
Crookston 43 B7
Crotone 13 E7
Crowborough 8 A4
Croydon 49 A4
Crozet 2 G8
Crozon 8 B1
Cruillas 44 B5
Cruzeiro do Sul 46 C3
Cuajinicuilapa 44 D5
Cualedro 11 B2
Cuando 38 B2
Cuango 38 A1
Cuanza 38 A1
Cuatro Ciénegas 44 B4
Cuauhtémoc 44 A3
Cuba, État 45 A2
Cuba, Espagne 11 C2
Cubango 38 B1
Cuchi 38 B1
Cúcuta 46 B3
Cuddapah 32 E5
Cue 49 B2
Cuéllar 11 B3
Cuenca, Équateur 46 C3
Cuenca, Espagne 11 B4
Cuernavaca 44 D5
Cuglieri 13 D3
Cuiabá 46 D5
Cuilapa 46 A1
Cuito Cuanavale 38 B1
Culan 8 C5
Culebra 45 B4
Culgoa 49 B4
Culiacán 44 C3
Cullera 11 C5
Cullman 43 E9
Cumaná 46 A4
Cumberland 43 D11
Cumbrie 12 C5
Cumpas 44 A2
Çumra 19 B3
Cunene 38 B1
Cuneo 13 B2
Cunnamulla 49 B4
Cupra Marittima 13 C5
Curaçao 45 B3
Curicó 47 C1
Curitiba 47 B4
Curovici 21 D5
Currais Novos 46 C7
Curtis 11 A1
Curuzú Cuatiá 47 B3
Cuttack 32 C7
Cuxhaven 14 B3
Cuyk 15 C4
Cuzco 46 D3
Cwmbran 12 E5
Cyclades 18 D4
Cyrénaïque 33 A5
Cythère 18 D3
Czestochowa 17 C3
Czulchów 17 B2

D

D'atlovo 21 D3
Da Nang 31 A2
Da Qaidam 29 B3

Daba Shan 27 A5
Dabie Shan 27 A6
Dabrowa Górnicza 17 C3
Dachau 14 D4
Dachkassar 23 E3
Dachkovka 21 D4
Dadu 32 B3
Daet 31 A3
Dafang 29 C4
Daghestan 23 C4
Daguan 29 C4
Dahlak, Îles 37 C5
Daimiel 11 C4
Dajarra 49 B3
Dakar 36 C2
Dakha 32 C8
Dakhla, Égypte 37 B3
Dakhla, Maroc 36 B2
Dakota du Nord 42 B6
Dakota du Sud 42 C6
Dal Oriental 16 C5
Dalandzadgar 29 A4
Dalat 31 A2
Dalbandin 32 B2
Dalby, Australie 49 B5
Dalby, Suède 16 C5
Dalhart 42 D6
Dalian 29 B6
Dalías 11 D4
Dallas 42 E7
Dalle 37 D4
Dalnegorsk 29 A7
Daloa 36 D3
Daltenganj 32 C6
Dalton 43 E10
Daly, R. 49 A3
Daly River 49 A3
Daly Waters 49 A3
Daman 32 C4
Damanhur 37 A3
Damar 23 D1
Damas 25 C2
Damaturu 36 C5
Damghan 26 A5
Damiya 25 E5
Dammam 26 C5
Dammartin-en-Goële 7 B5
Dampier 49 B1
Damqawt 26 D5
Damvant 15 F2
Dandaragan 49 C1
Dandeldhura 32 B6
Dandong 29 A6
Daocheng 29 C4
Dapaong 36 C4
Daqing 29 A6
Dar al-Hamra 26 C2
Dar es Salaam 38 A3
Darab 26 C5
Darbhanga 32 B7
Darceli 23 C1
Dardanelles, Détroit des 19 A1
Darfour 33 C5
Dargan-Ata 24 C3
Dargaville 49 C7
Darjeeling 32 B7
Darlag 29 B3
Darling 49 C4
Darlington 43 E11
Darma 26 B4
Darmstadt 14 D3
Darnah 37 A3
Daroca 11 B5

Dartmouth 41 E7
Daru 48 C2
Daruvar 18 B2
Darvaza 24 C2
Darwin 49 A3
Dascian, Mont 33 C6
Dashtiari 26 C7
Dastakert 23 F4
Datça 19 B1
Datong 29 A5
Datteln 14 C2
Daugava 21 B3
Daugavpils 21 C3
Daun 8 A7
Davao 31 B4
Davatchi 23 D5
Davenport 43 C8
David 46 B2
David-Gorodok 21 D3
Davik 16 C3
Davis, Mer de 50 G5
Davos 15 G4
Dawadami 26 D3
Dawqa 26 E3
Dawrah 26 D6
Dawson 41 C3
Dawson Creek 41 D4
Dax 7 E3 9 E3
Dayr al Balah 25 E5
Dayton 43 D10
Daytona Beach 43 F10
De Aar 38 D2
De Grey 49 B1
De Grey, R. 49 B1
De Land 43 F10
De Ridder 43 E8
Deán Funes 47 C2
Deauville 8 B4
Debar 18 C3
Debica 17 C3
Deblin 17 C3
Débo, Lac 36 C3
Debre Markos 37 C4
Debrecen 17 E3
Decatur, Alabama 43 E9
Decatur, Illinois 43 D9
Decazeville 9 D5
Deccan 27 C2
Decize 8 C5
Dedoplis-Tskaro 23 D4
Dedovichi 21 B4
Dee 12 B5
Deer Lodge 42 B4
Degerby 21 A2
Deggendorf 14 D5
Degtari 21 E5
Dehri 32 C6
Deinze 15 D2
Deir ez Zor 25 B3
Dej 18 B3
Dekese 38 A2
Del Rio 42 F6
Delaware 43 D12
Delémont 15 F2
Delft 15 B3
Delfzijl 15 A5
Delgado, Cap 34 F7
Delhi 32 B5
Delhi, Province 32 B5
Delice 19 B3
Délices 10 D8
Delicias 44 A3
Delles 35 A4
Delmenhorst 14 B3
Delta, Alabama 42 D5
Delta, Utah 42 D4
Delta Junction 41 C3
Demer 15 C3
Demiansk 21 B5
Demidov 21 C4
Deming 42 E5
Demirci 19 B2
Demmin 14 B5
Demnate 35 B2
Dempo 27 E5
Denain 8 A5
Denau 24 D3

Denham 49 B1
Deniliquin 49 C4
Deniskovitchi 21 D3
Denison, Iowa 43 C7
Denison, Texas 42 E7
Denizli 19 B2
Denpasar 31 C2
Denton 42 E7
Denver 42 D5
Dera 25 C2
Dera Ghazi Khan 32 A4
Dera Ismail Khan 32 A4
Derajnia 22 C2
Derbent 23 C5
Derby, Australie 49 A2
Derby, Royaume-Uni 12 D6
Derbyshire 12 D6
Dereli 19 A4
Derg, Lac 12 D2
Derinkuyu 19 B3
Derjavinsk 24 A3
Dernovitchi 21 E4
Derry 12 C3
Derventa 18 B2
Des Moines 43 C8
Des Moines, R. 43 C8
Desaguadero 40 G4
Désappointement, Île du 48 C5
Dese 37 C4
Deseado 47 D2
Désert de Lout 32 A1
Deshaies 10 E1
Desna 22 B4
Dessau 14 C5
Desventuradas 40 F3
Deta 18 B3
Detmold 14 C3
Detroit 43 C10
Detroit Lakes 43 B7
Deux-Sèvres 7 C3 8 C3
Deva 18 B3
Develi 19 B3
Deventer 15 B5
Devils Lake 42 B7
Devon, Île, Canada 41 B6
Devon, Comté R.-U. 12 E4
Dezful 26 B1
Dhamar 26 F3
Dhanbad 32 C7
Dhar 32 C5
Dhaulagiri 27 B3
Dhule 32 C4
Diable, Pointe du 10 A2
Diamante 47 C2
Diamantina, Australie 49 B4
Diamantina, Brésil 46 D6
Diamantino 46 D5
Dianópolis 46 D6
Dibrugarh 32 B9
Dickinson 42 B6
Die 7 D6 9 D6
Diekirch 15 E5
Dien Bien Phu 31 A1
Diepholz 14 B3
Dieppe 8 A4
Dieren 15 B5
Diest 15 D4
Dieveniskes 21 C3
Diever 15 B5
Diffa 36 C5
Digby 41 E7
Digne 6 B4
Digne-les-Bains 7 D7 9 D7
Digoin 8 C5
Digora 23 B3
Digos 31 B4
Digue du Nord 15 A4
Digul 31 C5
Dijon 6 B4 7 C6 8 C6
Dikji 21 B3
Dikson 20 B9
Dikwa 36 C5

Dilam 26 D4
Dilaram 26 B7
Dili 31 C4
Dilijan 23 E3
Dillenburg 14 C3
Dillingen an der Donau 14 D4
Dillingham 41 D2
Dillon 42 B4
Dilolo 38 B2
Dinajpur 32 B7
Dinan 7 B2 8 B2
Dinant 15 D3
Dinar 19 B2
Dinard 8 B2
Dindigul 32 E5
Dinghai 29 C6
Dingle 12 D1
Dingolfing 14 D5
Diourbel 36 C2
Dipalaya 32 B6
Dipolog 31 B3
Dir 32 A4
Dire Dawa 37 D5
Dirmil 19 B2
Dirranbandi 49 B4
Disappointment, Lac 49 B2
Disentis 15 G3
Disna 21 C3
Dispur 32 B8
Diss 12 D7
District Fédéral 46 D6
Dittaino 13 F6
Diu 32 C4
Divinópolis 46 E6
Divrigi 19 B4
Dixmude 15 C1
Diyarbakir 19 B5
Dja 37 D2
Djabrail 23 F4
Djado 36 B5
Djakovo 18 B2
Djalagach 24 B3
Djalal-Abad 24 C4
Djalalabad 26 B9
Djalilabad 23 F4
Djamaa 35 B5
Djambala 38 A1
Djamboul, Kirghizstan 24 C4
Djanet 35 D6
Djankoï 22 E4
Djansougourov 24 B4
Djarkharkala 23 B3
Djarkourgan 24 D3
Djava 23 C2
Djawf 26 C2
Djebel Marra 33 C5
Djedda 26 D2
Djenné 36 C3
Djerablus 25 B3
Djerba 35 B6
Djermouk 23 F3
Djezdy 24 B3
Djibouti 37 C5
Djibouti, État 37 C5
Djidjel 35 A5
Djizak 24 C3
Djouba, Ganane 37 D5
Djoulfa 23 F3
Djoussalyi 24 B3
Djvarvi 23 C2
Dmanisi 23 D3
Dmitrijevka 21 E5
Dneprovsko-Bugskij, Canal du 21 D3
Dniepr 22 D4
Dniestr 22 D3
Dniestr 22 D3
Dniprodzerjinsk 22 C4
Dnipropetrovsk 22 C4
Dniproroudnoïe 22 D4
Dno 21 B4
Doba 36 D5
Dobele 21 B2
Dobranka 21 D4

Dobrich 18 C4
Dobrouch 21 D4
Dobsiná 17 D3
Docker River 49 B2
Doctor Arroyo 44 C4
Doctor Pedro P. Peña 47 B2
Dodge City 42 D6
Dodoma 38 A3
Doesburg 15 B5
Doetinchem 15 C5
Dofa 31 C4
Doganbey 19 B2
Doganhisar 19 B2
Dogansehir 19 B4
Döger 19 B2
Doglani 13 B2
Dogo 30 B3
Dogubayazit 19 B6
Doha 26 D5
Dokchitsy 21 C3
Dokkum 15 A4
Dokoutchaïevsk 22 D5
Dol-de-Bretagne 8 B3
Dolbeau 41 E6
Dole 7 C6 8 C6
Dolgellau 12 D5
Dolianova 13 E3
Dolni Kralovice 17 D2
Dolo 37 D5
Dolores 47 C3
Domanevka 22 D3
Domatchevo 21 E2
Domat-Ems 15 G4
Dombås 16 C4
Dombóvár 17 E3
Domfront 8 B3
Dominicaine, Rép. 45 B3
Dominique 45 B4
Domme 9 D4
Don, Mexique 44 B2
Don, R., Royaume-Uni 12 B5
Don, R., Russie 20 E5
Don Benito 11 C3
Donaueschingen 14 E3
Donauwörth 14 D4
Donduseni 22 C2
Donegal 12 C2
Donegal, Comté 12 C2
Donetsk 22 C5
Dong Hoi 31 A2
Dong Ujimqin 29 A5
Dongchuan 29 C4
Dongfang 28 C5
Dongfeng 30 A1
Donggala 31 C3
Dongio 15 G3
Dongning 30 A3
Dongola 37 C4
Dongting Hu 28 B6
Dongting, Lac 29 C5
Donji Vakuf 18 B2
Doonerak, Mont 39 A2
Dorchester 12 E5
Dordives 8 B5
Dordogne 7 D4 9 D4
Dordogne, R. 6 B3 7 D4 9 D4
Dordrecht 15 C3
Dori 36 C4
Dornoch 12 B5
Dornod 29 A5
Dornogovi 29 A4
Dorogobuzh 21 C5
Dorset 12 E5
Dortmund 14 C2
Dörtyol 19 B4
Dos Patos, Lagune 47 C3
Dosso 36 C4
Dossor 24 B2
Dothan 43 E9
Döttingen 15 F3
Douai 8 A5
Douala 36 D4
Douarnenez 8 B1
Doubno 22 B2

Doubrovitsia 22 B2
Doubs 7 C7 8 C7
Doubs, R. 6 B4 8 C6
Douchanbe 24 D3
Doucheti 23 C3
Doudinka 20 C9
Douglas, É.-U., Géorgie 43 E10
Douglas, É.-U., Arizona 42 E5
Douglas, Royaume-Uni 12 C4
Doullens 8 A5
Dounaïvtsy 22 C2
Dour 15 D2
Douro 11 B2
Douvres 12 E7
Douz 35 B6
Dover 43 D11
Downpatrick 12 C4
Dowshi 26 A8
Dozen 30 B3
Drac 9 D7
Drachten 15 A5
Draguignan 7 E7 9 E7
Drakensberg 33 H5
Drama 18 C4
Drammen 16 D3
Dranda 23 C1
Drave 17 F2
Drenthe 15 B5
Dresde 14 C5
Drøtun 21 C4
Dreux 7 B4 8 B4
Drezdenko 17 B2
Drin 18 C2
Drina 18 B2
Drobeta-Turnu-Severin 18 B3
Drochia 22 C2
Drogheda 12 D3
Drogitchin 21 D3
Drohobytch 22 C1
Drôme 7 D6 9 D6
Drôme, R. 9 D6
Dronero 13 B2
Dronne 9 D4
Dronten 15 B4
Droubrovno 21 C4
Droujba 24 B5
Druckininkai 21 D2
Druten 15 C4
Dryden 41 E5
Du Quoin 43 D9
Duba 26 C2
Dubaï 26 C4
Dubawnt, Lac 41 C5
Dubbo 49 C4
Dübendorf 15 F3
Dublin, Comté 12 D3
Dublin, États-Unis 43 E10
Dublin, Irlande 12 D3
Dubrovica 21 E3
Dubrovka 21 D5
Dubrovnik 18 C2
Dubuque 43 C8
Duc de Gloucester, Île 48 D5
Duchess 49 B3
Ducos 10 B2
Dudelange 15 E5
Duero 11 B4
Dugur 23 D2
Duisbourg 14 C2
Duji Otok 18 C1
Dukhan 26 C5
Dukou 29 C4
Dukstas 21 C3
Dulan 29 B3
Dülmen 14 C2
Duluth 43 B8
Dumaguete 31 B3
Dumas 42 D6
Dumbéa 10 C5
Dumfries 12 C5

Dumfries-Galloway 12 C5
Dumlu 19 A5
Dunakeszi 17 E3
Dunaújváros 17 E3
Duncan 42 E7
Dundalk 12 C3
Dundas, Lac 49 C2
Dundas 12 D5
Dundgovi 29 A4
Dunedin 49 D7
Dungannon 12 C3
Dungarpur 32 C4
Dungarvan 12 D3
Dunhua 29 A6
Dunkerque 7 A5 8 A5
Duomulah 32 A6
Dura 25 E5
Duragan 19 A5
Durance 6 B4 7 D7 9 D7
Durango, États-Unis 42 D5
Durango, État, Mexique 44 B3
Durango, Mexique 44 B3
Durant 43 E7
Durazno 47 C3
Durban 38 D3
Durbe 21 B2
Dúrcal 11 D4
Düren 14 C2
Durg 32 C6
Durham, Comté, R.-U. 12 C6
Durham, Car. du N. 43 D11
Durham, R.-U. 12 C6
Durness 12 A4
Durrës 18 C2
Duruh 26 B7
Dushan 29 C4
Düsseldorf 14 C2
Düzce 19 A2
Dvina septentrionale 20 C5
Dwarka 32 C3
Dyatkovo 21 D5
Dyfed 12 F4
Dylym 23 B4
Dymer 21 E4
Dzavhan 29 A3
Dzerjinsk 22 B2
Dzerjinsk 21 D3
Dzierzoniów 17 C2
Dzioua 35 B5
Dzoungarie 27 A3
Dzungarski-Alatau 27 A3
Dzuunmod 29 A4

E

Eagle 41 C3
Eagle Pass 42 F6
East London 38 D2
Eastbourne 12 E7
Eastmain 41 D6
Eastmain, R. 43 A11
Eastport 43 C13
Eau Claire 43 C8
Euripik 48 B2
Eauze 9 E4
Eberswalde 14 B5
Ebnat 15 F4
Ebolawa 37 D2
Ebon 48 B3
Ebre 11 A5
Eceabat 19 A1
Ech-Cheliff 35 A4
Echallens 15 G1
Echt 15 C4
Echternach 15 E5
Echuca 49 C4
Ecija 11 D3

Eckernförde 14 A3
Écosse 12 B4
Écouen 7 B5
Écrins, Barre des 6 B4
Ed Damer 37 C4
Ed Debba 37 C4
Ed Dueim 37 C4
Edam 15 B4
Eddé 15 B4
Édéa 37 D2
Eden 12 C5
Édessa 18 C3
Édimbourg 12 C5
Edinet 22 C2
Edirne 19 A1
Edjeleh 35 C6
Edmonton 41 D4
Édouard, Plateau d' 39 C4
Edremit 19 B1
Eefde 15 B5
Eeklo 15 C2
Efate 48 C3
Eferi 35 D6
Égée, Mer 5 D6
Eger 17 E3
Egersund 16 D3
Eggenburg 13 A6
Eghegnadzor 23 F3
Egilsstadhir 16 B2
Égine 18 D2
Égletons 9 D5
Egridir, lac 19 B2
Egridiz, lac 19 B2
Egvekinot 20 C19
Égypte 37 B3
Ehingen 14 D4
Eiao 48 C5
Eichstätt 14 D4
Eidjlord 16 C4
Eil 37 D5
Eilat 25 D2
Eindhoven 15 C4
Einsiedeln 15 F3
Eirunepé 46 C4
Eisenach 14 C4
Eisenerz 13 A6
Eisenhüttenstadt 14 B6
Eisenstadt 13 A7
Eisiskes 21 C3
Ejea de los caballeros 11 A5
Ejin Qi 29 A4
Ejutla 44 D5
Ekaterinbourg 20 D7
Ekeren 15 C3
Ekibastouz 24 A4
Eksjö 16 D5
El Alamein 37 A3
El Ayoun 36 B2
El Barco de Avila 11 B3
El Basit, Cap 35 B2
El Burgo de Osma 11 B4
El Cajon 42 E3
El Dere 37 D5
El Dorado, États-Unis 43 E8
El Dorado, Mexique 44 B3
El Espinar 11 B3
El Faiyum 37 B4
El Fasher 37 C3
El Fuerte 44 B2
El Geneina 37 C2
El Golfo de Santa-Clara 44 A1
El Goran 37 D5
El Hamurre 37 D5
El Khandaq 37 C4
El Kharga 37 B4
El Mansurah 37 A3
El Minya 37 B4
El Muglad 37 C3
El Obeid 37 C4
El Paso 42 E5
El Pastor 44 A3
El Placer 44 D8

El Porvenir 46 B3
El Puyo 46 C3
El Quelite 44 C3
El Rashid 26 A2
El Salvador 46 A1
El Socorro, Basse-Cal. 44 A1
El Socorro, Sonora 44 A1
El Tiemblo 11 B3
El Turbio 47 E1
El Yopal 46 B3
El-Abiadh-Sidi-Cheikh 35 B4
El-Agreb 35 B5
El-Araich 35 A2
El-Aricha 35 A3
El-Beyyadh 35 B4
El-Borouj 35 B2
El-Boulaida 35 A4
El-Djelfa 35 A4
El-Eulma 35 A5
El-Ghazawet 35 A3
El-Golea 35 B4
El-Idrissia 35 A4
El-Jadida 35 B1
El-Jem 35 A6
El-Kelâa-Srarhna 35 B2
El-Marsa el-Kebir 35 A3
El-Meghayyar 35 B5
El-Miliya 35 A5
El-Oued 35 B5
El-Qala 35 A6
Elato 48 B2
Eláziğ 19 B4
Elbag 17 A3
Elbe, Canal latéral de l' 14 B4
Elbe, île 13 C4
Elbe, R. 5 B5 14 B4
Elbe-Havel, Canal 14 B4
Elbert, Mont 39 C4
Elbeuf 8 B4
Elbistan 19 B4
Elblag 21 C1
Elbourz, Monts 4 D5
Elbroussky 23 B2
Elbrouz, Mont 4 C5
Elche 11 C5
Elda 11 C5
Eldivan 19 A3
Eldoret 37 D4
Eleja 21 B2
Eleskirt 19 B5
Eleuthera 45 A2
Elgin, États-Unis 43 C9
Elgin, Royaume-Uni 12 B5
Elista 20 E5
Elizabeth City 43 D11
Elizondo 11 A5
Elk 17 B4
Elk City 42 D7
Elkhovo 18 C4
Elkins 43 D11
Elko 42 C3
Ellesmere, Île d' 41 B6
Elliott 49 A3
Elliston 49 C2
Ellon 12 B5
Ellsworth 43 C13
Ellsworth, Mer de 50 F10
Ellwangen 14 D4
Elm 15 G4
Elmali 19 B2
Elmira 43 C11
Elmshorn 14 B3
Elsa 11 A3
Elst 15 C4
Elva 21 A3
Elvas 11 C2
Elverum 16 C4
Ely 42 B4
Emajogi 21 A3
Emba 24 B2
Embi, R. 24 B2
Embrun 9 D7
Embu 37 E4

Emden **14** B2
Emerald **49** B4
Emet **19** B2
Emi Koussi **33** C4
Émilie-Romagne **13** B4
Emin **29** A2
Emine, Cap **18** C4
Émirats arabes unis **26** D5
Emmaste **21** A2
Emme **15** G2
Emmeloord **15** B4
Emmen **15** B5
Empalme **44** B2
Empire **42** C2
Emporia, Kansas **43** D7
Emporia, Virginie **43** D11
Ems **14** B2
Emu **30** A2
En Nahud **37** C3
En Nebk **25** B2
Encarnación **47** B3
Ende **31** C3
Enderbury **48** C4
Enderbury, Terre de **50** G3
Enez **19** A1
Enfer, Pointe d' **10** C2
Engelberg **15** G3
Enguera **11** C5
Engure **21** B2
Enid **42** D7
Eniwetok **48** B3
Enköping **16** D5
Enna **13** F6
Ennadai **41** C5
Ennedi **33** C5
Ennenda **15** G3
Ennis **12** D2
Enniscorthy **12** D3
Enniskillen **12** C3
Ennistymon **12** D2
Enns **13** A5
Enontekiö **16** A6
Enschede **15** B5
Ensenada **44** A1
Entebbe **37** D4
Enterprise, Oregon **42** B3
Enterprise, Alabama **43** E9
Entraygues-sur-Truyère **9** D5
Entre-Deux **10** B7
Enugu **36** D4
Éoliennes, Îles **13** E6
Epe **15** B4
Épernay **7** B5 **8** B5
Ephraim **42** D4
Épinal **6** A4 **7** B7 **8** B7
Epte **8** A2
Équateur **1** D1
Équateur, État **46** C3
Equeipa **46** B4
Er Ras **26** C3
Er-Rachidia **35** B2
Erbaa **19** A4
Erbil **26** A3
Ercis **19** B5
Erciyas Dagh **4** D4
Erdek **19** A1
Erdemli **19** B3
Erding **14** D4
Eregli **19** A2
Eregli **19** B3
Erenhot **29** A5
Erevan **23** E3
Erfoud **35** B2
Ergani **19** B4
Ergun Zuoqi **29** A6
Erica **15** B5
Érié, Lac **43** C10
Erken Iourt **23** A1
Erlach **15** F2
Erlangen **14** D4

Ermelo **15** B4
Ermenak **19** B3
Ermidag **19** B2
Erne Supérieur, Lac **12** C3
Erne, Lac **12** C3
Eromanga **48** C3
Erstfeld **15** G3
Eruh **19** B5
Érythrée **37** C4
Erzin **20** D10
Erzincan **19** B4
Erzurum **19** B5
Esashi, Hokkaido (S.) **30** A5
Esashi, Hokkaido (N.) **30** A6
Esashi, Tohoku **30** B5
Esbjerg **16** E4
Escalón **44** B3
Escalona **11** B3
Escanaba **43** B9
Escaut **8** A5 **15** D2
Escaut occidental **15** C2
Escaut oriental **15** C2
Esch-sur-Alzette **15** E4
Escondido **42** E3
Escuinapa **44** C3
Escuintla **46** A1
Eskifjördhur **16** B2
Eskil **19** B3
Eskilstuna **16** D5
Eskimo Point **41** C5
Eskisehir **19** B2
Esme **19** B2
Esmeraldas **46** B3
Esneux **15** D4
Espagne **11** C2
Espalion **9** D5
Española **42** D5
Espelkamp **14** B3
Esperance **49** C2
Esperanza, Argentine **47** E1
Esperanza, Mexique **44** B2
Espinho **11** B1
Espírito-Santo **46** D6
Espoo **16** C7
Esquel **47** D1
Essaouira **35** B1
Es Semara **36** B2
Essen **14** C2
Essex **12** E7
Essonne **7** B5 **8** B5
Estaimpuis **15** D2
Estância **46** D7
Estancia Macaya **44** D6
Estavayer **15** G1
Este **13** B4
Esteli **46** A2
Estella **11** A4
Estepa **11** D3
Estepona **11** D3
Esterel **6** C4
Estonie **21** A3
Estoril **11** C1
Estrémadure **11** C2
Estremoz **11** C2
Étal **48** B2
Étampes **7** B5 **8** B5
Étang-Salé **10** B7
État, Île des **40** I4
États-Unis **42 43**
Étawah **32** B5
Éthiopie **37** D4
Etna **13** F6
Etorofu **30** A7
Etosha Pan **38** B1
Étretat **8** B4
Etten-Leur **15** C3
Eubée **18** D3
Eufaula **43** E9
Eugene **42** C2
Eupen **15** D5
Euphrate **19** B4 **25** B3 **26** B3

Eure **7** B4 **8** B4
Eure, R. **7** B4 **8** B4
Eure-et-Loir **7** B4 **8** B4
Eureka, Canada **41** A6
Eureka, États-Unis **42** C2
Europa, Île **38** C4
Europe **4 5**
Eurotas **18** D3
Euskirchen **14** C2
Eustratios **18** A4
Evanston **42** C4
Evansville **43** D9
Evenks, DN des **20** C11
Evensk **20** C16
Everest, Mont **1** C7
Everett **42** B2
Évian **8** C7
Évora **11** C2
Évreux **7** B4 **8** B4
Évron **8** B3
Évry **7** B5 **8** B5
Exe **12** E5
Exeter **12** E5
Exuma Cays **45** A2
Exuma Sound **45** A2
Eye **12** D7
Eyemouth **12** C5
Eygurande **8** D5
Eymet **9** D4
Eymoutiers **8** D4
Eyre **9** D3
Eyre Nord, Lac **49** B3
Eyre Sud, Lac **49** B3
Ezbider **19** B4
Ezine **19** B1

F

Faaa **10** F7
Faaone **10** G8
Fabero **11** A2
Fachi **36** C5
Fada **37** C3
Faenza **13** B4
Fafe **11** B1
Fafen **37** D5
Faguibine, Lac **36** C3
Fagurhólsmyri **16** C2
Faido **15** G3
Fairbanks **41** C3
Fairmont, Minnesota **43** C8
Fairmont, Virg. Occ. **43** D11
Fairview **41** D4
Faisalabad **32** A4
Faizabad, Afghanistan **32** A4
Faizabad, Inde **32** B6
Fakaofo **48** C4
Falaise **8** B3
Falam **32** C8
Falam **32** C8
Falkland **40** I5
Fallon **42** D3
Falludja **26** B3
Falmouth, Jamaïque **45** B2
Falmouth, Royaume-Uni **12** E4
Falun **16** C5
Famagouste **25** B1
Fan-Si Pan **27** B5
Fangataufa **48** D6
Fanø **16** E4
Farafangana **38** C4
Farafra **37** B3
Farah **26** B7
Farah, R. **26** B7
Farallon de Pajaros **48** A2
Farasan, Îles **26** E3
Faraulep **48** B2
Fareara, Pointe **10** G9
Farfak **31** C4

Faribault **43** C8
Farino **10** B4
Färjestaden **16** D5
Farmington, Missouri **43** D8
Farmington, Nouv.-Mex. **42** D5
Faro **11** D2
Fårön **16** D6
Fårösund **16** D6
Farsi **26** B7
Fastiv **22** B3
Fathah **26** A3
Fátima **11** C1
Fatsa **19** A4
Fatu-Hiva **48** C6
Favignana **13** F5
Fayaoué **10** A5
Fayd **26** C3
Fayetteville **43** D11
Faza **26** C5
Fdérik **36** B2
Fear, Cap **43** E11
Fécamp **8** B4
Federovka **24** A3
Fehmarn, Détroit de **14** A4
Feira de Santana **46** D7
Feke **19** B3
Felanitx **11** C7
Felipe Carillo Puerto **44** D7
Feni, Îles **48** C2
Fenyang **29** B5
Feodossia **22** E4
Ferdows **26** B6
Fère-Champenoise **8** B5
Fergana **24** C4
Fergus-Falls **43** B7
Fériana **35** A6
Fermo **13** C5
Fermoselle **11** B2
Féroé, Îles **5** A3
Ferrandina **13** D7
Ferrare **13** B4
Ferrières, Belgique **15** D4
Ferrières, France **7** B5
Ferry, Pointe **10** E1
Fès **35** A2
Fethiye **19** B2
Feurs **8** D6
Fianarantsoa **38** C4
Fidenza **13** B4
Fidji **48** C3
Fier **18** C2
Fife **12** B5
Figeac **7** D5 **9** D5
Figueira da Foz **11** B1
Figueras **11** A7
Figuig **35** B3
Fijo **46** A4
Fiñana **11** D4
Findlay **43** C10
Finike **19** B2
Finistère **7** B2 **8** B2
Finisterre, Cap **5** C3
Finisterre, Espagne **11** A1
Finke **49** B3
Finlande **16** B7
Finlande, Golfe de **16** D7
Finley **49** C4
Firat **19** B4
Firozabad **32** B5
Fitzroy **49** A2
Fitzroy Crossing **49** A2
Fkih-Ben-Salah **35** B2
Flagstaff **42** D4
Flåm **16** C4
Flamingo Cay **45** A2
Flandre, Plaine de **6** A3
Flandre-Occidentale **15** C2
Flandre-Orientale **15** C2
Flateyri **16** B1
Flattery, Cap **42** B2

Flekkefjord **16** D4
Flensburg **14** A3
Flers **8** B3
Flessingue **15** C2
Fleurier **15** G1
Fleuve Rouge **29** C4 **31** A1
Flevoland **15** B4
Flims **15** G4
Flin Flon **41** D5
Flinders **49** C4
Flinders, R. **49** A4
Flint, États-Unis **43** C10
Flint, Kiribati **48** C5
Flix **11** B6
Florac **7** D5 **9** D5
Florence, Alabama **43** E9
Florence, Car. du Sud **43** E11
Florence, Italie **13** C4
Florencia **46** B3
Florenville **15** E4
Flores, Guatemala **46** A1
Flores, Indonésie **31** C3
Flores, Mer de **31** C3
Floresti **22** D3
Floriano **46** C6
Florianópolis **47** B4
Floride **43** F10
Floride, Détroit de **45** A2
Floride Keys **43** G10
Florina **18** C3
Florø **16** C3
Flums **15** F4
Focsani **18** B4
Foggia **13** D6
Fogo **36** C1
Föhr **14** A3
Foix **6** C3 **7** E4 **9** E4
Folkeston **8** A4
Folkestone **12** E7
Fond du Lac **41** C4
Fongafale **48** C3
Fonni **13** D3
Font-Romeu **9** E5
Fontainebleau **7** B5 **8** B5
Fonte Bôa **46** C4
Fontenay-le-Comte **7** C3 **8** C3
Forbach **7** B7 **8** B7
Forcalquier **7** E6 **9** E6
Forchheim **14** D4
Fordyce **43** E8
Forez, Plaine du **6** B4
Forfar **12** B5
Forks **42** B2
Forli **13** B5
Formia **13** D5
Formosa **47** B3
Formose **27** B7
Forrest **49** C2
Forrest City **43** D8
Forsayth **49** A4
Forssa **16** C6
Forst **14** C6
Fort Albany **41** D6
Fort Augustus **12** B4
Fort Bragg **42** D2
Fort Chipewyan **41** D4
Fort Collins **42** C5
Fort Davis **42** E6
Fort Dodge **43** C8
Fort Franklin **41** C4
Fort Good Hope **41** C4
Fort Lauderdale **43** F10
Fort Liard **41** C4
Fort McMurray **41** D4
Fort McPherson **41** C3
Fort Morgan **42** C6
Fort Myers **43** F10
Fort Nelson **41** D4
Fort Norman **41** C4
Fort Pierce **43** F10
Fort Portal **37** D4
Fort Providence **41** C4

Fort Reliance **41** C5
Fort Resolution **41** C4
Fort Saint James **41** D4
Fort Saint John **41** D4
Fort Sandeman **32** A3
Fort Scott **43** D8
Fort Seven **41** D6
Fort Simpson **41** C4
Fort Smith, Canada **41** D4
Fort Smith, États-Unis **43** D8
Fort Stockton **42** E6
Fort Vermilion **41** D4
Fort Walton **43** E9
Fort Wayne **43** C9
Fort William **12** B4
Fort Worth **42** E7
Fort Yates **42** B6
Fort Yukon **41** C3
Fort-Chimo **41** D7
Fort-de-France **10** B1
Fort-George **41** D6
Fort-Liberté **45** B3
Fort-Ruppert **41** D6
Fortaleza **46** C7
Fortescue **49** B1
Forth, Golfe de **12** B5
Foshan **29** C5
Fossano **13** B2
Fougères **7** B3 **8** B3
Foula **12** A6
Foum el-Hisn **35** C1
Foum-Zguid **35** B2
Foumban **36** D5
Fouta Djalon **33** C1
Fox Glacier **49** D6
Fox, îles **41** D2
Foxe, Bassin de **41** C6
Foynes **12** D2
Foz **11** A2
Foz do Iguaçu **47** B3
Fraga **11** B6
Frameries **15** D2
France **6 7 8 9**
Franceville **38** A1
Francfort-sur-l'Oder **14** B6
Francfort-sur-le-Main **14** C3
Franche-Comté **7** C6
Francistown **38** C2
François-Joseph, Terre **20** A6
Frankenthal **14** D3
Frankfort **43** D10
Franklin **43** D9
Franz **41** E6
Fraser, Île, Australie **49** B5
Fraser, R., Canada **41** D4
Fraserburg **12** B5
Frauenfeld **15** F3
Frederick **49** B5
Fredericksburg, Texas **42** E7
Fredericksburg, Virginie **43** D11
Fredericton **41** E7
Frederikshavn **16** D4
Fredrika **16** B6
Fredrikstad **16** D4
Freeport, Bahamas **45** A2
Freeport, États-Unis **43** F7
Freetown **36** D2
Frégate française, Récifs **48** A4
Fréhel, Cap **8** B2
Freiberg **14** C5
Freising **14** D4
Freital **14** C5
Fréjus **9** E7
Fremantle **49** C1

Fremont **43** C7
Frenda **35** A4
Fresnillo **44** C4
Fresno **42** D3
Fréthun **8** A4
Freyung **14** D5
Fria, Cap **34** F4
Fribourg, Allemagne **14** E2
Fribourg, Canton, Suisse **15** G2
Fribourg, Suisse **15** G2
Fribourg-en-Brisgau **8** C7
Frick **15** F3
Friedberg **14** D3
Friedrichshafen **14** E3
Frio, Cap **40** F6
Frioul-Vénétie-Julienne **13** A5
Frise **14** A5
Frisonnes Occ. et Or., Îles **15** A4
Frisonnes Sept., Îles **14** A3
Frome **12** E5
Frome, Lac **49** C4
Frontera **44** D6
Frontera Echevarria **44** D7
Frosinone **13** D5
Frutigen **15** G2
Fuenlabrada **11** B4
Fuensalida **11** B3
Fuente de Cantos **11** C2
Fuente-Obejuna **11** C3
Fuentes de Oñoro **11** B3
Fuentesaúco **11** B3
Fuerte **44** B2
Fuerte Olimpo **47** B3
Fuerteventura **36** B2
Fugu **29** B5
Fujayra **26** C6
Fuji **30** C5
Fuji-Yama **1** B8
Fujian **29** C5
Fukang **29** A2
Fukue **30** C2
Fukui **30** B4
Fukuoka **30** C2
Fukushima **30** B5
Fukuyama **30** C3
Fulda **14** C3
Fumay **8** B6
Fumel **9** D4
Funabashi **30** B5
Funchal **36** A2
Funing **29** B5
Funtua **36** C4
Furneaux, Île **49** D4
Furnes **15** C1
Fürstenfeldbruck **14** D4
Fürth **14** D4
Furukawa **30** B5
Furusund **21** A1
Fushun **29** A6
Fusio **15** G3
Fusong **29** A6
Fuxin **29** A6
Fuyang **29** B5
Fuyu **29** A2
Fuyun **29** A2
Fuzhou **29** C5
Fuzhou **29** C5
Fuzouli **23** F4
Fyn **16** E4

G

Gabès **35** B6
Gabon **37** D2
Gaborone **38** C2
Gabriel **11** C5
Gabrovo **18** C4
Gabu **36** C2
Gacko **18** C2
Gadaibay **23** E3
Gadag **32** D5
Gäddede **16** B5

Gadiatch **22** B4
Gadmen **15** G3
Gadout **23** F4
Gadsden **43** E9
Gaer **32** A6
Gaète **13** D5
Gaferut **48** B 2
Gafsa **35** A6
Gagnoa **00** D3
Gagnon **41** D7
Gagra **23** B1
Gaillac **9** E5
Gainesville, Floride **43** F10
Gainesville, É.-U. Géorgie **43** E10
Gainesville, Texas **42** E7
Gairdner, Lac **49** C3
Gajsin **22** C3
Gakh **23** D4
Galana **38** A3
Galapagos, Îles **40** D1
Galati **18** B4
Galatina **13** D7
Galcaio **37** D5
Galea **31** B4
Galena **41** C2
Galesburg **43** C8
Galets, Pointe des **10** A7
Gali **23** C1
Galice **11** A2
Gällivare **16** B6
Gallup **42** D5
Gallur **9** F3
Galveston, Baie de **43** F8
Gálvez **11** C3
Galway **12** D2
Galway, Comté **12** D2
Gamba **29** C2
Gambie **34** C1
Gambie, R. **33** C1
Gambier, Îles **48** D6
Gamboma **38** A1
Gampel **15** G2
Gams **15** F4
Gan Jiang **29** C5
Ganane **37** D5
Gand **15** C2
Gandajika **38** A2
Gander **41** E7
Gandesa **11** B6
Gandgise-Shan **27** B3
Gandhinagar **32** C4
Gandía **11** C5
Gandja **23** E4
Ganganagar **32** B4
Gange **27** B3 **32** B7
Ganges **9** E5
Gangi **13** F6
Gangtok **32** B7
Gannat **8** C5
Gansu **29** B4
Gantiadi **23** B1
Ganzhou **29** C5
Ganzlin **14** B5
Gao **36** C3
Gaolan **29** B4
Gaourdak **24** D3
Gap **6** B4 **7** D7 **9** D7
Garaet Et-Tarf **35** A5
Gard **7** E7 **9** E7
Gard, R. **7** E6 **9** D6
Gardabani **23** D3
Garde, Lac de **13** B4
Garden City **42** D6
Gardez **26** B8
Gardo **37** D5
Gare-Tigre **10** D8
Garganico **13** D6
Gargzdai **21** C2
Garissa **37** D5
Garmisch-Partenkirchen **14** E4
Garmsar **26** A5
Garoe **37** D5
Garonne **6** C3
Garoua **37** D2

Garrison 42 B6
Garry, Lac 41 C5
Gartempe 8 C4
Garwolin 17 C3
Gary 43 C9
Garyarsa 29 B2
Garze 29 B3
Gascogne 6 C2
Gascogne, Golfe de 4 C2
Gascoyne 49 B1
Gash Saran 26 B5
Gaspé 41 E7
Gassan-Kouli 24 D2
Gastonia 43 D10
Gastre 47 D2
Gata, Cap 25 B1
Gaths Occ. et Or. 27 C2
Gâtinais 6 A3
Gattchina 21 A4
Gauhati 28 B4
Gaujiena 21 B3
Gavarnie 9 E4
Gave-d'Oloron 9 E3
Gave-de-Pau 9 E3
Gävle 16 C5
Gaya, Inde 32 C7
Gaya, Niger 36 C4
Gaz-Atchak 24 C3
Gaza 25 E5
Gaza, Bande de 25 E5
Gazakh 23 D3
Gaziantep 19 B4
Gazipasa 19 B3
Gazli 24 C3
Gdansk 17 A3
Gdansk, Baie de 17 A3
Gden' 21 E4
Gdov 21 A3
Gdynia 17 A3
Gebze 19 A2
Gedaref 37 C4
Gedera 25 E5
Gedinne 15 E3
Gediz 19 B2
Gediz, R. 19 B2
Geel 15 C4
Geelong 49 C4
Geilo 16 C4
Gejiu 29 C4
Gela 13 F6
Geldermalsen 15 C4
Geldrop 15 C4
Geleen 15 D4
Gelibolu 19 A1
Gelsenkirchen 14 C2
Gelveri 19 B3
Gemena 37 D3
Gemerek 19 B4
Gemünden 14 C3
General Acha 47 C2
General Conesa 47 C2
General Pico 47 C2
General Santos 28 D7
Gênes 13 B3
Gênes, Golfe de 13 B10
Genève 15 G1
Genève, Canton 15 G1
Genève, Lac de 15 G1
Genezin 19 B3
Genil 11 D3
Genk 15 D4
Génolhac 9 D5
Geok-Tepe 24 D2
George Town, Australie 49 D4
George Town, Bahamas 45 A2
Georgetown, Australie 49 A4
Georgetown, États-Unis 43 E11
Georgetown, Guyane 46 B5
Géorgie, État 23 D3
Géorgie, États-Unis 43 E10
Géorgie du Sud, Île 40 I7

Georgievsk 23 A2
Georgïevka 24 B5
Georgina 49 B3
Gera 14 C5
Geraldine 49 C6
Geraldton 49 B1
Gérardmer 8 B7
Gerbier de Jonc, Mont 6 B4
Gercüs 19 B5
Gerede 19 A3
Gerês 11 B1
Geretsried 14 E4
Gerger 19 B4
Germanovitchi 21 C3
Gerolstein 14 C2
Gérone 11 A7
Gerra 15 G3
Gers 7 E4 9 E4
Gers, R. 6 C3 7 E4 9 E4
Gersau 15 F3
Gerze 19 A3
Gessenay 15 G2
Getafe 11 B4
Getz, Banquise de 50 F9
Gevas 19 B5
Gevgelija 18 C3
Gex 7 C7 8 C7
Geyve 19 A2
Ghadamès 37 A1
Ghaghara 32 B6
Ghail 26 D4
Ghana 36 D2
Ghardaïa 35 B4
Gharyan 37 A2
Ghat 37 B2
Ghayda 26 E5
Ghazni 26 B8
Gheorgheni 18 B4
Ghilarza 13 D3
Ghilizane 35 A4
Ghosiane 35 A4
Ghurian 26 B7
Giamama 37 D5
Gibara 45 A2
Gibraléon 11 D2
Gibraltar 11 D3
Gibraltar, Détroit de 5 D3
Gien 8 C5
Giessen 14 C3
Gifu 30 C4
Gijdouvan 24 C3
Gijón 11 A3
Gila 42 E4
Gila Bend 42 E4
Gilbert, Îles 48 B3
Gilbués 46 D6
Gilgandra 49 C4
Gilgit 32 A4
Gillam 41 D5
Gillette 42 C5
Gimone 9 E4
Ginir 37 D5
Ginosa 13 D7
Gioha 37 D4
Giresun 19 A4
Girifalco 13 E7
Girishk 26 B7
Gironde 7 D3 9 D3
Gironella 11 A6
Girvan 12 C4
Gisborne 49 C7
Gistel 15 C1
Giswil 15 G3
Gitega 43 A3
Githion 18 D3
Giulianova 13 C5
Giurgiu 18 C4
Givet 8 A6
Gizab 26 B8
Gizo 48 C2
Gizycko 21 C2
Gjirokstër 18 C3
Gjoa Haven 41 C5
Gjøvik 16 C4
Glâma 16 C4

Glamorgan-Centre 12 E5
Glamorgan-Ouest 12 E4
Glamorgan-Sud 12 E5
Glaris 15 F4
Glaris, Canton 15 G4
Glasgow, États-Unis 42 B5
Glasgow, Royaume-Uni 12 C4
Glen Innes 49 B5
Glénan 8 C1
Glendive 42 B6
Glenrothes 12 B5
Glens Falls 43 C12
Glenties 12 C2
Glenwood Springs 42 D5
Glinany 21 F3
Globe 42 E4
Glogów 17 C2
Glömfjord 16 B5
Glouboko 21 C3
Gloucester 12 E5
Gloucestershire 12 E5
Glousk 21 D4
Glückstadt 14 B3
Gniezno 17 B2
Gnivan 22 C3
Gnowangerup 49 C1
Goa, Daman et Diu 32 D4
Goalpara 32 B8
Goba 37 D4
Gobabis 38 C1
Gobi, Désert de 27 A4
Gobo 30 C4
Goboustan 23 E5
Godavari 32 D5
Gödene 19 B2
Godhra 32 C4
Goes 15 C2
Gogland 16 C7
Goiânia 46 D6
Goiás 46 D6
Goirle 15 C4
Góis 11 B2
Göksun 19 B4
Golaia Pristan 22 D4
Gölbasi 19 B4
Gölcük 19 A2
Gold Coast 49 B5
Golden 41 D4
Goldsboro 43 D11
Goldsworthy 49 B1
Göle 19 A5
Goleniów 17 B2
Golfo Aranci 13 D3
Golfo Corcovado 47 D1
Golfo de Guayaquil 46 C2
Golfo San Jorge 47 D2
Golfo San Matlás 47 D2
Gölköy 19 A4
Golmud 29 B3
Goloby 22 B2
Golovno 21 E3
Golovtchin 21 C4
Gölpazari 19 A2
Goma 38 A2
Gomel 21 D4
Gömele 19 B2
Gomez Farías 44 A3
Gómez Palacio 44 B4
Gonabad 26 B6
Gonaïves 45 B3
Gondar 37 C4
Gondrecourt 8 B6
Gönen 19 A1
Gongga Shan 27 B5
González 44 C5
Goondiwindi 49 B5
Goose Bay 41 D7
Göppingen 14 D3
Góra 17 C2
Góra Kalwaria 17 C3
Gorakhpur 32 B6
Gorazde 18 C2
Gordonvale 49 A4

Gore 49 D6
Gorey 12 D3
Gorgan 26 A5
Gori 23 D3
Goris 23 F4
Gorizia 13 B5
Gorki 21 C4
Gorlice 21 F2
Görlitz 14 C6
Gorno-Altaïsk 20 D9
Gorodec 21 B3
Gorodeïa 21 D3
Gorodok, Biélorussie 21 C4
Gorodok, Ukraine 22 C1
Gorontalo 31 B5
Goryn 22 C2
Gorzów Wielkopolski 17 B2
Göschenen 15 G3
Gosen 30 B5
Goshogawara 30 A5
Goslar 14 C4
Gossau 15 F4
Gostyn 17 C2
Gostynin 17 B3
Göteborg 16 D4
Gotha 14 C4
Gotland 16 D6
Goto, Archipel 30 C2
Gotsu 30 C3
Göttingen 14 C3
Gouba 23 D5
Goubadly 23 F4
Goubkine 22 B5
Gouda 15 B3
Goudermes 23 B4
Goulburn 49 C4
Gouliaïpole 22 D5
Goulmima 35 B3
Goulstan 24 C3
Goultcha 24 C4
Gounib 23 C4
Gourdjani 23 D3
Gourdon 7 D4 9 D4
Gouré 36 C5
Gourin 8 B2
Gournay-en-Bray 8 B4
Goussainville 7 B5
Gouveia 11 B2
Gouzon 8 C5
Governador Valadares 46 D6
Govi-Altay 29 A3
Goya 47 B3
Goyave 10 A1
Göynük 19 A2
Gracac 18 B1
Gradaús 46 C5
Grado 11 A2
Grafton 49 B5
Grahamstown 38 D2
Grajewo 17 B4
Gramat 9 D4
Grampiam 12 B5
Gran Chaco 40 F4
Granada 46 B5
Grand Bahama 43 F11
Grand Bassam 36 D3
Grand Bassin 39 C4
Grand Canal 12 D3
Grand Canyon 42 D4
Grand Coulee 42 B3
Grand Cul-de-Sac Marin 10 E1
Grand Erg Oriental 33 A3
Grand Forks 42 B7
Grand Junction 42 D5
Grand Karroo 33 H5
Grand Lac de l'Ours 41 C4
Grand Lac des Esclaves 41 C4
Grand Lac Salé 39 B4

Grand Londres 12 E7
Grand Manchester 12 D5
Grand Rapids, Michigan 43 C9
Grand Rapids, Minn. 43 B8
Grand' Rivière 10 A1
Grand St-Bernard, Col du 6 B4
Grand Turk 45 A3
Grand-Bourg 10 F2
Grand-Caiman 45 B4
Grand-Santi 10 D7
Grande Abaco 45 A2
Grande Bahama 45 A2
Grande Barrière 49 A4
Grande de Santiago 44 C3
Grande Exuma 45 A2
Grande Inagua 45 B5
Grande Malouine 47 E2
Grande Pointe 10 E1
Grande Sauldre 8 C5
Grande Vigie, Pointe 10 D2
Grande-Bretagne 4 B2
Grande-Terre 10 E2
Grandlieu, Lac de 6 B2
Grândola 11 C1
Grands Causses 6 B3
Grandvilliers 8 B4
Granges 15 F2
Grangeville 42 B3
Granollers 11 B7
Grantham 12 D6
Grantown-on-Spey 12 B5
Grants 42 D5
Grants Pass 42 C2
Granville 8 B3
Grasse 7 E7 9 E7
Graulhet 9 E5
Graus 11 A6
Grave, Pointe de 9 D3
Gravelines 8 A5
Gray 8 C6
Graz 13 A6
Great Bend 42 D7
Great Falls 42 B4
Great Plains 39 B4
Grebenka 22 B4
Grèce 18 D3
Greeley 42 D5
Green 42 D5
Green Bay 43 C9
Green River 42 D4
Greenfield 42 D2
Greenock 12 C4
Greensboro 43 D11
Greenville, Car. du N. 43 D11
Greenville, Car. du S. 43 E10
Greenville, Texas 43 E7
Greenville, Mississippi 43 E8
Greenville, Liberia 36 D3
Greenwich, Méridien de 1 A5
Greenwood, Car. du Sud 43 E10
Greenwood, Mississippi 43 E8
Greifswald 14 A5
Greiz 14 C5
Grenada 43 E9
Grenade, Espagne 11 D4
Grenade, État 45 B4
Grenade, France 9 E4
Grenoble 6 B4 7 D6 9 D6
Greven 14 B2
Grevena 18 C3
Grevenmacher 15 E5
Grevesmühlen 14 B4
Greymouth 49 D7
Griazi 22 A6

Griffin 43 E10
Griffith 49 C4
Grimajlov 21 F3
Grimmen 14 A5
Grimsby 12 D6
Grimsstadhir 16 B2
Grimstad 16 D4
Grindelwald 15 G3
Gríṣ Naẹ̃, Cap 0 A4
Grisons 15 G4
Grodno 21 D2
Groenland 41 B8
Groenland, Mer du 39 A9
Groenlo 15 B5
Groesbeek 15 C4
Groix 8 C2
Grójec 17 C3
Grömitz 14 A4
Gronau 14 B2
Grong 16 B5
Groningen 15 A5
Groningue 15 A5
Groningue, Province 15 A5
Groote Eylandt 49 A3
Grootfontein 38 B1
Gros-Morne 10 B1
Grosio 13 A4
Gross-Glockner 4 C3
Grosseto 13 C4
Groupe Lau 48 C3
Grouw 15 A4
Grozny 23 B3
Grudziadz 17 B3
Gruissan 9 E5
Gruyères 15 G2
Gryfice 17 B2
Gryfów 17 B2
Gstaad 8 C7
Gsteig 15 G2
Gu Angxi 29 C4
Guacanayabo, Golfe de 45 A2
Guachochic 44 B3
Guadalajara, Espagne 11 B4
Guadalajara, Mexique 44 C4
Guadalcanal, Espagne 11 C3
Guadalcanal, Salomon 48 C2
Guadalquivir, R. 11 C4
Guadalupe, Espagne 11 C3
Guadalupe, Mexique 44 A3
Guadeloupe 10 E1
Guadeloupe, Canal de la 45 B4
Guadiana 11 C2
Guadix 11 D4
Guaíra 47 B3
Guam 48 B2
Guamini 47 C2
Guamuchil 44 B2
Guanacevi 44 B3
Guanajay 45 A1
Guanajuato 44 C4
Guanajuato, État, Brésil 44 C4
Guanare 46 B3
Guane 45 A1
Guangdong 29 C5
Guangnam 29 C4
Guangyuan 29 B4
Guangzhou 29 C5
Guantánamo 45 A2
Guapi 46 B3
Guaporé 46 D4
Guarabira 46 C7
Guarda 11 B2
Guardiagrele 13 C6
Guasave 44 B2
Guatemala City 46 A1
Guatemala, État 46 A1
Guayaquil 46 C3

Guaviare 46 B3
Guayalejo 44 C5
Guben 14 C6
Gudauta 23 B1
Guebwiller 7 C7 8 C7
Gueewiller, Ballon de 6 B4
Gueldre 15 B4
Guelma 35 A5
Guercif 35 A3
Guéret 6 B3 7 C4 8 C4
Guernica 9 E2
Guernsey (Guernesey) 8 B2
Guerrero 44 D5
Gueugnon 8 C6
Gueuytchay 23 E4
Guguan 48 B2
Guijdouvan 24 C3
Guijuelo 11 B3
Guilin 29 C5
Guillestre 9 D7
Guinée 36 C2
Guinée, Golfe de 36 D4
Guinée-Bissau 36 C2
Guinée-Équatoriale 37 D2
Güines 45 A1
Guingamp 7 B2 8 B2
Guiratinga 46 D6
Guise 8 B5
Guitiriz 11 A2
Guiyang 29 C4
Guizhou 29 C4
Gujerat 32 C3
Gujranwala 32 A4
Gujrat 32 A4
Gulbene 20 E5
Gulfport 43 E9
Gulian 29 A6
Gulin 29 C4
Gulkana 41 C3
Gülnar 19 B3
Gulu 37 D4
Gummersbach 14 C2
Gumri 23 E2
Gümüshane 19 A4
Gun Cay 45 A1
Guna 32 C5
Guna, Mont 33 C6
Günoy 19 B2
Gunnbjörns 1 A4
Gunnedah 49 C5
Gunnison 42 D5
Gunpowder 49 A3
Guntur 32 D6
Gunzenhausen 14 D4
Gurtnellen 15 G3
Gürün 19 B4
Gusau 36 C5
Guspini 13 E3
Güstrow 14 B5
Gütersloh 14 C3
Guyana 46 B5
Guyane 10 D8
Guyenne 6 B3
Guymon 42 D6
Guyuan 29 B4
Gweedore 12 C2
Gwent 12 E5
Gweru 38 B3
Gwynedd 12 D4
Gyangze 29 C2
Gyaring Co 29 B2
Gyaring Nor 29 B3
Gympie 49 B5
Gyöngyös 17 E3
Györ 17 E2
Gypsum Ville 41 D5
Gyula 17 E3

Ha Tinh 29 D4
Haamstede 15 C2
Haapajävi 16 C7
Haapsalu 21 A2
Haarlem 15 B3
Habahen 29 A2
Habomai 30 A7
Haboro 30 A5
Hachinohe 30 A5
Hachisho-Shima 30 C5
Hacibektas 19 B3
Haddar 26 D4
Hadera 25 E5
Haderslev 16 E4
Hadim 19 B3
Hadiya 26 C2
Haeju 30 B1
Hafar al Batin 26 C4
Hafun (Dante) 37 C6
Hagan 31 A3
Hagen 14 C2
Hagenow 14 B4
Hagetmau 9 E3
Hagfors 16 C5
Hagondange 8 B7
Haguenau 7 B7 8 B7
Haïfa 25 C2
Haikang 29 C5
Haikou 29 D5
Haïl 26 C3
Hailar 29 A5
Hailun 29 A6
Hailuoto 16 B7
Hainan 29 D5
Hainaut 15 D2
Haines Junction 41 C3
Haiphong 31 A2
Haïti 45 B3
Haiyang 29 B6
Hajnówka 17 B4
Hakkâri 19 B5
Hakodate 30 A5
Hakui 30 B4
Halaïb 37 B4
Halaïb, Territoire 37 B4
Halban 29 A3
Halberstadt 14 C4
Haldensleben 14 B4
Halfeti 19 B4
Halhul 25 F5
Halifax 41 E7
Halil 26 C6
Hall, Îles 48 B2
Halle, Allemagne 14 C5
Halle, Belgique 15 D3
Halle-Neustadt 14 C5
Hällefors 16 D5
Hallein 13 A5
Halls Creek 49 A2
Halmahera 31 B4
Halmstad 16 D5
Haltwhistle 12 C5
Ham 8 B5
Hama 25 B2
Hamada 30 C3
Hamadan 26 B4
Hamamatsu 30 C4
Hamar 26 E3
Hambourg 14 B3
Hambourg, Land, All. 14 B4
Hambourg-Nordholz 14 B3
Hamda 26 E3
Hämeenlina 16 C7
Hamelin 49 B1
Hameln 14 B4
Hamhung 30 B1
Hamilton, Canada 41 E6
Hamilton, États-Unis 43 D10
Hamilton, N.-Z. 49 C7
Hamina 16 C7
Hamm 14 C2
Hammam 26 B4
Hammam Lif 35 A6
Hammamet 35 A6
Hammerdal 16 C5

Hammerfest 16 A6
Hampshire 12 E6
Hamun-e Jaz Murian 32 B1
Hamun-e Saberi 26 B7
Hamun-l Lora 32 B2
Han 28 A6
Han Jiang 29 B4
Hanak 19 A5
Hanakiya 26 D3
Hanau 14 C3
Handan 29 B5
Hango 21 A2
Hangzhou 29 B6
Hani 19 B5
Hanish, Îles des 26 F3
Hanna 41 D4
Hannibal 43 D8
Hannut 15 D4
Hanoi 31 A2
Hanovre 14 B3
Hanzhong 29 B4
Hao 48 C5
Haradh 26 D4
Haranomachi 30 B5
Harare 38 B3
Harbin 29 A6
Harbour, Île 45 A2
Hardenberg 15 B5
Harderwijk 15 B4
Harer 37 D5
Hargeisha 37 D5
Hariq 26 D3
Harirud 26 B7
Harlingen 15 A4
Härnösand 16 C5
Haro 11 A4
Harper 36 D3
Harran 19 B5
Harrisburg 43 C11
Harrismith 38 C2
Harrison 43 D8
Harrogate 12 C6
Harstad 16 A5
Hartford 43 C12
Hartland 8 A1
Harut 26 B7
Harwich 12 E7
Haryana 32 B4
Hasbek 19 B3
Hasköy 23 D2
Hassan 32 E5
Hasselt 15 D4
Hassetché 25 B3
Hassi-Bel-Guebbour 35 C5
Hassi-Messaoud 35 B5
Hässleholm 16 D5
Hastière 15 D3
Hastings, États-Unis 42 C7
Hastings, N.-Z. 49 C7
Hastings, Royaume-Uni 12 E7
Hasvik 16 A6
Hat Yai 31 B1
Hatches Creek 49 B3
Hatteras, Cap 43 D11
Hattiesburg 43 E9
Hauge 16 D3
Haugesund 16 D3
Haukeligrend 16 D4
Haukivesi 16 C7
Haut-Atlas 33 A2
Haut-Karabagh 23 E4
Haut-Rhin 7 C7 8 C7
Haute-Autriche 13 A6
Haute-Corse 7 E7 9 E7
Haute-Garonne 7 E4 9 E4
Haute-Loire 7 D5 9 D5
Haute-Marne 7 C6 8 C6
Haute-Normandie 7 B4
Haute-Saône 7 C6 8 C6
Haute-Savoie 7 D7 8 D7
Haute-Vienne 7 D4 8 D4
Hauterive 43 B13

Hautes-Alpes 7 D7 9 D7
Hautes-Pyrénées 7 E4 9 E4
Hauts-de-Seine 7 B5 8 B5
Havant 12 E6
Havelange 15 D4
Havlíckuv Brod 17 D2
Havre 42 B5
Havre-Saint-Pierre 43 A13
Havza 19 A3
Hawaï, État, É.-U. 48 A4
Hawaï, Île 48 B5
Hawera 49 C7
Hawick 12 C5
Hawthorne 42 D3
Hay 49 C4
Hay River 41 C4
Haymana 19 B3
Hays 42 D7
Hazard 43 D10
Hazaribagh 32 C7
Hazdan 23 E3
Hazebrouck 8 A5
Hazelton 41 D4
Hazerim 25 E5
Hearst 41 E6
Hebei 29 B5
Hébrides, Îles 12 B3
Hebron, Canada 41 D7
Hébron, Israël 25 E5
Hechuan 29 B4
Hede 16 C5
Heerenveen 15 B4
Heerlen 15 D4
Hefei 29 B5
Hegang, Province 29 A7
Heide 14 A3
Heidelberg 14 D3
Heidenheim 14 D4
Heihe 29 A6
Heilbronn 14 D3
Heiligenblut 13 A5
Heiligenhafen 14 A4
Heiligenstadt 14 C4
Heilong Jiang 29 A6
Heiloo 15 B3
Hejing 29 A2
Hekimhan 19 B4
Hekou 29 C4
Hel, Presqu' île de 17 A3
Helena 42 B4
Helgoland 14 A2
Hellín 11 C5
Helmand 26 B7
Helmsdale 12 A5
Helsingborg 16 D5
Helsingør 16 D5
Helsinki 16 C7
Hemnes 16 B5
Henan 29 B5
Hendaye 9 E3
Henderson, États-Unis 42 D4
Henderson, Polynésie fr. 48 D6
Hengelo 15 B5
Hengyang 29 C5
Henitchesk 22 D5
Hennebont 8 C2
Hentiy, Province 29 A5
Henzada 32 D9
Hepu 31 A2
Héraklion 18 E4
Herat 26 B7
Hérault 7 E5 9 E5
Hérault, R. 7 E5 9 E5
Heredia 46 B2
Hereford 42 E6
Hereford-Worcester 12 D5
Hereheretue 48 C5
Herentals 15 C3
Herford 14 B3
Herisau 15 F4
Hermannsburg 49 B3

Hermel 25 B2
Hermosillo 44 A2
Heroica 44 A1
Heroica Caborca 44 A1
Heroica Guaymas 44 B2
Heroica Nogales 44 A2
Herstal 15 D4
Hertford 12 E6
Hertfordshire 12 E6
Hervey Bay 49 B5
Herzberg am Harz 14 C4
Herzégovine 18 C2
Herzliyya 25 E5
Hesdin 8 A4
Heshui 29 B4
Hesse 14 C3
Heusden 15 C4
Heves 17 E3
Hexigten 29 A5
Hialeah 43 F10
Hibbing 43 B8
Hidalgo 44 C5
Hidalgo del Parral 44 B3
Hienghène 10 A3
High Level 41 D4
High Point 43 D11
Highland 12 B4
Hight River 41 D4
Hiiumaa 21 A4
Hijar 11 B5
Hilchenbach 14 C3
Hildesheim 14 B3
Hilla, Arabie-Saoudite 26 D4
Hilla, Irak 26 B3
Hillegom 15 B3
Hillerød 16 D5
Hillsboro 42 E7
Hillston 49 C4
Hilo 48 B5
Hilvan 19 B4
Hilversum 15 B4
Himachal Pradesh 32 A5
Himalaya 27 A2
Himeji 30 C4
Hincesti 22 D3
Hinche 45 D3
Hinchinbrook 49 A4
Hindou-Kouch 27 A1
Hingol 32 B3
Hinis 19 B5
Hirara 30 E1
Hiroo 30 A6
Hiroshima 30 C3
Hirtsal 16 D4
Hisar 32 B5
Hitachi 30 B5
Hitiaa 10 F8
Hitzacker 14 B4
Hiumaa 5 B6
Hiva-Oa 48 C6
Hizan 19 B5
Hloukhiv 22 B4
Ho 36 D4
Hô Chi Minh-Ville 31 A2
Hobart 49 D4
Hobbs 42 E6
Hochdorf 15 F3
Hodeida 26 F3
Hódmezóvásárhely 17 E3
Hodonin 17 D2
Hoedic 8 C2
Hof 14 C4
Höfn 16 B2
Hofu 30 C3
Hoggar 33 B3
Hohhot 29 A5
Hokkaido 30 A6
Holbrook 42 E4
Holdrege 42 C7
Holguín 45 D3
Holland 43 C9
Hollande-Méridionale 15 B3

Hollande-Septentrionale 15 B3
Holly Springs 43 E9
Hollywood 43 F10
Holman Island 41 B4
Hólmavík 16 B1
Holmes 49 A4
Holmia 46 B5
Holmsund 16 C6
Holon 25 E5
Holstebro 16 D4
Holsworthy 12 E4
Holwerd 15 A4
Holy Cross 41 C2
Holzminder 14 C3
Homalin 32 C9
Homburg 14 D2
Home Hill 49 A4
Homer 41 D2
Homestead 43 F10
Homs 25 B2
Hondo, Japon 30 C3
Hondo, R., Mexique 44 D7
Honduras 46 A2
Honduras, Golfe du 46 A2
Hønefoss 16 C4
Honfleur 8 B4
Hongkong 29 C5
Hongrie 17 D2
Hongshui 28 B4
Hongshui Hé 29 C4
Hongsong 30 B2
Honiara 48 C2
Honjo 30 B5
Honningsvåg 16 A7
Honolulu 48 A5
Honshu 30 B4
Hoogeveen 15 B5
Hoogezand 15 A5
Hooker Creek 49 A3
Hoonah 41 D7
Hoorn 15 B3
Hopa 19 A5
Hope 43 E8
Hopedale 41 D7
Hopkinsville 43 D9
Hoquiam 42 B2
Horasan 19 A5
Horgen 15 F3
Horlivka 22 C5
Horn, Cap, Chili 40 I4
Horn, Cap, Islande 5 A1
Hornachuelos 11 D3
Horncastle 12 D6
Horod 22 B3
Horodnia 22 B3
Horovice 17 D1
Horqin Youyi Qianqi 29 A6
Horqueta 47 B3
Horst 15 C4
Horten 16 D4
Hossegor 9 E3
Hot Springs, Arkansas 43 E8
Hot Springs, Dak. du S. 42 C6
Hotan 29 B2
Hoting 16 B5
Hotton 15 D4
Houaïlou 10 B4
Houat 8 C2
Houffalize 15 D4
Houghton 43 B9
Houlton 43 B13
Houma, Chine 29 B5
Houma, États-Unis 43 F8
Hourtin 9 D3
Houston 43 F7
Hovd 29 A3
Hovd, Province 29 A3
Hövsgöl 29 A3
Howland, Îles 48 B4
Howrah 28 B3
Höxter 14 C3

Hoyerswerda 14 C6
Hoyos 11 B2
Hradec Králové 17 C2
Hron 17 D3
Hrubieszów 17 C4
Hsipaw 32 C9
Huadian 30 A2
Huaibei 29 B5
Huaide 30 A1
Huainan 30 DC
Huajuapan-de León 44 D5
Hualien 29 C6
Huambo 38 B1
Huamuxtitlán 44 D5
Huancavelica 46 D3
Huancayo 46 D3
Huang Hé 29 B4
Huanggang 29 B5
Huangliu 29 D4
Huangshi 29 C5
Huanren 30 A1
Huánuco 46 C3
Huarás 46 C3
Huasamota 44 C3
Huascarán 40 D3
Huatabampo 44 B2
Hubei 29 B5
Hubli 32 D4
Hudiksvall 16 C5
Hudson, Baie d' 41 D6
Hudson, Détroit d' 41 C7
Hudson Bay 42 A6
Hudson, R. 30 DC
Huê 31 A2
Huehuetenango 46 A1
Huelva 11 D2
Huércal-Overa 11 D5
Huesca 11 A5
Huéscar 11 D4
Huete 11 B4
Hufhuf 26 C4
Hughenden 49 B4
Hugo 43 E7
Huichon 30 A2
Huinan 30 A2
Huixtla 44 E6
Huize 29 C4
Hull 41 E6
Hullo 21 A2
Hulst 15 C3
Hulun, Lac 29 A6
Huma 29 A6
Humaitá 46 C4
Humberside 12 D6
Humboldt 42 C3
Humenné 17 D3
Hummene 21 F2
Hunan 29 C5
Hunchun 30 A3
Hundezler 19 A5
Hünfeld 14 C3
Hunsrück 6 A4
Hunstanton 12 D7
Huntly 12 B5
Huntsville, Alabama 43 E9
Huntsville, Texas 43 E7
Huocheng 29 A2
Huoshan 29 B5
Hurghada 37 B4
Huron 42 C7
Huron, Lac, 43 B10
Húsavík 16 B1
Húskvarna 16 D5
Husum 14 A3
Hutchinson 42 D7
Huth 26 E3
Huwwara 25 E5
Huy 15 D4
Hvar 18 C2
Hwange 38 B2
Hyderabad, Andhra Prad. 32 D5
Hyderabad, Sind 32 B3
Hydra 18 D3
Hyères, Îles d' 6 C4 9 E7

Hyesan 30 A2
Hyrynsalmi 16 B7
Hytoyoshi 30 C3
Hyuga 30 C3
Hyvinkää 16 C7

I

Iakoutie-Sakha 20 C13
Iakoutsk 20 C14
Ialomita 18 B4
Iamalo-Nenets, DN des 20 C8
Iaman Taou, Mont 4 B5
Iana 20 C14
Ianykovrgan 24 C3
Iargara 22 D3
Iaroslavl 20 D4
Iartsevo 21 C5
Iasi 18 B4
Ibadan 36 D4
Ibagué 46 B3
Ibarra 46 B3
Ibb 26 F3
Ibbenbüren 14 B2
Ibériques, Monts 6 C2
Ibi, Espagne 11 C5
Ibi, Nigeria 36 D4
Ibiza 11 C6
Ibra 26 D6
Ibusuki 30 D3
Ica 46 D3
Icarie 18 D4
Içel 19 B3
Ichim 24 A4
Ichinohe 30 A5
Ichinomiya 30 C4
Ichinoseki 30 B5
Içme 19 B4
Idaho 42 C3
Idaho Falls 42 C4
Idar-Oberstein 14 D2
Idfu 37 B4
Idjevan 23 E3
Idlib 25 B4
Idri 37 B2
Idritsa 21 B4
Ielsk 21 E4
Iémiltchino 22 B2
Iena 14 C4
Ienakiieve 22 C5
Ienissei 20 C9
Ienisseisk 20 D10
Ierapetra 18 D4
Iermak 24 A4
Ierzu 13 E3
Iesi 13 C5
Iessentouki 23 A2
Iessil 24 B3
Ievpatoria 22 E4
Ievlakh 23 E4
Ievpatoria 22 E4
Ievsoug 22 C5
Ifakara 38 A3
Ifalik 48 B2
Ifata 35 D5
Ife 36 D4
Ifrane 35 B2
Igdir 19 B5
Ignacio Zaragoza 44 C5
Ignalina 21 C3
Igoumenitsa 18 D3
Iguaçú 40 F5
Iguala 44 D5
Igualada 11 B6
Iguatu 46 C7
Iguéla 38 A1
Iheya 30 E2
IJmuiden 15 B3
IJssel 15 B5
IJsselmeer 15 B4
IJsselstein 15 B4
IJzendijke 15 C2
Ikeda 30 A6
Iki 30 C2
Ikuno 30 C4

Ilagan 28 C7
Ilanz 15 G4
Ilawa 17 B3
Île du Nord 49 C7
Île du Sud 49 D7
Île-de-France 7 B5
Ilebo 38 A2
Ilesha 36 D4
Îlot Ramville 10 B2
Ilgaz 19 A3
Ilhéus 46 D7
Iliç 19 B4
Illampu 40 E4
Illana 11 B4
Ille-et-Vilaine 7 B3 8 B3
Illertissen 14 D4
Illescas 11 B4
Illinois 43 D8
Illinois, R. 43 C9
Illizi 37 B1
Ilmen 21 A4
Ilmeneau 14 C4
Iloilo 31 A3
Ilorin 36 D4
Ilukste 21 C3
Iullissat 41 C7
Imabari 30 C3
Imatra 16 C7
Imbros 18 C4
Imerese 13 F5
Imi-n'Tanout 35 B1
Imichli 23 F4
Imjin gang 30 B2
Immenstadt im Allgäu 14 E4
Imola 13 B4
Imperatriz 46 C6
Imperia 13 C3
Impfondo 37 D2
Imphal 32 B8
Imranli 19 B4
Imron 19 B4
Imst 13 A4
In Azaoua 36 B4
In Gedi 25 E5
In-Amenas 35 C6
In-Ecker 35 D5
In-Salah 35 C4
Inari 16 A7
Inari, Lac 4 A4
Inchon 30 B2
Indals 16 C5
Inde 32 A5
Inderborski 24 B2
Indian Springs 42 D3
Indiana 43 D9
Indianapolis 43 D9
Indien, Océan 1 E7
Indienne, Péninsule 27 C2
Indiguirka 20 C15
Indochinoise, Péninsule 27 C5
Indonésie 31 C3
Indore 32 C5
Indre 7 C4 8 C4
Indre, R. 6 B3 7 C4 8 B4
Indre-et-Loire 7 C4 8 C4
Indoura 21 D2
Indus 32 A5
Inebolu 19 A3
Inegöl 19 A3
Infiesto 11 A3
Ingal 36 C4
Ingham 49 A4
Ingolstadt 14 D4
Ingouchie 23 B3
Ingoulets 22 C4
Ingouri 23 C2
Inhambane 38 C3
Iniesta 11 C5
Inini 10 D8
Inn 14 D5 15 G5
Innisfail 49 A4
Innsbruck 13 A4

Inongo 38 A1
Inoucdjouac 41 D6
Inowroclaw 17 B3
Inta 20 C6
Interlaken 15 G2
International Falls 43 B8
Intragna 15 G3
Intuto 46 C3
Inveraray 12 B4
Invercargill 49 D6
Inverell 49 B5
Invergarry 12 B4
Inverness 12 B4
Ioannina 18 D3
Iochkar-Ola 20 D5
Iolotan 24 D3
Ionienne, Mer 4 D3
Ioniennes, Îles 4 D3
Iora 23 D3
Ios 18 D4
Ioujno-Duralsk 24 A2
Ioujno-Sakhalinsk 20 E15
Iowa 43 C8
Iowa City 43 C8
Iowa Falls 43 C8
Ipoh 31 B1
Iporá 46 D5
Ipswich 12 D7
Iquique 47 B1
Iquitos 46 C3
Iracoubo 10 C8
Irak 26 B3
Iran 26 B5
Iran, Monts 27 C6
Iranshahr 26 C7
Irapuato 44 C4
Irbid 25 C2
Irgiz 24 B3
Irian Jaya 31 C5
Iringa 38 A3
Iriomote 30 E1
Irkoutsk 20 D1
Irlande 12 D2
Irlande du Nord 12 C3
Irlande, Mer d' 12 D4
Iroise, Mer d' 6 A1
Iron Knob 49 B3
Iron Mountain 43 B9
Ironwood 43 B8
Irpeno 21 E4
Irqah 26 F4
Irrawady 32 D9
Irtych 20 D8 24 A5
Irtychsk 24 A4
Irumu 37 D3
Irún 11 A5
Isabela 31 B3
Isachen 41 B5
Isafjördhur 16 B1
Isangel 48 C3
Iscar 11 B3
Ischia 13 D5
Isère 7 D6 9 D6
Isère, Pointe 10 C8
Isère, R. 7 D6 9 D6
Iserlohn 8 A7
Isernia 13 D6
Isherton 46 B5
Ishigaki 30 E1
Ishikari 30 A5
Ishinomiya 30 C4
Ishpeming 43 B9
Isigny-sur-Mer 8 B3
Isilkoul 24 A4
Isiro 37 D3
Iskar 18 C3
Iskenderun 19 B4
Iskenderun, Golfe d' 19 B3
Iskilip 19 A3
Isla de Coiba 46 B2
Isla del Rey 46 B3
Isla Holbox 44 C8
Islâhiye 19 B4
Islamabad 32 A4
Islande 16 B1
Islas Tres Marías 44 C3

Islay 12 C3
Isle 6 B3 9 D4
Ismaïlly 23 E5
Ismaïlia 37 A4
Isnik 19 A2
Isny 14 E4
Ispahan 26 B5
Isparta 19 B2
Ispir 19 A5
Israël 25 E5
Issano 46 B5
Issoire 7 D5 9 D5
Issoudun 7 C4 8 C4
Issyk-Koul 24 C4
Issyk-Koul, Lac 24 C4
Istanbul 19 A2
Istres 7 E6 9 E6
Istrie 4 C3
Itabuna 46 D7
Itaituba 46 C5
Italie 13 C4
Itanagar 32 B8
Itarsi 32 C5
Itcherskaïa 23 B3
Itchnia 22 B4
Ithaque 18 D3
Ito 30 C5
Itoigawa 30 B4
Itoman 30 E2
Ituiutaba 46 D6
Itzehoe 14 B3
Ivalo 16 A7
Ivanhoe 49 C4
Ivankov 22 B3
Ivano-Frankivsk 22 C2
Ivanov 22 C3
Ivanovo, Biélorussie 21 D3
Ivanovo, Russie 20 D5
Ivatsevitchi 21 D3
Ivenets' 21 D3
Ivrindi 19 B1
Ivuivik 41 C6
Ivye 21 D3
Iwaki 30 B5
Iwanai 30 A5
Iwasaki 30 A5
Iwo 36 D4
Ixtlán del Rio 44 C3
Izberbach 23 C4
Izegem 15 D2
Izioum 22 C5
Izki 26 D6
Izmaïl 22 E3
Izmir 19 B1
Izmit 19 A2
Iznik, Lac 19 A2
Izu, Îles 30 C5
Izuhara 30 C2
Izumo 30 C3

J

Jabaliya 25 E5
Jabalpur 32 C5
Jablonec 17 C2
Jabolotev 22 C2
Jabrin 26 D4
Jaca 11 A5
Jackson, Michigan 43 C10
Jackson, Mississippi 43 E8
Jackson, Tennessee 43 D9
Jackson, Wyoming 42 C4
Jacksonville, Car. du N. 43 E11
Jacksonville, Floride 43 E10
Jacksonville, Texas 43 E7
Jacmel 45 B3
Jaco 44 B3
Jacobabad 32 B3

Jaén 11 D4
Jaffna 32 F6
Jafr 25 C2
Jagüey 45 A2
Jahrom 26 C5
Jailolo 31 B4
Jaipur, Orissa 32 C7
Jaipur, Rajasthan 32 B5
Jaisalmer 32 B4
Jajce 18 B2
Jakarta 31 C2
Jakobstad 16 C6
Jalapa 44 D5
Jalingo 36 D5
Jalisco 44 C3
Jalón 9 F3
Jalor 32 B4
Jalpaiguri 32 B7
Jalu 37 B3
Jamaïque 45 B2
Jamaïque, Canal de la 45 B2
Jamaja 21 B2
Jambi 31 C1
James, Baie 41 D6
Jamestown, Dak. du N. 42 B7
Jamestown, New York 43 C11
Jammu 32 A4
Jammu et Cachemire 32 A5
Jamnagar 32 C4
Jämsä 16 C7
Jamshedpur 32 C7
Jamuna 32 C7
Janatas 24 C3
Janesville 43 C9
Jangagazaly 24 B3
Jangijul 24 C3
Jánoshalma 17 E3
Jantarnyj 21 C1
Januária 46 D6
Janville 8 B4
Janzé 8 C3
Japon 30 B5
Japon, Mer du 30 A4
Japurá 46 C4
Jarash 25 C2
Jardins de la Reine 45 A2
Jarkamys 24 B2
Jarkovski 21 C5
Jarma 24 B5
Jarmen 14 B5
Jarnac 8 D3
Jarny 8 B6
Jarocin 17 C2
Jaroslaw 17 C4
Järpen 16 C5
Jarud 29 A6
Jarva-Jaani 21 A3
Jarvis 48 C4
Järvsö 16 C5
Jaschiv 22 C3
Jask 26 C6
Jaslo 17 D3
Jasper, Canada 41 D4
Jasper, Alabama 43 E9
Jasper, Texas 43 E8
JászberéNy 17 E3
Jataí 46 D5
Játiva 11 C5
Jaune, Mer 28 A7
Jaunpiebalga 21 B3
Java 31 C2
Java, Mer de 31 C2
Jávea 11 C6
Javorov 21 F2
Jawor 17 C2
Jayapura 31 C5
Jedrzejów 17 C3
Jefferson City 43 D8
Jegenstorf 15 F2
Jekabpils 21 B3

Jelenia Góra 17 C2
Jeleznogorskel 22 A4
Jelgava 21 B2
Jelgavkrasti 21 B3
Jember 28 E6
Jenaz 15 G4
Jendouba 35 A6
Jénine 25 E5
Jequié 46 D6
Jerada 35 A3
Jérémie 45 B2
Jeremoabo 46 C7
Jerez 44 C4
Jerez de la Frontera 11 D2
Jéricho 25 E5
Jerome 42 C4
Jersey 6 A2 8 B2
Jérusalem 25 E5
Jesenice 18 B1
Jesiorak, Lac 17 B3
Jessore 32 C7
Jesup 43 E10
Jeunesse, Île de la 45 A1
Jeytbaï 24 D3
Jezgazghan 24 B3
Jgourovka 21 E4
Jhalawar 32 C5
Jhansi 32 B5
Jhelum 32 A4
Jhunjhunu 32 B4
Ji'an 30 A2
Jiande 29 C5
Jiangsu 29 B5
Jiangxi 29 C5
Jianou 29 C5
Jianshui 29 C4
Jianyang 29 C5
Jiazuo 29 B5
Jiexiu 29 B5
Jigalovo 20 D11
Jigansk 20 C13
Jihlava 17 D2
Jilin 29 A6
Jilin, Province 29 A6
Jima 37 D4
Jiménez 44 B5
Jimulco 44 B4
Jinan 29 B5
Jinchuan 29 B4
Jingdezhen 29 C5
Jinghong 29 C4
Jingxian 29 C4
Jingyu 30 A2
Jinhua 29 C5
Jining 29 B5
Jinja 37 D4
Jinotega 46 A2
Jinotepe 46 B2
Jinxi, Gu Angxi 29 C4
Jinxi, Liaoning 29 A6
Jinzhou 29 A6
Jishou 29 C4
Jitkovitchi 21 D3
Jitomir 22 B3
Jiu 18 B3
Jiulong 29 C4
Jixi 29 A7
Jliaohe 30 A2
Jlobin 21 D4
Jmerynka 22 C3
João Pessoa 46 C7
Jódar 11 D4
Jodino 21 C4
Jodhpur 32 B4
Joensuu 16 C7
Jogeva 21 A3
Johannesbourg 38 C2
John Day 42 C3
Johnson City 43 D10
Johnstown 43 C11
Johor Baharu 31 B1
Johvi 21 A3
Joigny 8 C5
Joinville, Brésil 47 B4
Joinville, France 8 B6

Joinville, Île 50 G12
Jojutla 44 D5
Jokkmokk 16 B6
Joliet 43 C9
Jolo 31 B3
Jolymbet 24 A4
Jonava 21 C3
Jonesboro, Arkansas 43 D8
Jonesboro, Louisiane 43 E8
Joniskis 21 B2
Jönköping 16 D5
Jonzac 7 D3 9 D3
Joplin 43 D8
Jordan 42 B5
Jordanie 25 C2
Jorhat 29 C3
Jörn 16 B6
Jos 36 D4
Jos, Plateau de 33 C3
José de San Martin 47 D1
Joseph-Bonaparte, Golfe 49 A2
Josselin 8 C2
Jostedal 16 C4
Joubail 26 C4
Jourdain 25 E5
Joure 15 B4
Jouy-en-Josas 7 B5
Jovtnevoïe 22 B4
Jovtnevoïe 22 D4
Juan Adalma 44 B4
Juan Fernández, Îles 40 G2
Juanjuí 46 C3
Juárez 44 A2
Juazeiro 46 C6
Juazeiro do Norte 46 C7
Juba 37 D4
Jubba 26 C3
Juchipila 44 C4
Judenburg 13 A6
Juigalpa 46 A2
Juist 15 A5
Juiz de Fora 46 E6
Julia Creek 49 B4
Jullundur 32 A5
Jumilla 11 C5
Junagadh 32 C4
Junction 42 E7
Jundah 49 B4
Juneau 41 D3
Junosuando 16 B6
Juodkrante 21 C2
Juquiá 47 B3
Jura, Écosse 12 B3
Jura, France 6 B4
Jura, Canton, Suisse 15 F2
Jurbarkas 21 C2
Jurmala 21 B2
Juruá 46 C4
Juruena 46 D5
Jutiapa 46 A1
Juticalpa 46 A2
Jutland 4 B3
Juuka 16 C7
Juznyj Bug 21 F3
Jyväskylä 16 C7

K

Kaakhka 24 D2
Kaala-Gomen 10 A3
Kabala 36 D2
Kabalo 38 A2
Kabardie et Balkarie 20 E5 23 B2
Kabinda 38 A2
Kaboul 26 B8
Kabwe 38 B2
Kachgar 29 B1
Kadievka 22 C5
Kadina 49 C2

Kadinhani 19 B3
Kadirli 19 B3
Kadjaran 23 F4
Kadome 38 B3
Kaduna 36 C4
Kaechon 30 B1
Kaédi 36 C2
Kaesong 30 B2
Kaf 25 C2
Kaffrine 36 C2
Kaga 30 B4
Kaga Bandoro 37 D2
Kagan 24 D3
Kagoshima 30 D3
Kai 48 C1
Kaikoura 49 D7
Kaina 21 A2
Kainji, Lac 36 C4
Kaïrakty 24 B4
Kairouan 35 A6
Kaiserslautern 14 D2
Kaisiadorys 21 C3
Kaitaia 49 C7
Kaiyuan, Liaoning 29 A6
Kaiyuan, Yunnan 29 C4
Kajaani 16 B7
Kajabbi 49 A4
Kaka 37 C4
Kakamas 38 C2
Kakamega 37 D4
Kakeroma 30 E2
Kakhovka 22 D4
Kakhovka, Lac de 22 D4
Kaktovik 41 B3
Kakuma 37 D4
Kalaa-Kebira 35 A6
Kalabahi 31 C2
Kalahari, Désert du 33 G5
Kalai-Mor 24 D3
Kalajoki 16 B6
Kalam 32 A4
Kalamata 18 D3
Kalamazoo 43 C9
Kalat, Afghanistan 26 B8
Kalat, Pakistan 32 B3
Kalatch 22 B6
Kalbadjar 23 E4
Kalecik 19 A3
Kalemie 38 A2
Kalgoorlie 49 C2
Kaliakra, Cap 18 C5
Kalima 38 A2
Kalimantan 31 C2
Kálimnos 18 D4
Kaliniin 24 C2
Kaliningrad 21 C2
Kalinkovitchi 21 D4
Kalinivka 22 C3
Kalispell 42 B4
Kalisz 17 C3
Kalkaringi 49 A3
Kalkilya 25 E5
Kallaste 21 A3
Kalmar 16 D5
Kalmthout 15 C3
Kalnciems 21 B2
Kalouga 20 D4
Kalskrona 16 D5
Kaltenkirchen 14 B3
Kalumburu 49 A2
Kalundborg 16 E4
Kalvarija 21 C2
Kama, R. 20 D6
Kama, Lac de la 4 B5
Kamaishi 30 B5
Kamajai 21 C3
Kaman 19 B3
Kamanjab 38 B1
Kambalda 49 C2
Kamcija 18 C4
Kamen-Kachirski 22 B2
Kamenets 21 D2
Kamenets-Podolski 22 C2
Kamennomostski 23 A1

Kamil 26 D6
Kamina 38 A2
Kaminoyama 30 B5
Kamiyaku 30 D3
Kamloops 41 D4
Komo 23 E3
Kampala 37 D4
Kampen 15 B4
Kamtchatka 1 B9
Kamychine 20 D5
Kana 25 C2
Kanânga 38 A2
Kanazawa 30 B4
Kanchipuram 32 E5
Kandahar 26 B8
Kandalakcha 20 C4
Kandava 21 B2
Kandi 36 C4
Kandira 19 A2
Kandy 32 F6
Kangaatsiaq 41 C7
Kangal 19 B4
Kangan 26 C5
Kangaroo 49 C5
Kangchen-Junga 27 B3
Kangerlussuaq 41 C7
Kanggye 30 A2
Kangnung 30 B2
Kanin, Péninsule de 4 A5
Kânires 19 B5
Kaniv 22 C3
Kankaanpää 16 C6
Kankakee 43 C9
Kankan 36 C3
Kano 36 C4
Kanonli 30 C3
Kanoya 30 D3
Kanpur 32 B6
Kansai 30 C4
Kansas 42 D6
Kansas City, Kansas 43 D8
Kansas City, Missouri 43 D8
Kansk 20 D10
Kantishna 41 C2
Kanto 30 C5
Kanton 48 C5
Kanturk 12 D2
Kanye 38 C2
Kaohsiung 29 C6
Kaolack 36 C2
Kapar 23 F4
Kapfenberg 13 A6
Kapingamarangi 48 B2
Kapiri 38 B2
Kapit 31 B2
Kaposvár 17 E2
Kappeln 14 A3
Kapsan 30 A2
Kaptchagaï 24 C4
Kapuas 31 B2
Kapuvár 17 E2
Kara, Mer de 20 B7
Kara-Balta 24 C4
Kara-Kala 24 D2
Kara-Koul 24 C4
Kara-Myk 24 D4
Karabaglar 23 F3
Karabas 24 B4
Karabekaoul 24 D3
Karaboudakhkent 23 C4
Karaboutak 24 A3
Karabük 19 A3
Karacabey 19 A2
Karachaievsk 23 B1
Karachi 32 C3
Karagaïly 24 B4
Karaguinski 20 C17
Karaisali 19 B3
Karajal 24 B4
Karakol 24 C4
Karakoram 27 A2
Karaman 19 B3
Karamay 29 A2
Karamet-Niiaz 24 D3
Karamyk 24 D4

Karapinar 19 B3
Karasburg 38 C1
Karasjok 16 A7
Karasou 23 E5
Karassouk 20 D8
Karasu 19 A2
Karatas 19 B3
Karatchaï 23 B1
Karatchaï et Tcherkessie 20 C3
Karatchev 22 A4
Karaton 24 B2
Karatsu 30 C2
Karayazi 19 B5
Karbala 26 B3
Karchi 24 D3
Karditsa 18 D3
Kârdla 21 A2
Karesuando 16 A6
Kargalinskaya 23 B4
Kargassok 20 D9
Kargi 19 A3
Karia-Ba-Mohammed 35 A2
Kariba, Lac 38 B2
Karima 37 C4
Karimata, Détroit de 31 C2
Karis 16 C6
Karkinitsk, Golfe de 22 E4
Karlivka 22 C4
Karlovac 18 B1
Karlovo 18 C4
Karlovy Vary 17 C1
Karlsruhe 14 D3
Karmiyya 25 E5
Karnal 32 B5
Karnali 32 B6
Karnataka 32 E5
Karonga 38 A3
Karosa 31 C3
Karpathos 18 E4
Karpenision 18 D3
Kars 19 A5
Karsakpaï 24 B3
Karsava 21 B3
Karsiyaka 19 B1
Karumba 49 A4
Karviná 17 D3
Karwar 32 E4
Karyaï 18 C4
Kas 19 B2
Kasai 38 A1
Kasama 38 B3
Kasanga 38 A3
Kasar 33 E5
Kasaviourt 23 B4
Kasba-Tadla 35 B2
Kaseda 30 D3
Kashan 26 B5
Kashiwazaki 30 B5
Kashmar 26 A5
Kaskö 16 C6
Kasongo 38 A2
Kasos 18 E4
Kaspi 23 D3
Kaspiïsk 23 C4
Kassala 37 C4
Kassel 14 C3
Kasserine 35 A6
Kassinga 38 B1
Kastamonu 19 A3
Kastoria 18 C3
Kasur 32 A4
Kataba 38 B2
Katchiry 24 A4
Katchoug 20 D11
Katerini 18 C3
Katha 32 C9
Katherine 49 A3
Katihar 32 B7
Katmandou 32 B7
Katoomba 49 C5
Katowice 17 C3
Katsina 36 C2
Katsuura 30 C5

Kattakourgan 24 D3
Kattara, Dépression de 33 B5
Kattegat 16 D4
Kauai 48 A5
Kaufbeuren 14 E4
Kaunas 21 C2
Kaura Namoda 36 C4
Kautokeino 16 A6
Kavak 19 A4
Kavala 18 C4
Kavieng 48 C2
Kaw 10 D9
Kawasaki 30 C5
Kawdut 32 D9
Kaya 36 C3
Kayasa 31 C3
Kayes 36 C2
Kayseri 19 B3
Kazakh 23 D3
Kazakhstan 24 B3
Kazalinsk 24 B3
Kazan, R., Canada 41 C5
Kazan, Russie 20 D5
Kazanka 22 D4
Kazanandjik 24 D2
Kazarman 24 C4
Kazatin 22 C3
Kazbegui 23 C3
Kazerun 26 C5
Kazi-Magomed 23 E5
Kazimkarabokii 19 B3
Kea 18 D4
Kearney 42 C7
Keban 19 B4
Keban, Lac 19 B4
Kebili 35 B6
Keçiborlu 19 B2
Kecskemét 17 E3
Keda 23 D1
Kedainiai 21 C2
Kédougou 36 C2
Kedzierzyn-Kozle 17 C3
Kefar Sava 25 E5
Keflavik 16 B1
Kegen 24 C4
Kehra 21 A3
Keith 12 B5
Kelang 31 B1
Kelhelm 14 D4
Kelibia 35 A6
Kelkit 19 A4
Kellerberrin 49 C1
Kellogg 42 B3
Kelloselkä 16 B7
Kelme 21 C2
Kelowna 41 E4
Kelso 42 B2
Kem 20 C4
Kemah 19 B4
Kemaliye 19 B4
Kemalpasa 19 A5
Kemerhisar 19 B3
Kemerovo 20 D9
Kemi 16 B7
Kemi, R. 16 B7
Kemijärvi 16 B7
Kemmerer 42 C4
Kemps Bay 45 A2
Kempsey 49 C5
Kempten 14 E4
Kenai 41 C2
Kendal 12 C5
Kendari 31 C3
Kenema 36 D2
Kengtung 32 C10
Kenitra 35 A2
Kenmare 12 E2
Kenmare, Baie de 12 E1
Kenn 49 B5
Kennett 43 D9
Kennewick 42 B3
Keno Hill 41 C3
Kenosha 43 C9
Kent 12 E7
Kentaou 24 C3
Kentucky 43 D10

Kenya 37 D4
Kenya, Mont 33 D6
Keokuk 43 C8
Kepno 17 C2
Kerala 32 E5
Kerem Shalom 25 C2
Keren 37 C4
Kergez 23 E5
Kerguelen, îles 1 G6
Kerinci 27 E5
Kerkdriel 15 C4
Kerki 24 D3
Kerkrade 15 D5
Kerman 26 B6
Kerns 15 G3
Kérouané 36 D3
Keroulen 29 A5
Kerrville 42 E7
Kerry 12 D2
Kertch 22 E5
Kertch, Détroit de 22 E5
Kerzers 15 G2
Kesan 19 A1
Kesap 19 A4
Kesennuma 30 B5
Keskin 19 B3
Kestep 19 B2
Keswick 12 C5
Keszthely 17 E2
Ket 20 D9
Ketchikan 41 D3
Ketchum 42 C4
Ketrzyn 17 A3
Key Largo 43 F10
Key West 43 G10
Khabarovsk 20 E14
Khabez 23 A1
Khach 26 C7
Khachouri 23 D2
Khaibar 26 C2
Khaichi 23 C2
Khajdarken 24 D4
Khajraho 32 C5
Khakassie 20 D10
Khalmg-Tangtch-
  Kalmykie 20 E5
Khalatch 24 D3
Khaluf 26 D6
Khanlar 23 E4
Khan Sheikhun 25 B2
Khan Younis 25 E5
Khandwa 32 C5
Khanka, Lac 29 A7
Khanpur 32 B4
Khantaou 24 C4
Khanty-Mansis, DN des
  20 C7
Kharagaouli 23 C2
Kharagpur 32 E7
Kharbata 25 E5
Kharkiv 22 B5
Khartoum 37 C4
Khasaout 23 B2
Khash 32 A2
Khasi-Jainta 27 B4
Khaskovo 18 C4
Khatanga 20 B11
Khatanga, R. 20 B11
Khatchmaz 23 D5
Khaybar 26 E3
Khemisset 35 B2
Khenchela 35 A5
Khenifra 35 B2
Kherrata 35 A5
Kherson 22 D4
Khilok 20 D12
Khimoï 23 C3
Khislavitchi 21 C5
Khiva 24 C3
Khmilnik 22 C2
Khmelnitski 22 C2
Khodjeili 24 C2
Khodjent 28 A1
Khoïniki 21 E4
Kholm, Afghanistan
  26 A8

Kholm, Russie 21 B4
Kholmsk E15
Kholmetch 21 D4
Khon Kaen 31 A1
Khong 31 A2
Khor Bikin 20 E14
Khorat, Plateau de 27 C5
Khorhogo 36 D3
Khoro 22 C4
Khorog 24 D4
Khorramabad 26 B4
Khorramshahr 26 B4
Khotimsk 21 D5
Khotin 22 C2
Khotynitchi 21 D3
Khoudat 23 D5
Khoulo 23 D2
Khounzakh 23 C4
Khouribga 35 B2
Khoust 22 C1
Khromtaov 24 2A
Khulna 32 C7
Khurma 26 D3
Khuzdar 32 B3
Khvaf 26 B7
Khvantchkara 23 C2
Khvor 26 B6
Kiievka 24 A4
Kidal 36 C4
Kidira 36 C2
Kiel 14 A4
Kiel, Baie de 14 A4
Kielce 17 C3
Kieta 48 C2
Kiev 22 B3
Kiev, Lac 22 B3
Kiffa 36 C2
Kigali 38 C1
Kigi 19 B5
Kigoma 38 A2
Kihelkonna 21 A2
Kihnu 21 A2
Kijevskoje 21 E4
Kikai 30 D2
Kikinda 18 B3
Kikonai 30 A5
Kikwit 38 A1
Kilafors 16 C5
Kilchu 30 A2
Kildare 12 D3
Kilia 22 E3
Kilimandjaro 33 E6
Kilingi-Nomme 21 A3
Kilis 19 B5
Kilkenny 12 D3
Kilkenny, Comté 12 D3
Kilkis 18 C3
Killarney 12 D2
Killeen 42 E7
Killybegs 12 C2
Kilmarnoch 12 C4
Kilosa 38 A3
Kilrush 12 D2
Kilwa 38 A3
Kimba 49 C3
Kimbe 48 C2
Kimberley 38 C2
Kimchaek 30 A2
Kimito 21 A2
Kinabalu 27 D6
Kindia 36 C2
Kindu 38 A2
Kinechma 20 D5
King 49 C4
King's Lynn 12 D7
Kingisepp 21 A4
Kingman 42 D4
Kingman Reef 48 B4
Kingoonya 49 C3
Kingsport 43 D10
Kingston, Canada 41 E6
Kingston, États-Unis
  43 C12
Kingston, R.-U. Londres
  12 E6
Kingston, R.-U.,
  Humberside 12 D6

Kingston, Jamaïque
  45 B2
Kingsville 42 F7
Kingtown 45 B4
Kinic 19 B1
Kinsale 12 E2
Kinsarvik 16 C4
Kinshasa 38 A1
Kinston 43 D11
Kira Kira 48 C3
Kirbla 21 A2
Kirensk 20 D11
Kiri 38 A1
Kiribati 48 C3
Kirichi 21 A5
Kirikhan 19 B4
Kirikkale 19 B3
Kiritimati 48 B5
Kirkagaç 19 B1
Kirkenes 16 A8
Kirkjubaejarklaustur
  16 C1
Kirkland Lake 41 E6
Kirklareli 19 A1
Kirkouk 26 A3
Kirksville 43 C8
Kirkwall 12 A5
Kirov 20 D5
Kirovo 21 E4
Kirovohkrad 22 C4
Kirovsk 21 D4
Kirovski 24 C4
Kirriemuir 12 B5
Kirsehir 19 B3
Kirthar, Monts 27 B1
Kiruna 16 B6
Kirvitchi 21 C3
Kiryu 30 B5
Kisangani 37 D3
Kishiwada 30 C4
Kisimaio 37 E5
Kiskörös 17 E3
Kiskunfélegyhàza 17 E3
Kislovodsk 23 B2
Kismayo 34 E7
Kissidougou 36 D2
Kisumu 37 E4
Kita 36 C3
Kitab 24 D3
Kitaibaraki 30 B5
Kitakami 30 B5
Kitakata 30 B5
Kitakyushu 30 C3
Kitami 30 A6
Kitimat 41 D4
Kittilä 16 B7
Kitwe 38 B2
Kitzbühel 13 A5
Kivu, Lac 38 A2
Kizilcahamam 19 A3
Kizilirmak 19 B4
Kiziltepe 19 B5
Kizliar 23 B4
Kizy-Arvat 24 D2
Kizyl-Atrek 24 D2
Kladanj 18 B2
Kladno 17 C2
Klagenfurt 13 A6
Klaipeda 21 C2
Klamath Falls 42 C2
Klar 16 C5
Klatovy 17 D1
Klessov 22 B2
Kletnya 21 D5
Klimovitchi 21 D4
Klintsy 21 D5
Klitchev 21 D4
Klodzko 17 C2
Klooga 21 A3
Kloster 14 A5
Klosters 15 G4
Kloten 15 F3
Kluczbork 17 C3
Knin 18 B2
Knittelfeld 13 A6
Knobi 23 C1
Knokke-Heist 8 A5

Knoxville 43 D10
Kobe 30 C4
Kobimigan 24 D4
Koblenz 15
Kobouleti 23 D1
Kobrin 21 D3
Kocaeli 19 A2
Kocani 18 C3
Koçarli 19 B1
Kocevje 18 B1
Kochang 30 C2
Kochi 30 C3
Kodiak 41 D7
Kodok, Fachoda 37 D4
Kodori 23 C1
Kodyma 22 C3
Koforidua 36 D3
Kofu 30 C5
Kohima 32 B8
Kohtla-Jarve 21 A3
Kohung 30 C2
Kojonup 49 C1
Kokand 24 C4
Kokchetavo 24 A3
Kokemäen 16 C6
Kokemäki 16 C6
Kokkola 16 C6
Kokomo 43 C9
Kokonau 31 C5
Kokpekty 24 B5
Koksan 30 B2
Kokstad 38 D2
Kola, Péninsule de 4 A4
Kolaka 31 3C
Kolari 16 B6
Kolasin 18 C2
Kolbtcha 21 D4
Kolda 36 C2
Kolding 16 E4
Kolgouiev 20 C5
Kolhapur 32 D4
Kolín 17 D2
Kolka 21 B2
Kolno 17 B3
Kolobrzeg 17 A2
Kolomyia 22 C2
Kolouton 24 A3
Kolpino 21 A4
Koluszki 17 C3
Kolwezi 38 B2
Kolyma 20 C15
Komarin 21 E4
Komárno 17 E3
Komatipoort 38 C3
Komis 20 C6
Komis-Permiaks, DN des
  20 D6
Komissi 23 C2
Komló 17 E3
Kompong Chnang 31 A1
Kompong Som 31 A1
Komsomolsk, Turkm.
  24 D3
Komsomolsk, Ukraine
  22 C4
Komsomolsk/Amour
  20 D14
Komsomolski 24 B2
Kon Tum 31 A2
Konagkend 23 D5
Kondega 21 A5
Kondoa 38 A3
Koné 10 B3
Kongju 30 B2
Kongolo 38 A2
Konin 17 B3
Köniz 15 G2
Konolfingen 15 G2
Konotop 22 B4
Konpong Cham 28 C5
Konskie 17 C3
Kontiomäki 16 B7
Konya 19 B3
Koonga 21 A3
Koonibba 49 C3
Koounradski 24 B4
Kópasker 16 B2

Koper 18 B1
Kophet-Dag 27 A1
Koppang 16 C4
Koprivnica 18 B2
Kopti 22 B3
Kopyl' 21 D3
Kopys 21 C4
Koraput 32 D6
Korarou, Lac 36 C3
Korbach 14 C3
Korbo 21 A2
Korçë 18 C3
Korcula 18 C2
Korgessaare 21 A2
Koriaks, DN des 20 C17
Koriyama 30 B5
Korkuteli 19 B2
Korla 29 A2
Korma 21 D4
Kormatiki, Cap 25 B1
Kormontibo 10 D7
Koronadal 31 B3
Koronowo 17 B2
Koror 48 B1
Korosten 22 B3
Korostychev 22 B3
Korsakov 29 A8
Korsnäs 16 C6
Koryoukovka 22 B4
Kos 18 D4
Koscian 17 B2
Koscierzyna 17 A2
Kosciusko, Mont 1 F8
Kose 21 A3
Kösefakili 19 B3
Koohiki, Îles 30 D2
Kosice 17 D3
Kosong 30 B2
Kosovo 5 C6
Kosovska Mitrovica
  18 C3
Kosrae 48 B3
Kossev 22 C2
Kossovo 21 D3
Kosti 37 C4
Kostiantynyvka 22 C5
Kostopil 22 B2
Kostroma 20 D5
Kostrzyn 17 B2
Kostioukovitchi 21 D4
Kosu-Shima 30 C5
Koszalin 17 A2
Kota 32 B5
Kota Baharu 31 B1
Kota Kinabalu 31 B3
Kotabumi 31 C1
Kotchoubeï 23 A4
Kotelva 22 B4
Köthen 14 C4
Kotka 16 C7
Kotlas 20 C5
Kotor, Bouches de 18 C2
Kotoui 20 B11
Kotovka 22 C4
Kotovsk, Ukraine 22 D3
Kottagudem 32 D6
Kotto 37 D3
Kotzebue 41 C2
Kotzebue, Baie de 41 C2
Kouban 4 C4
Kouchni 23 D4
Koudara 24 D4
Koudougou 36 C3
Koudymkar 20 D6
Koulamoutou 38 A1
Koulsary 24 B2
Koulandy 24 B2
Kouliab 24 D3
Koulikoro 36 C3
Koulikovka 22 B3
Koum-Dag 24 D2
Kouma 4 C5
Koumac 10 A3
Koumli 23 B4
Koumoukh 23 C4
Koundara 36 C2
Koungour 20 D6

Koungrad 24 C2
Kounia-Ourgentch 24 C2
Koupiansk 22 C5
Koura, Azerbaïdjan
  23 E4
Koura, Géorgie 23 D2
Kourakh 23 D4
Kourgaldjino 24 A4
Kourgan 20 D7
Kourgan-Tioube 24 D0
Kouriles 20 E16
Kouriles mérid., Îles
  30 A7
Kourou 10 C8
Kouroussa 36 C3
Koursk 20 D4
Kourskaïa 23 A3
Kourskaïa, Flèche de
  17 A3
Kourski, Baie 21 C2
Kousparty 23 B2
Koutaïsi 23 C2
Koutkatchen 23 E4
Kouvola 16 C7
Kovarskas 21 C3
Kovel 22 B2
Kovoso 18 C3
Kovpyta 22 B3
Koweït 26 C4
Koweït-City 26 C4
Kowloon 29 C5
Koyuku 41 C2
Koyulhisar 19 A4
Kozagaci 19 B2
Kuzakli 19 B3
Kozan 19 B3
Kozani 18 C3
Kozluk 19 B5
Kragerø 16 D4
Kragujevac 18 B3
Krajnovka 23 B4
Kraljevo 18 B3
Kralovany 17 D3
Kramatorsk 22 C5
Kramfors 16 C5
Krasnaïa Poliana 23 B1
Krasnik 21 E2
Krasnik Fabryczny 17 C4
Krasnoarmeisk 24 A3
Krasnoarmejsk 22 C5
Krasnodar 5 C7
Krasnodon 22 C5
Kraonofarfornyi 21 A4
Krasnohrad 22 C4
Krasnohvardeyskoïe
  22 E4
Krasnoïarsk 20 D10
Krasnolesje 21 C2
Krasnoostrovskiy 21 A4
Krasnoperekopsk 22 E4
Krasnopolje 22 B4
Krasnopolye 21 D4
Krasnoznamensk 21 C2
Krasnyi Loutch, UK.
  22 C5
Krasnyi-Loutch, Rus.
  21 B4
Kratie 31 A2
Kraziai 21 C2
Krefeld 14 C2
Kremenec 21 E3
Kremenets 22 B2
Krementchouk 22 C4
Krementchouk, Lac de
  22 C4
Krems 13 A6
Kresttsy 21 A5
Kretinga 21 C2
Kreuzlingen 15 F4
Kribi 37 D2
Krillovka 22 D4
Krishna 32 D5
Kristiansand 16 D4
Kristianstad 16 D5
Kristiansund 16 C4
Kristiinankaupunki 16 C6
Kritchev 21 D4

Krivochin 21 D3
Krk 18 B1
Krnov 17 C2
Krolevets 22 B4
Kromeriz 17 D2
Kronach 14 C4
Kronstadt 21 A4
Kroonstad 38 C2
Krosno 17 D3
Kfougloïe 21 C4
Krouvshinovo 21 B5
Krovelec 21 E5
Krsko 18 B1
Krujë 18 C2
Krupina 17 D3
Kryjopol 22 D3
Krynica 17 D3
Kryvyi Rih 22 D4
Ksar el-Kebir 35 A2
Ksar-Chellala 35 A4
Kuala Lipis 31 B1
Kuala Lumpur 31 B1
Kuala Terengganu 31 B1
Kualakurun 31 C2
Kuandian 30 A1
Kuantan 31 B1
Kubokawa 30 C3
Kuching 31 B2
Kuchino 30 D2
Kudat 31 B3
Kufstein 13 A5
Kuhmo 16 B7
Kuibis 38 C1
Kuito 38 B3
Kuivastu 21 A2
Kuji 30 A5
Kukës 18 C3
Kuku Nor, Lac 29 B3
Kula 19 B2
Kulaelae 48 C4
Kulata 18 C3
Kulautuva 21 C2
Kuldiga 21 B2
Kulgera 49 B3
Kullorsuaq 41 B7
Kulmbach 14 C4
Kulu 19 B3
Kum-gang 30 B2
Kumamoto 30 C3
Kumano 30 C4
Kumasi 36 D3
Kume 30 E2
Kumje 30 C2
Kumla 16 D5
Kunashiri 30 A6
Kunda 21 A3
Kundiawa 48 C2
Kunduz 24 B4
Kunduz, R. 32 A3
Kunlun Shan 27 A3
Kunming 29 C4
Kunsan 30 B2
Kunszentmárton 17 E3
Kununurra 49 A2
Kuopio 16 C7
Kupa 18 B1
Kupang 31 C3
Kupiskis 21 C3
Kurashiki 30 C3
Kurayoshi 30 C3
Kurdzhali 18 C4
Kure 30 C3
Küre 19 A3
Kureiyima 25 E5
Kuressaare 21 A2
Kurgolovo 21 A4
Kuria 48 B3
Kurnool 32 D5
Kursenai 21 B2
Kursunlu 19 B4
Kurtalan 19 B5
Kus, Lac 19 A1
Kushima 30 D3
Kushimoto 30 C4
Kushiro 30 A6
Kusong 30 B1
Kut 26 B4

Kütahya 19 B2
Kutná Hora 17 D2
Kutno 17 B3
Küttigen 15 F3
Kutu 38 A1
Kutubdia 32 C8
Küty 17 D2
Kuusamo 16 D7
Kuytun 29 A2
Kvaissi 23 C2
Kvareli 23 D3
Kvemo Ajara 23 B1
Kvikkjokk 16 B5
Kviteseid 16 D4
Kwa 38 A1
Kwajalein 48 B3
Kwamouth 38 A1
Kwangju 30 C2
Kwekwe 38 B3
Kwidzyn 17 B3
Kwilu 38 A1
Kyaukpyu 32 D8
Kyle of Lochalsh 12 B4
Kynuna 49 B4
Kyoga, Lac 37 D4
Kyonghung 30 A3
Kyongju 30 C2
Kyoto 30 C4
Kyparissia, Golfe de
  18 D3
Kyrenia 25 B1
Kyritz 14 B5
Kythnos 18 D4
Kyushu 30 C3
Kyustendil 18 C3
Kyzyl 20 D10
Kyzyl-Kia 24 C4
Kyzylrabot 24 D4
Kzyltou 24 A4

L

L'Aigle 8 B4
L'Aiguillon 8 C3
L'Ariana 35 A6
L'Espérou 9 D5
L'Haÿ-les-Roses 7 B5
L'Hospitalet 11 B7
L'Île-Rousse 9 E7
L'Isle-Adam 8 B5
L'Ouban 21 D4
La Algaba 11 D2
La Asunción 46 A4
La Babia 44 B4
La Bañeza 11 A3
La Baule 8 C2
La Brecha 44 B2
La Canée 18 E4
La Canourgue 9 D5
La Caravelle, Presqu' île
  10 A2
La Carolina 11 C4
La Ceiba 46 A2
La Chaise-Dieu 9 D5
La Charité-sur-Loire 8 C5
La Châtre 7 C4 8 C4
La Chaux-de-Fonds
  15 F1
La Ciotat 9 E6
La Corogne 11 A1
La Crosse 43 C8
La Cruz 44 C3
La Cuesta 44 A4
La Désirade 10 E2
La Esmeralda 46 B4
La Estrada 11 A1
La Ferté-Bernard 8 B4
La Flèche 7 C4 8 C3
La Foa 10 B4
La Forestière 10 C7
La Gineta 11 C5
La Grande 42 B3
La Grande Anse 10 E1
La Grande Casse 6 B4
La Grande-Motte 9 E6

La Grange **43** E10
La Grave **9** D7
La Guardia **11** B1
La Guerche-de-Bretagne **8** C3
La Hague, Cap de **8** B3
La Havane **45** A1
La Haye **15** B3
La Huerta **44** D3
La Javie **9** D7
La Joyta **44** A1
La Junta **42** D6
La Línea de la Concep. **11** D3
La Loupe **8** B4
La Louvière **15** D3
La Maddalena **13** D3
La Madrid **47** B2
La Mare, Pointe **10** A1
La Mecque **26** D2
La Merce **11** A2
La Mère Pointe Béhague **10** D9
La Mestenas **44** A3
La Montaña **40** D3
La Mure **9** D6
La Nouvelle-Orléans **43** F9
La Orchila **45** C3
La Palma **46** B3
La Panne **15** C1
La Paragua **46** B4
La Paz, Argentine **47** C3
La Paz, Bolivie **46** D4
La Paz, Honduras **46** A2
La Paz, Mexique **44** B2
La Petite-Pierre **8** B7
La Plata **47** C3
La Poza **44** B1
La Puebla **11** C7
La Puebla de Cazala **11** D3
La Purisima **44** B1
La Réole **9** D3
La Réunion **10** B8
La Rioja **47** B2
La Robla **11** A3
La Roche **15** G2
La Roche-Bernard **8** C2
La Roche-Posay **8** C4
La Roche-sur-Yon **6** B2 **7** C3
La Rochefoucauld **8** D4
La Rochelle **6** B2 **7** C3 **8** C3
La Roda **11** C4
La Romana **45** B3
La Ronge **41** D5
La Rosita **44** A4
La Rua **11** A2
La Serena, Chili **47** B1
La Serena, Espagne **11** C3
La Solana **11** C4
La Soufrière **10** E1
La Souterraine **8** C4
La Spezia **13** B3
La Tortuga **45** C4
La Tour-du-Pin **7** D6 **8** D6
La Trinité **10** B2
La Tuque **41** E6
La Union **44** D4
La Valette **36** A5
La Valette **5** D5
La-Ferté-Saint-Aubin **8** C4
La-Skhirra **35** A6
La Tranche-sur-Mer **8** C3
Labe **17** C2
Labé **36** C2
Labouheyre **9** D3
Labrador, Mer du **41** D7

Labrador, Péninsule du **39** B6
Lábrea **46** C4
Labuha **31** C4
Labutta **32** D9
Lacanau **9** D3
Lacaune **9** E5
Lachen **15** F3
Laconia **43** C12
Lacq **9** E3
Ladispoli **13** D5
Ladiz **32** B2
Ladoga, Lac **20** C4
Lae **48** C2
Lae, Île **48** B3
Laerdal **16** C4
Læsø **16** D4
Lafayette, Indiana **43** C9
Lafayette, Louisiane **43** E8
Lågen **16** C4
Laghouat **35** B4
Lagny-sur-Marne **7** B5
Lagodheki **23** D4
Lagonegro **13** D6
Lagos **36** D4
Lagos, Nigeria **34** D3
Lagos, Portugal **11** D1
Lagos de Moreno **44** C4
Laguépie **9** D5
Laguna de Términos **44** D7
Laguna Madre **44** B5
Lahad Datu **31** B3
Lahat **31** C1
Lahore **32** A4
Lahr **14** D2
Lahti **16** C7
Laï **37** D2
Lai Chau **31** A1
Lairg **12** A4
Lajes **47** B3
Lake City **43** E10
Lake Havasu City **42** E4
Lake Nash **49** B3
Lakeland **43** F10
Lakeview **42** C2
Lakewood **42** D5
Lakhish **25** E5
Lakselv **16** A7
Lalapasa **19** A1
Lamar **42** D6
Lamarque **9** D3
Lambaréné **37** A2
Lamego **11** B2
Lamentin **10** E1
Lamesa **42** E6
Lamia **18** D3
Lamotrek **48** B2
Lamotte-Beuvron **8** C4
Lampang **31** A1
Lampasas **42** E7
Lampeter **12** D4
Lanaken **15** D4
Lancang **29** C3
Lancang, R. **28** A4
Lancashire **12** D5
Lancaster, É.-U., Californie **42** E3
Lancaster, É.-U., Ohio **43** D10
Lancaster, Royaume-Uni **12** C5
Lanciano **13** C6
Lancy **15** G1
Land's End, Cap **4** B2
Landay **26** B7
Lander **42** C5
Landes **6** C2
Landshut **14** D5
Lanemezan, Plateau de **6** C3
Lang Son **31** A2
Langeac **9** D5
Langeais **8** C4
Langenau **14** D2
Langenthal **15** F2

Langnau **15** G2
Langogne **9** D5
Langon **7** D3 **9** D3
Langres **7** C6 **8** C6
Langres, Plateau de **6** B4
Langsa **31** B1
Langtry **44** A4
Languedoc, Plaine du **6** C3
Languedoc-Roussillon **7** E5
Langwies **15** G4
Lannilis **8** B1
Lannion **7** B2 **8** B2
Lanouaille **9** D4
Lansing **43** C10
Lanuse **13** E3
Lanzarote **36** B2
Lanzhou **29** B4
Lao Cai **29** C4
Laoag **31** A3
Laois **12** D3
Laon **6** A3 **7** B5 **8** B5
Laos **31** A1
Lapalisse **8** C5
Laponie **4** A4
Lappeenranta **16** C7
Laptev, Mer de **20** B13
Lapua **16** C6
Lapy **17** B4
Laquedives **32** F4
Lar **26** C5
Laracha **11** A1
Laramie **42** C5
Larantuka **31** D4
Larrainzar **44** D6
Larrimah **49** A3
Laruns **9** E3
Las Anod **37** D5
Las Choapas **44** D6
Las Cruces **42** E5
Las Heras **47** D2
Las Lomitas **47** B2
Las Margaritas **44** D6
Las Palmas **34** B1
Las Plumas **47** D2
Las Tablas **46** B3
Las Varas **44** C3
Las Vegas, Nevada **42** D3
Las Vegas, Nouv. Mex. **42** D5
Lashio **32** C9
Lashkargah **26** B7
Lastovo **18** C2
Lata **23** B1
Latacunga **46** C3
Latchine **23** F4
Latina **13** D5
Latium **13** C5
Lattaquié **25** C2
Lauenburg **14** B4
Lauenen **15** F2
Laufelfingen **15** F2
Laufen **15** F2
Laufenburg **15** F3
Launceston, Australie **49** D4
Launceston, R.-U. **12** E4
Laura **49** A4
Laurel **43** E9
Lausanne **15** G1
Lauterbach **14** C3
Lauwers, Lac de **15** A5
Lauzon **9** D4
Laval **6** A2 **7** B3 **8** B3
Lavaur **9** E4
Lavelanet **9** E4
Lavello **13** D6

Laverton **49** B2
Lawrence **43** D7
Lawton **42** E7
Lay **8** C3
Layla **26** D4
Laysan **48** A4
Lazarev **20** D15
Lázaro Cardenas **44** D4
Lazdijai **21** C2
Lazo **20** C14
Le Blanc **7** C4 **8** C4
Le Bourget **7** B5
Le Bourget, Isère **8** D6
Le Caire **37** B4
Le Cap **38** D1
Le Carbet **10** B1
Le Cateau **8** A5
Le Caylar **9** E5
Le Châble **15** G2
Le Conquet **8** B1
Le Creusot **8** C6
Le Croisic **8** C2
Le Crotoy **8** A4
Le Diamant **10** C1
Le Faou **8** B1
Le François **10** B2
Le Gosier **10** E2
Le Havre **7** B4 **8** B4
Le Helder **15** B3
Le Lamentin **10** B2
Le Lavandou **9** E7
Le Locle **15** F1
Le Lorrain **10** A1
Le Mans **6** B3 **7** B4 **8** B4
Le Marin **10** C2
Le Mas-d'Azil **9** E4
Le Mont-Dore **9** D5
Le Morne-Rouge **10** A1
Le Morne-Vert **10** B1
Le Moule **10** E2
Le Noirmont **15** F1
Le Port **10** A7
Le Prêcheur **10** A1
Le Puy-en-Velay **7** D5 **9** D5
Le Raincy **7** B5
Le Robert **10** B2
Le Tampon **10** B8
Le Touquet **8** A4
Le Tréport **8** A4
Le Vauclin **10** B2
Le Verdon **9** D3
Le Vigan **7** D5 **9** E5
Le-Kef **35** A6
Le-Kreïder **35** A3
Lead **42** C6
Leaf **41** D6
Lebanon **43** C12
Lebedyn **22** B4
Lebiajie **24** A4
Lebork **17** A2
Lebrija **11** D2
Lebu **47** C1
Leça da Palmeira **11** B1
Lecce **13** D7
Lecco **13** B3
Lectoure **9** E4
Lede **15** D2
Ledesma **11** B2
Ledo **32** B9
Leeds **12** D6
Leek **15** A5
Leer **14** B2
Leerdam **15** C4
Leeuwarden **15** A3
Lefremov **22** A5
Lefroy, Lac **49** C3
Legazpi **31** A3
Legionowo **17** B3
Legnica **17** C2
Leh **32** A5
Lehrte **14** B3
Leicester **12** D6
Leicestershire **12** D6
Leiden **15** B3

Leigh Creek 49 C3
Leikanger 16 C4
Leipalingis 21 C2
Leipzig 14 C5
Leiria 11 C1
Leisk 22 D5
Leitrim 12 C2
Lek 15 C3
Leltchitsy 21 E4
Lelystad 15 D4
Léman, Lac 8 C7
Lembeye 9 E3
Lemgo 14 B3
Lemmer 15 B4
Lemnos 18 D4
Lena 20 B13
Lenguer 24 C3
Leninogor 24 A5
Lens 7 A5 8 A5
Lensk 20 C12
Lentekhi 23 C2
Lentvaris 21 C3
Lenzburg 15 F3
Leoben 13 A6
Léogâne 45 B3
León, Espagne 11 A3
León, Mexique 44 C4
León, Nicaragua 46 A2
Leonora 49 B2
Lepe 11 D2
Lepel 21 C4
Lepsy 24 B4
Léré 37 D2
Lérida 11 B6
Lerma 11 A4
Leros 18 D4
Lerwick 12 A6
Les Abymes 10 E2
Les Andelys 7 B4 8 B4
Les Anses-d'Arlets 10 C1
Les Avirons 10 B7
Les Cayes 45 B3
Les Essarts 8 C3
Les Eyzies 9 D4
Les Gets 15 G1
Les Grenadines 45 B4
Les Haudères 15 G2
Les Ponts de Martel 15 F1
Les Sables-d'Olonne 8 C3
Les Saintes 10 F1
Les-Trois-Îlets 10 C1
Les Verrières 15 G1
Lesbos 18 D4
Leshan 29 C4
Lésigny 7 B5
Leskovac 18 C3
Lesotho 38 C2
Lesparre-Médoc 7 D3 9 D3
Lessay 8 B3
Lessen 15 D2
Lessogorsk 20 E15
Lessozavodsk 20 E14
Leszno 17 C2
Lethbridge 41 E4
Lethem 46 B5
Leticia 46 C3
Letitchiv 22 C2
Letterkenny 12 C3
Lettonie 21 B3
Leuca 13 E7
Leucade 18 D3
Leuser 27 D4
Leuze 15 D2
Levadhia 18 D3
Levanger 16 C4
Leverkusen 8 A7
Levet 8 C5
Levice 17 D3
Lewes 12 E7
Lewis 12 A3
Lewiston 42 B3
Lewistown 42 B5

Lexington, Kentucky 43 D10
Lexington, Nebraska 42 C7
Leydsdorp 38 C3
Leye 29 C4
Leyte 31 A4
Lezajsk 17 C4
Lézarde 10 B1
Lezhë 18 C2
Lezuza 11 C4
Lgov 22 B4
Lhari 29 B3
Lhassa 29 C3
Lhazhong 29 B2
Lhokseumawe 31 B1
Lhorong 29 B3
Liakhvi 23 C2
Liakhovitchi 21 D3
Liao 30 A1
Liao Hé 29 A6
Liaoning 29 A6
Liaoyang 29 A6
Liaoyuan 29 A6
Liard 41 D4
Liban 25 B2
Libby 42 B3
Libenge 37 D2
Liberal 42 D6
Liberec 17 C2
Liberia, Costa Rica 46 B2
Liberia, État 36 D3
Libourne 7 D3 9 D3
Librazhd 18 C3
Libreville 37 D1
Libye 37 B2
Licata 13 F5
Lice 19 B5
Lichinga 38 B3
Lichtenfels 14 C4
Lida 21 D3
Lidingo 21 A1
Lido 13 B5
Lido di Ostia 13 D5
Lidzbark-Warminski 21 C2
Liechtenstein 13 A3
Liège 15 D4
Liège, Prov. 15 D4
Lleksa 16 C8
Lielupe 21 B2
Lienz 13 A5
Liepaja 21 B2
Liepna 21 B3
Lierneux 15 D4
Lierre 15 C3
Liestal 15 F2
Lifford 12 C3
Lifou 10 B6
Ligne, Îles de la 48 B5
Ligny-en-Barrois 8 B6
Ligure 13 B3
Ligurie 13 B3
Ligurienne, Mer 13 C3
Lihou 49 A5
Likasi 38 B2
Lille 6 A3 7 A5 8 A5
Lillehammer 16 C4
Lillesand 16 D4
Lillestrøm 16 C4
Lillo 11 C4
Lilongwe 38 B3
Lima, États-Unis 43 C10
Lima, Pérou 46 D3
Limanowa 17 D3
Limassol 25 B1
Limavady 12 C3
Limbazi 21 B3
Limbourg, Belgique 15 D4
Limbourg, Pays-Bas 15 C4
Limbourg, Prov. Belgique 15 C4
Limburg 14 C3

Limerick 12 D2
Limerick, Comté 12 D2
Limmat 15 F3
Limoges 6 B3 7 D4 9 D4
Limon 42 D6
Limón 46 B2
Limousin 7 D4
Limoux 7 E5 9 E5
Limpopo 38 C3
Linares, Chili 47 C1
Linares, Espagne 11 C4
Linares, Mexique 44 B5
Lincang 29 C4
Lincoln City 42 C2
Lincoln, États-Unis 42 C7
Lincoln, U.-R. 12 D6
Lincolnshire 12 D6
Lindesnes, Cap 4 B3
Lindi 38 A3
Lindos 18 D5
Lingao 29 C4
Lingayen 31 A3
Lingen 14 B2
Lingga, Îles de 31 C1
Lingshan 29 C4
Linguère 36 C2
Linhai 29 C6
Linhe 29 A4
Linjiang 30 A2
Linköping 16 D5
Linthal 15 G4
Linz 13 A6
Lion, Golfe du 6 C3
Liouban 21 D4
Lioubotyn 22 C4
Liozno 21 C4
Lipari 13 E6
Lipetsk 20 D4
Lipno 17 B3
Lipova 18 B3
Lippe 14 C3
Lippstadt 14 C3
Lisala 37 D3
Lisalmi 16 C7
Lisbonne 11 C1
Lishu 30 A1
Lisianski 48 A4
Lisieux 7 B4 8 B4
Lismore 49 B5
Lissakovsk 24 A3
Lisse 15 B3
Listowel 12 D2
Lith 26 D3
Lithgow 49 C5
Litomerice 17 C2
Little Rock 43 E8
Lituanie 21 C2
Liuhe 30 A1
Liuzhou 29 C4
Livani 22 D5
Liverpool 12 D5
Livingston 42 B4
Livingstone 43 E8
Livingstonia 38 B3
Livno 18 C2
Livny 22 A5
Livourne 13 C4
Liwale 38 A3
Ljevsk 20 D6
Ljubljana 18 B1
Ljubuski 18 C2
Ljudal 16 C5
Ljungby 16 D5
Ljusnan 16 C5
Llandrindod-Wells 12 D5
Llanes 11 A3
Llangung 12 D5
Llano Estacado 39 C4
Llanos de Mojos 40 E4
Llullaillaco 40 F4
Loano 13 B3
Lobatse 38 C2
Lobito 38 B1
Lobkovitchi 21 D4
Locarno 13 A3
Loch Awe 12 B4

Loch Lomond 12 B4
Loch Maree 12 B4
Loch Ness 12 B4
Loch Shin 12 A4
Loch Tay 12 B4
Lochem 15 B5
Loches 7 C4 8 C4
Lochgilphead 12 B4
Lochinver 12 A4
Locmariaquer 8 C2
Lodar 26 F4
Loddon 49 C4
Lodève 7 E5 9 E5
Lodeynoye-Polye 21 A5
Lodi 13 B3
Lodi 42 D2
Lødingen 16 A5
Lodja 38 A2
Lodrino 15 G3
Łódz 17 C3
Loèche 15 G2
Lofoten, Îles 4 A3
Logan 42 C4
Logan, Mont 39 A2
Logansport 43 C9
Logichin 21 D3
Logone 37 D2
Logroño 11 A4
Logrosán 11 C3
Lohne 14 B3
Loïev 21 E4
Loi-Kaw 32 D9
Loing 7 C5 8 C5
Loir 7 C3 8 B4
Loir-et-Cher 7 C4 8 C4
Loire 7 C3 8 C3
Loire, R. 6 B2 7 C3 8 C3
Loire-Atlantique 7 C3 8 C3
Loiret 7 B5 8 B5
Loja, Équateur 46 C3
Loja, Espagne 11 D3
Lokeren 15 C2
Lokhvitsa 22 B4
Loknya 21 B4
Lokoja 36 D4
Loksa 21 A3
Lolland 16 E4
Lom, Bulgarie 18 C3
Lom, Norvège 16 C4
Lomami 37 E3
Lombardie 13 B3
Lombez 9 E4
Lombok 31 C3
Lomé 36 D4
Lommel 15 C4
Lomonosov 21 A4
Lomonosovski 24 A3
Lomza 17 B4
London 41 E6
Londonderry 12 C3
Londres 12 E7
Londres, Bassin de 6 A2
Londrina 47 B3
Long 43 G11
Long Beach 42 E3
Long Branch 43 C12
Long Xuyen 31 A1
Longchuan 29 C5
Longeau 8 C6
Longford 12 D3
Longford, Comté 12 D3
Longhua 29 A5
Longiram 31 C3
Longjiang 29 A6
Longmont 42 C5
Longnan 29 C5
Longnawan 31 B2
Longreach 49 B4
Longshan 29 C4
Longue, Île 45 A2
Longuyon 8 B6
Longview 43 E8
Longwy 8 B6

Lons-le-Saunier 7 C6
8 C6
Lop Buri 31 A1
Lop Nur 29 A3
Lopatitchi 21 D4
Lopez, Cap 33 E3
Lopnur 29 A2
Lora del Río 11 D3
Lorca 11 D5
Lordsburg 42 E5
Lorengau 48 C2
Loreto 46 C6
Lorient 7 C2 8 C2
Loriol 9 D6
Lorne, Golfe de 12 B3
Lörrach 14 E2
Lorrain, Plateau 6 A4
Lorraine 7 B6
Los Alamos 42 D5
Los Ángeles, Chili 47 C1
Los Angeles, États-Unis
42 E3
Los Blancos 47 B2
Los Burros 44 B2
Los Frailes 45 C4
Los Lagos 47 C1
Los Mochis 42 F5
Los Mosquitos, Golfe de
39 D5
Los Navalmorales 11 C3
Los Palacios y Villafr.
11 D3
Los Pocitos 44 A2
Los Roques 45 B3
Los Teques 46 A4
Los Testigos 45 C4
Los Vilos 47 C1
Losinj 18 B1
Losinovka 22 B3
Lostallo 15 G4
Lot 7 D4 9 D4
Lot, R. 6 B3 7 D4 9 D4
9 D4
Lot-et-Garonne 7 D4
9 D4
Lothian 12 C5
Loubny 22 B4
Loubomo 38 A1
Loudun 8 C4
Loué 8 B3
Louga, Russie 21 A4
Louga, Sénégal 36 C2
Loughrea 12 D2
Lougovoï 24 C4
Louhans 7 C6 8 C6
Louisiane 43 E8
Louisville 43 D9
Loulé 11 D2
Louninets 21 D3
Lourdes 9 E3
Louriçal 11 C1
Lousã 11 B1
Loutchegorsk 20 E14
Louth 12 D3
Loutsk 22 B2
Louvain 15 D3
Louviers 8 B4
Louxor 37 B4
Lovat Redya 21 B4
Lovech 18 C4
Lovelock 42 C3
Lovington 42 E6
Lower Hutt 49 D7
Lowicz 17 B3
Loyauté, Îles 10 B6
Lozère 7 D5 9 D5
Lozère, Mont 6 B3
Loznica 18 B2
Lozova 22 C5
Luacano 38 B2
Luan 29 B5
Luanchuran 29 B5
Luanco 11 A3
Luanda 38 A1
Luanda, Plateau de
33 F5
Luang Namtha 31 A1

Luang Prabang 31 A1
Luangwa 38 B3
Luapula 38 B3
Luarca 11 A2
Luban 17 C2
Lubana Gaigalava 21 B3
Lubango 38 B1
Lubar 21 F3
Lubartów 17 C4
Lubbock 42 E6
Lübeck 14 B4
Lubesov 21 E3
Lubien Kujawski 17 B3
Lubin 17 C2
Lublin 17 C4
Lubliniec 17 C3
Lubon 17 B2
Lubumbashi 38 B2
Lucena, Espagne 11 D3
Lucena, Philippines
31 A3
Lucena del Cid 11 B5
Lucenec 17 D3
Lucens 15 G1
Lucera 13 D6
Lucerne 15 F3
Lucerne, Canton 15 F3
Lucerne, Lac de 15 F3
Lüchow 14 B4
Luckenwalde 14 B5
Lucknow 32 B6
Luçon 8 C3
Lucques 13 C4
Lüdenscheid 8 A7
Lüderitz 38 C1
Ludhiana 32 A5
Ludington 43 C9
Ludvika 16 C5
Ludwigsburg 14 D3
Ludwigsfelde 14 B5
Ludwigshafen 14 D3
Ludwigslust 14 B4
Ludza 21 B3
Luebo 38 A2
Luéna 38 B1
Lufeng 29 C5
Lufkin 43 E8
Luga 21 A4
Lugano 15 G3
Luganville 48 C3
Lugenda 38 B3
Lugo 11 A2
Lugoj 18 B3
Lugu 29, B4
Luhaïyya 26 E3
Lukenie 38 A1
Luków 17 C4
Lukuga 38 A2
Lukunor 48 B2
Lule 16 B6
Luleå 16 B6
Lüleburgaz 19 A1
Lulonga 37 D3
Lumbala 38 B2
Lumberton 43 E11
Lumbrales 11 B2
Lumbrein 15 G4
Lumsden 49 D6
Lüneburg 14 B4
Lunel 9 E6
Lünen 8 A7
Lunéville 7 B7 8 B7
Lungdo 29 B2
Lungern 15 G3
Luni 32 B4
Luoyang 29 B5
Lure 7 C8 8 C7
Lusaka 38 B2
Lusambo 38 A2
Lushi 29 B5
Lushun 29 B6
Lusk 42 C6
Lussac-les-Châteaux
8 C4
Lüta, R 21 A4
Lützelflüh 15 F2

Luvua 38 A2
Luwuk 31 C3
Luxembourg 15 E4
Luxembourg, État 15 E5
Luxembourg, Prov. Belg.
15 E4
Luxeuil 8 C7
Luxi 29 C4
Luzhai 29 C4
Luzhki 21 C3
Luzhou 29 C4
Luziânia 46 D6
Luzon 31 A3
Luzon, Détroit de 31 A3
Luzzi 13 E7
Lvov 22 C2
Lybster 12 A5
Lycksele 16 B6
Lyme, Baie de 12 E5
Lyna 17 A3
Lynchburg 43 D11
Lyndhurst 49 C3
Lynn Lake 41 D5
Lynton 8 A2
Lyon 6 B4 7 D6 8 D6
Lyonbechov 22 B2
Lyoubtcha 21 D3
Lys 15 D2
Lyss 15 F2
Lyssytchansk 22 C5
Lytchkovo 21 B5
Lyudinovo 21 D5

M

M'adel' 21 C3
Maan 25 C2
Maardu 21 A3
Maarssen 15 B3
Maaseik 15 C4
Maasin 31 A4
Maasluis 15 C3
Maastricht 15 C4
Mabalane 38 C3
Mabarot 25 E5
Mabote 38 C3
Maburuma 46 B5
Mac Clure, Détroit de
41 B4
Mac Grath 41 C2
Macao 29 C5
Macão 11 C1
Macapá 46 B5
Macassar, Détroit de
31 C3
Macédoine 18 C3
Maceió 46 C7
Macerata 13 C5
Machata 46 C2
Machaze 38 C3
Machecoul 8 C3
Machindjaouri 23 D1
Machtagi 23 E6
Machupicchu 46 D3
Mackay 49 B4
Mackay, Lac 49 B2
Mackenzie King, Île
41 B4
Mackenzie, Baie de
41 C3
Mackenzie, Monts 39 A3
Mackenzie, R. 41 C4
Macomb 43 C8
Macomer 13 D3
Mâcon 43 E10
Mâcon 6 B4 7 C6 8 C6
Macotera 11 B3
Macouba, Pointe de
10 A1
Macquarie 49 C4
Macroom 12 E2
Macumba 49 B3
Madaba 25 C2
Madagascar 38 B4
Madagiz 23 E4
Madama 37 B2

Madang 48 C2
Madeira 46 C4
Maden 19 B4
Madera 44 A2
Madère, Archipel de
34 A1
Madhya Pradesh 32 C6
Madison, Dak. du S.
42 C7
Madison, Wisconsin
43 C9
Madoi 29 B3
Madona 21 B3
Madras 32 E6
Madre de Dios 46 D4
Madrid 11 B4
Madrid, Com. de 11 B4
Madrigalejo 11 C3
Madura 31 C2
Madurai 32 F5
Maebashi 30 B5
Maella 11 B6
Maewo 48 C3
Mafia 38 A3
Mafikeng 38 C2
Mafraq 25 C2
Magadan 20 D16
Magaramkent 23 D5
Magdagatchi 20 D13
Magdalena, Bolivie
46 D4
Magdalena, Mexique
44 A2
Magdalena, R., Colombie
46 B3
Magdebourg 14 B4
Magdelaine 49 A5
Magelang 31 C2
Magellan, Détroit de
47 E1
Maghiana 32 A4
Maghniya 35 A3
Magniolia 43 E8
Magnitogorsk 20 D6
Magwe 32 C6
Mahabad 26 A4
Mahabaleshwar 32 D4
Mahajanga 38 B4
Mahakam 31 B3
Mahanadi 32 C6
Maharashtra 32 D5
Mahbubnagar 32 D5
Mahdia 35 A6
Mahenge 38 A3
Mahina 10 F8
Mahmudiye 19 B2
Mahón 11 C8
Mahres 35 A6
Mai Ndombe, Lac 38 A1
Maïche 8 C7
Maïda 26 E3
Maidstone 12 E7
Maïdugari 36 A1
Maïenfeld 15 F4
Maïkaïn 24 A4
Maïkop 20 E5
Maïmana 26 A7
Main 14 C4
Main-Danube, Canal
14 D4
Maine 43 B13
Maine, Collines du 6 A2
Maine, Golfe du 41 E7
Maine-et-Loire 7 C3
8 C3
Maingkwan 29 C3
Mainland, Orcades
12 A5
Mainland, Shetland
12 A6
Maintenon 8 B4
Maio 36 C1
Maiskhal 32 C8
Maisons-Laffitte 7 B5
Maitland 49 C5
Maizuru 30 C4
Majene 31 C3

Majeur, Lac 15 G3
Majorque 11 C7
Majuro 48 B3
Majuro, Île 48 B3
Makaeta 48 C5
Makarikari Pan 38 C2
Makarov 20 E15
Makat 24 B2
Makiivka 22 D5
Makemo 48 C5
Makhatchkala 23 C4
Makhmoud Mekteb
 23 A3
Makinsk 24 A4
Makó 17 E3
Makokou 37 D2
Makran 27 B1
Maktar 35 A6
Makubetsu 30 A6
Makurazaki 30 D3
Makurdi 36 D4
Malabo 36 D4
Malacca 31 B1
Malacca, Détroit de
 31 B1
Malaga 11 D3
Malagón 11 C4
Malaïa-Vishera 21 A5
Malaisie 31 B2
Malaita 48 C3
Malakal 37 D4
Malang 31 C2
Malange 38 A1
Mälaren, Lac 4 B3
Malatya 19 B4
Malawi 38 B3
Malawi, Lac 38 B3
Malaybalay 31 B4
Malazgirt 19 B5
Maldegem 15 C2
Malden 48 C5
Maldives, Îles 27 D2
Maldonado 47 C3
Malée, Cap 18 D3
Malegaon 32 C4
Malekula 48 C3
Malente 14 A4
Malepolole 38 C2
Malgobek 23 B3
Mali 36 C3
Malili 31 C3
Malin 22 B3
Malinau 31 B3
Malindi 38 A3
Malines 15 C3
Malka 23 B2
Malko Turnovo 18 C4
Mallaig 12 B4
Mallow 12 D2
Malmberget 16 B6
Malmédy 15 D5
Malmö 16 E5
Malodousa 21 D4
Maloelap 48 B3
Maloja 15 G4
Malorita 21 E3
Malouines, Îles 47 E3
Måløy 16 C3
Malpelo 40 C2
Malta, États-Unis 42 B5
Malta, Lettonie 21 B3
Maltahöhe 38 C1
Malte 5 D5
Malton 12 C6
Malung 16 C5
Malva, Plateau de 27 B2
Malvern 12 D5
Malvy 21 A4
Mama 20 D12
Mambéré 37 D2
Mamedkala 23 C5
Mamers 7 B4 8 B4
Mamlïoutka 24 A3
Mamonovo 21 C1
Mamoré 46 D4
Mamras 23 D5
Mamry, Lac 17 A3

Man, Côte-d'Ivoire 36 D3
Man, Royaume-Uni
 12 C4
Man, Île de 4 B2
Mana 10 C8
Manacor 11 C7
Manado 31 B3
Managua 46 A2
Manakara 38 C4
Manali 32 A5
Manama 26 C5
Mananjary 38 C4
Manas Hu 29 A2
Manaus 46 C4
Manavgat 19 B2
Manche 6 B3
Manche, Dép. 7 B3 8 B3
Manchester, R.-U. 12 D5
Manchester, É.-U.
 43 C12
Mandal 16 D4
Mandalay 32 C9
Mandalgovi 29 A4
Mandan 42 B6
Mandiana 36 C3
Mandurah 49 C1
Manduria 13 D7
Manfredonia 13 D6
Mangaia 48 D5
Mangalia 18 C5
Mangalore 32 E4
Mangareva 48 D6
Mangit 24 C3
Mangualde 11 B2
Mangui 29 A6
Manhallat 37 A3
Manicoré 46 C4
Manicouagan, R. 43 A13
Manicouagan, Rés.
 43 A13
Manihiki 48 C4
Maniitsoq 41 C8
Manille 31 A3
Maningrida 49 A3
Manipur 32 C8
Manisa 19 B1
Manistee 43 C9
Manistique 43 B9
Manitoba 41 D5
Manitoba, Lac 42 B7
Manitowoc 43 C9
Manizales 46 B3
Mankato 43 C8
Manlleu 11 B4
Mannar 32 F6
Mannheim 14 D3
Manoa 46 C4
Manokwari 31 C4
Manono 38 A2
Manosque 9 E6
Manpojin 30 A2
Manra 48 C4
Manresa 11 B6
Mansfield 43 C10
Manta 46 C2
Mantes-la-Jolie 7 B4
 8 B4
Mantoue 13 B4
Mänttä 16 C7
Manua, Îles 48 C4
Manuae 48 C5
Manuel Benavides 44 A3
Manukau 49 C7
Manzanares 11 C4
Manzanillo, Cuba 45 A2
Manzanillo, Mexique
 44 D3
Manzhouli 29 A5
Mao 37 C2
Maoming 29 C5
Mapoon Mission Station
 49 A4
Maputo 38 C3
Maqna 26 C2
Maqur 26 B8
Mar Chiquita 47 C2
Mar del Plata 47 C3

Marabá 46 C6
Maracaibo 46 A3
Maracaju 46 E5
Maracay 46 A4
Maradi 36 C4
Maragheh 26 A4
Marajó, Baie de 46 C6
Maralik 23 E2
Maramba 38 R?
Marañhão 46 C6
Marañón 46 C5
Marapanim 46 C6
Maras 19 B4
Marbach 15 G2
Marbella 11 D3
Marble Bar 49 B1
Marburg 14 C3
Marche 6 B3
Marche-en-Famenne
 15 D4
Marches 13 C5
Mardakert 23 E4
Mardan 32 A4
Mardin 19 B5
Maré 10 B6
Marennes 8 D3
Mareuil 9 D4
Marganets 22 D4
Margaret River 49 C1
Margarita, Île 45 C4
Margate 12 E7
Marguilan 24 C4
Maria 48 D5
Mariaflor 10 D9
Marianna 43 E9
Mariannes du Nord
 48 B2
Mariánské Lazne 17 D1
Marib 26 E4
Maribor 18 C4
Marica 18 C4
Maricourt 41 C6
Marie-Bird, Terre 50 F4
Marie-Galante 10 E2
Mariehamn 16 C6
Mariental 38 C1
Mariestad 16 D5
Marietta 43 E10
Marii-El, Rép. de 20 D5
Marijampole 21 C2
Marília 46 E5
Marina 13 E6
Marinette 43 B9
Maringá 47 B3
Marion, États-Unis 43 D9
Marion, Île, Canada
 49 A5
Marioupol 22 D5
Maripasoula 10 D7
Mariscal Estigarribia
 47 B2
Marjamaa 21 A3
Markalo, Lac 24 B5
Marken, Lac de 15 B4
Market Weighton 12 D6
Markovka 22 C5
Marktredwitz 14 D5
Marmande 7 D4 9 D4
Marmara, Mer de 19 A2
Marmaris 19 B2
Marnay 8 C6
Marne 7 B6 8 B6
Marne, R. 6 A3 7 B5
 8 B5
Marneouli 23 D3
Maro, Récif 48 A4
Maroc 35 B2
Marokau 48 C5
Marotta 13 C5
Maroua 37 C2
Marouini 10 E7
Marovoay 38 B4
Marquette 43 B9
Marquises, Îles 48 C5
Marrakech 35 B1

Marree 49 B3
Marrupa 38 B3
Marsa Matrouh 37 A3
Marsabit 37 D4
Marsala 13 F5
Marseille 6 C4 7 E6
 9 E6
Marsh Harbour 45 A?
Marshall 43 C7
Marshall, Îles 48 B3
Marshalltown 43 C8
Marshfield 43 C8
Martapura 31 C2
Martelange 15 E4
Martí 45 A2
Martigny 15 G2
Martina Franca 13 D7
Martínez 44 C5
Martinique 10 B1
Martinsville 43 D11
Martorell 11 B6
Martouk 24 A2
Martouni, Arménie 23 E3
Martouni, Azerbaïdjan
 23 F4
Marutea 48 D6
Marvejols 9 D5
Mary 24 D3
Maryborough, Queensl.
 49 B5
Maryborough, Victoria
 49 C4
Maryland 43 D11
Masally 23 F5
Masan 30 C2
Masbate 31 A3
Mascareignes 1 E6
Mascate 26 D6
Mascota 44 C3
Maseru 38 C2
Mashike 30 A5
Masindi 37 D4
Masira 26 D6
Masis 23 E3
Mask, Lac 12 D2
Massa 13 B4
Massa Marittima 13 C4
Massachusetts 43 C12
Massaoua 37 C4
Massena 43 B12
Massénya 37 C2
Masset 41 D3
Massiac 9 D5
Massiaru 21 B3
Massif-Central 6 B3
Mastaba 26 C3
Masterton 49 D7
Mastung 32 B3
Mastura 26 D2
Masuda 30 C3
Masvingo 38 C3
Masyaf 25 B2
Mata-Utu 48 C4
Matadi 38 A1
Matagalpa 46 A2
Mataï 24 B4
Mataiea 10 G8
Matamoros 44 B5
Matanzas 45 A2
Matara 32 F6
Mataram 31 C3
Mataro 9 F5
Mataura 49 D6
Matchvka 22 C4
Matehuala 44 C4
Matera 13 D7
Mátészalka 17 E4
Mateur 35 A6
Mati 31 B4
Matías Romero 44 D6
Matlock 12 D6
Matmata 35 B6
Mato Grosso 46 D5
Mato Grosso, État, Brés.
 46 D5
Mato Grosso, Plateau du
 40 E5

Mato Grosso do Sul 46 D5
Matopo, Monts 33 F6
Matrah 32 C1
Matsu 29 C6
Matsue 30 C3
Matsumae 30 A5
Matsumoto 30 B4
Matsuyama 30 C3
Mattoon 43 D9
Maubeuge 8 A6
Maués 46 C5
Maug, Îles 48 A2
Maui 48 A5
Mauke 48 D5
Mauléon-Licharre 9 E3
Maumere 31 C3
Maun 38 C2
Maure, Lac 4 7 C3 8 C3
Mauriac 7 D5 9 D5
Maurice 2 E8
Mauritanie 36 C2
Maurs 9 D5
Mawlaik 32 C8
May, Cap 43 D12
Mayaguana 45 A3
Mayagüez 45 B3
Maybole 12 C4
Maydan 26 B4
Mayence 14 D2
Mayenne 7 B3 8 B3
Mayenne, Dép 7 B3
  8 B3
Mayenne, R 7 B3 8 B3
Mayo, Canada 41 C3
Mayo, Irlande 12 C2
Mayor Pablo Lagerenza
  47 B2
Mayotte 38 B4
Mayumba 38 A1
Mazagão 46 C5
Mazamet 9 E5
Mazar-i-Sharif 26 A8
Mazara 23 E5
Mazara del Vallo 13 F5
Mazarrón 11 D5
Mazatlán 44 C3
Mazeikiai 21 B2
Mazidagi 19 B5
Mazirbe 21 B2
Mazocahui 44 A2
Mbabane 38 C3
Mbala 38 A3
Mbale 37 D4
Mbamba Bay 38 B3
Mbandaka 37 D2
Mbanza-Ngungu 38 A1
Mbeya 38 A3
Mbuji Mayi 38 A2
McAlester 43 E7
McAllen 42 F7
McCall 42 C3
McComb 43 E8
McCook 42 C6
McDermitt 42 C3
McGill 42 D4
McKinlay 49 B4
McKinley, Mont 39 A2
Mcleod, Lac 49 B1
McMinnville 43 D0
Meadow Lake 41 D5
Meath 12 D3
Meaux 7 B5 8 B5
Mecheria 35 B3
Mechhed 26 A6
Mechiguig 35 B6
Mecklembourg, Baie du
  14 A4
Mecklembourg-
  Poméranie-Occidentale
  14 B5
Medan 31 B1
Médan 7 B5
Médéa 35 A4
Medellín 46 B3
Médenine 35 B6
Medford 42 C2

Medgidia 18 B5
Medicine Hat 41 D4
Medina del Campo
  11 B3
Médina-Sidonia 11 D3
Médine 26 D2
Méditerrannée, Mer 5 D3
Medjerda 4 D3
Médoc 6 B2
Medrignac 8 B2
Medzilaborce 17 D3
Meekatharra 49 B1
Mega 37 D4
Mégare 18 D3
Meghalaya 32 B8
Meghri 23 F4
Mehdia 35 A4
Mehikoorma 21 A3
Mehun-sur-Yèvre 8 C5
Meilen 15 F3
Meiningen 14 C4
Meiringen 15 G3
Meissen 14 C5
Meithalun 25 E5
Mekele 37 D4
Meknès 35 B2
Mékong 31 A2
Mékong (Lancang Jiang)
  29 B3
Mélanésie 1 E8
Melbourne, Australie
  49 C4
Melbourne, États-Unis
  43 F10
Melilla 11 E4
Melissano 13 E7
Melitopol 22 D4
Melk 13 A6
Melle 14 B3
Mellish 49 A3
Melton 49 C4
Melun 7 B5 8 B5
Melville, Australie 49 A3
Melville, Baie de 41 B7
Melville, Canada 41 D5
Melville, Détroit de
  41 B4
Melville, Île 41 B4
Melville, Pointe de 39 A5
Membij 25 B2
Memele 21 B3
Memmingen 14 E4
Memphis 43 D9
Menaka 36 C4
Ménam 31 A1
Menat 8 C5
Mende 7 D5 9 D5
Menderez 19 B2
Méndez 44 B5
Mendocino, Cap 42 C2
Mendoza 47 C2
Menemen 19 B1
Menggala 31 C2
Menin 15 D2
Menindee 49 C4
Menongue 38 B2
Mensalbas 11 C3
Menton 9 E7
Menzel Bourguiba 35 A6
Menzies 49 B2
Meppel 15 B5
Meppen 14 B2
Mer 8 C4
Merano 13 A4
Merca 37 D5
Mercedes, Argentine
  47 C2
Mercedes, Uruguay
  47 C3
Merefa 22 C5
Mergui 32 E9
Mergui, Archipel 32 E9
Mérida, Espagne 11 C2
Mérida, Mexique 44 C7
Mérida, Venezuela 46 B3

Meridian 43 E9
Merkine 21 C3
Merowe 37 C4
Merritt 41 D4
Mersch 15 E5
Mersin 19 B3
Mersrags 21 B2
Mértola 11 D2
Mesa 42 E4
Mesagne 13 D7
Meschede 14 C3
Meskiana 35 A5
Meslay 8 B3
Mesocco 15 G4
Mésopotamie 4 D5
Mesoraca 13 E7
Mesquite 43 E7
Messina 38 C3
Messine 13 E6
Mesta 18 C3
Mestia 23 C2
Meta 46 B3
Metairie 43 F8
Metangula 38 B3
Metlaoui 35 A6
Metlatonoc 44 D5
Metu 37 D4
Metz 6 A4 7 B7 8 B7
Meulaboh 31 B1
Meurthe 8 B7
Meurthe-et-Moselle 8 B7
Meuse, Côtes de 6 A4
Meuse, Dép 7 B6 8 B6
Meuse, R. 6 A4 15 C3
Mexicali 44 A1
México, État 44 D5
Mexico, Capitale 44 D5
Mexique 44 B3
Mexique, Golfe du 40 A2
Meyadine 25 B3
Meyrin 15 G1
Meyrueis 9 D5
Mezen 4 A5
Mézenc, Mont 6 B4
Mezha 21 C5
Mezőkövesd 17 E3
Miajadas 11 C3
Miami, Floride 43 F10
Miami, Oklahoma 43 D8
Mianyang 29 B4
Michigan 43 B10
Michigan, Lac 43 B9
Michipicoten 41 E6
Michoacán 44 D4
Michurin 18 C5
Micronésie, États féd.
  48 B7
Midar 35 A3
Middelburg 15 C2
Middelharnis 15 C3
Middenmeer 15 B3
Middle Caicos 45 A3
Middlesboro 43 D10
Middlesbrough 12 C6
Midelt 35 B2
Midi de Bigorre, Pic du
  6 C3
Midi-Pyrénées 7 E4
Midland, Michigan 43
  C10
Midland, Texas 42 E6
Midlands-Ouest 12 D5
Midway, Îles 48 A4
Midyat 19 B5
Midye 19 A2
Miedzyrecz 17 B2
Miedzyrzec Podalski
  17 C4
Miélan 9 E4
Mielec 17 C3
Miercurea-Ciuc 18 B4
Mieres 11 A3
Migennes 8 C5
Migriño 44 C2
Mihaliççik 19 B2

Mijares 11 B5
Mikhaïlovka 20 D5
Mikkeli 16 C7
Mikolaïv 22 D3
Mikuni 30 B4
Mikura-Shima 30 C5
Milachevitchi 21 E3
Milan 13 B3
Milas 19 B1
Milazzo 13 E6
Mildenhall 12 D7
Mildura 49 C4
Miles 49 B5
Miles City 42 B5
Milford Haven 12 E4
Mili 48 B5
Milicz 17 C2
Milk 42 B5
Millau 7 D5 9 D5
Milledgeville 43 E10
Millerovo 22 C6
Millevaches, Plateau de
  6 B3
Millinocket 43 B13
Milos 18 D4
Miloslavitchi 21 D5
Milparinka 49 B4
Milton 49 D7
Milwaukee 43 C9
Mimizan 9 D3
Mina Saoud 26 C4
Minab 26 C6
Minamata 30 C3
Minas 47 C5
Minas Gerais 46 D6
Minatitlán 44 D6
Minch du Nord 12 A4
Minch, Petit 12 B3
Mindak 26 D3
Mindanao 31 B4
Mindelo 36 C1
Minden, Allemagne
  14 B3
Minden, États-Unis 43 E8
Mindjevan 23 F4
Mindoro 31 A3
Mindoro, Détroit de
  31 A3
Mineiros 46 D5
Mineralnyvodye 23 A2
Minfeng 29 B2
Mingatchevir 23 E4
Mingatchevir, Lac de
  23 D4
Minglanilla 11 C5
Mingrélie 23 C1
Mingshui 29 A3
Minho 11 A1
Minna 36 D4
Minneapolis 43 C8
Minnesota 43 B8
Miño 11 A2
Minobu 30 C5
Minorque 11 B7
Minot 42 B6
Minsk 21 D3
Minsk-Mazowiecki 21 D2
Miory 21 C3
Mir 21 D3
Mirá 11 B1
Mirabad 26 B7
Miracema do Tocantins
  46 C6
Mirambeau 9 D3
Miranda de Ebro 9 E2
Mirande 7 E4 9 E4
Mirandela 11 B2
Mirbat 26 E5
Mirebeau 8 C4
Mirecourt 8 B7
Mirepoix 9 E4
Mirhorod 22 B4
Miri 31 B2
Mirjaveh 26 C7
Mirnyi 20 C12
Mirow 14 B5
Mirpur Khas 32 B3

Miryang 30 C2
Misawa 30 A5
Mishmar HaNegev 25 E5
Misión de San Fernando 44 A1
Miskolc 17 D3
Misoöl 31 C4
Misratah 37 A2
Mississippi, 43 E9
Mississippi, R. 43 C8
Mississippi, Delta du 43 F9
Missolonghi 18 D3
Missoula 42 B4
Missouri 43 D8
Missouri, R. 39 B5
Mistassini, Lac 41 D6
Mistratah 37 A2
Mistretta 13 F6
Mitchell, Canada 49 B4
Mitchell, É.-U. Dak. du S. 42 C7
Mitchell, Mont 39 C5
Mitchell, R., Canada 49 A4
Mitiaro 48 C5
Mito 30 B5
Mittelland, Canal 14 B4
Mittersill 13 A5
Mittweida 14 C5
Mitú 46 B3
Miyake-Shima 30 C5
Miyako 30 B5
Miyako, Île 30 E1
Miyakonojo 30 D3
Miyazaki 30 D3
Miyazu 30 C4
Miyoshi 30 C3
Mizoram 32 C8
Mizotch 22 B2
Mjölby 16 D5
Mjøsa 16 C4
Mjøsa, Lac 5 A5
Mlada Boleslav 17 C2
Mlawa 17 B3
Mljet 18 C2
Mmabatho 38 C2
Mo 16 B5
Moab 42 D5
Moala 48 C3
Moanda 38 A1
Moba 38 A2
Mobara 30 C5
Mobaye 37 D3
Moberly 43 D8
Mobile 43 E9
Mobile, Baie de 43 F9
Mobridge 42 B6
Mochanitsa 21 D4
Moco, Mont 33 F4
Mocoa 46 B3
Moctezuma 44 A3
Mocuba 38 B3
Modane 9 D7
Modène 13 B4
Modesto 42 D2
Moe 49 C4
Moen 48 B2
Mogadiscio 37 D5
Mogami 30 B5
Mogilno 17 B3
Mogok 32 C9
Mogoro 13 E3
Moguer 11 D2
Moguilev 21 D4
Mohács 17 E3
Mohe 29 A6
Mohilev-Podilski 22 C2
Moindou 10 B4
Moissac 9 D4
Moïynty 24 B4
Mojácar 11 D5
Moka 26 F3
Mokil 48 B3
Moknine 35 A6
Mokolo 37 C2
Mokpo 30 C2

Mokrany 21 E3
Mol 15 D4
Mold 12 D5
Moldavie 22 D3
Molde 16 C4
Moletai 21 C3
Molfetta 13 D7
Molina 11 C5
Molise 13 D6
Möll 13 A5
Mollendo 46 D3
Mölln 14 B4
Molodetchno 21 C3
Molokai 48 A4
Molotchansk 22 D4
Moluques 28 E7
Moluques, Mer des 31 B4
Mombasa 38 A3
Mombetsu 30 A6
Møn 16 E5
Mon Idée 8 B6
Mona, Canal de la 45 B3
Monaco 7 E7 9 E7
Monaghan 12 C3
Monaghan, Comté 12 C3
Monahans 42 E6
Monastir 35 A6
Monbazillac 9 D4
Moncada 11 C5
Moncalieri 13 B2
Monção 46 C6
Mönchengladbach 14 C2
Monchique 11 D1
Monclova 44 B4
Mondego 11 B1
Mondéjar 11 B2
Mondoñaedo 11 A2
Mondorf 15 E5
Mondovi 13 B2
Mondragone 13 D5
Monfalcone 13 B5
Monfaucon 8 C3
Monforte 11 A2
Mong Tum 32 C10
Mong Yu 32 C9
Mongalla 37 D4
Mongo 37 C2
Mongolie 29 A4
Mongolie Intérieure 29 A4
Mongororo 13 E3
Mongororo 37 C3
Mongu 38 B2
Monopoli 13 D7
Monpazier 9 D4
Monreal del Campo 11 B5
Monroe 43 E8
Monrovia 36 D2
Mons 15 D2
Monselice 13 B4
Mont-Blanc 6 B4
Mont-de-Marsan 7 E3 9 E3
Mont-Saint-Michel 8 B3
Montagne Noire 6 A2
Montagne Pelée 10 A1
Montagne Tabulaire 10 E8
Montagne-au-Perche 7 B4 8 B4
Montaigu 8 C3
Montalbán 11 B5
Montana, Bulgarie 18 C3
Montana, État, É.-U. 42 B4
Montana, Suisse 15 G2
Montargis 7 B5 8 B5
Montastruc-la-Conseillère 9 E4
Montauban 6 C3 7 E4 8 E4
Montbard 7 C6 8 C6
Montbéliard 7 C7 8 C7
Montblanch 11 B6

Montbozon 8 C7
Montbrison 7 D6 9 D6
Montceau-les-Mines 8 C6
Montchegorsk 20 C4
Montcornet 8 B5
Montcuq 9 D4
Montdidier 7 B5 8 B5
Monte Cinto 6 D4
Monte Cristi 45 B3
Monte Rotondo 6 D4
Montealegre del Castillo 11 C5
Montego Bay 45 B2
Montélimar 9 D6
Montemor-o-Novo 11 C1
Monténégro 18 C2
Monterey 42 D2
Montería 46 B3
Monterotondo 13 C5
Monterrey 44 B4
Montes Claros 46 D6
Montesquieu-Volvestre 9 E4
Montevideo, États-Unis 43 C7
Montevideo, Uruguay 47 C3
Montfort 8 B3
Montfort-en-Chalosse 9 E3
Montgomery 43 E9
Montguyon 9 D3
Monthermoso 11 B2
Monthey 15 G1
Monthléry 7 B5
Montigny-le-Roi 8 B6
Montijo 11 C2
Montilla 11 D3
Montluçon 7 C5 8 C5
Montmélian 9 D7
Montmorency 7 B5 8 B5
Montmorillon 7 C4 8 C4
Montoire-sur-le-Loir 8 C4
Monton 49 B5
Montoro 11 C3
Montpelier 43 C12
Montpellier 6 C3 7 E5 9 E5
Montpon-Ménéstérol 9 D4
Montpont 8 C6
Montréal, Canada 41 E6
Montréal, France 9 E3
Montreale 13 E5
Montredon-Labessonnié 9 E5
Montrésor 8 C4
Montreuil 8 A4
Montreuil-Bellay 8 C3
Montreux 15 G1
Montrichard 8 C4
Montrose, États-Unis 42 D5
Montrose, Royaume-Uni 12 B5
Montsalvy 9 D5
Montserrat 45 D4
Montsinéry 10 D8
Monywa 32 C9
Monza 13 B3
Monzón 11 B6
Moora 49 C1
Moore, Lac 49 B1
Moorhead 43 B7
Moose Jaw 41 D5
Moosonee 41 D6
Mopti 36 C3
Moquegua 46 D3
Mora, Espagne 11 C4
Mora, Portugal 11 C1
Mora, Suède 16 C5
Mora de Rubielos 11 B5
Moradabad 32 B5
Morag 21 D1

Moral de Calatrava 11 C4
Moramanga 38 B4
Moratalla 11 C5
Moratuwa 32 F6
Morava 18 C3
Morawa 49 B1
Moray, Golfe du 12 D3
Morbach 14 D2
Morbegno 13 A3
Morbihan 8 C2
Morcenx 9 E3
Mordovie 20 D5
Moree 49 B4
Morelia 44 D4
Morella, Australie 49 B4
Morella, Espagne 11 B5
Morelos 44 D5
Moreno 44 A2
Morez 8 C7
Morgan City 43 F8
Morgantown 43 D10
Morges 15 G1
Mori, Chine 29 A3
Mori, Japon 30 A5
Morioka 30 B5
Morlaix 7 B2 8 B2
Mormal 21 D4
Morne, Pointe 10 E2
Morne-à-l'Eau 10 E2
Moroch 21 D3
Morón 45 A2
Mörön 29 A4
Morondava 38 C4
Moroni 38 B4
Morrinhos 46 D6
Morristown 43 D10
Morro de Chapéu 46 D6
Mors 16 D4
Mortain 8 B3
Morte, Mer 25 E5
Morteau 8 C7
Morvan 6 B4
Morvi 32 C4
Mosbach 14 D3
Moscou 20 D4
Moscow 42 B3
Moselle, Côte de 6 A4
Moselle, Dép. 7 B7 8 B7
Moselle, R. 7 B7 8 B7
Moshi 38 A3
Moshtchnyy 21 A3
Mosjøen 16 B5
Mosonmagyaróvár 17 E2
Moss 16 D4
Mosselbaai 38 D2
Mossman 49 A4
Mossoró 46 C7
Mossoul 5 D8
Most 17 C1
Mostaganem 35 A4
Mostar 18 C2
Mostardas 47 C3
Mostiska 21 F2
Mostok 21 D4
Mosty 21 D3
Motai 32 C9
Motala 16 D5
Motherwell 12 C4
Motol 21 D3
Motozintla 44 E6
Motril 11 D4
Motul 44 C7
Mouaskar 35 A4
Mouchard 8 C6
Moudon 15 G1
Moudros 18 D4
Mouila 38 A1
Mouinak 24 C2
Moukatcheve 22 C1
Moukhtadit 23 D5
Moulaly 24 B4
Mould Bay 41 B4
Moulins 6 B3 7 C5 8 C5
Moulmein 32 D9
Moulouya 33 A2

Moultrie 43 E10
Moundou 37 D2
Mount Barker 49 C1
Mount Gambier 49 C4
Mount Isa 49 B3
Mount Pleasant 43 C10
Mount Vernon 43 D9
Mountain Home, Ark. 43 D8
Mountain Home, Idaho 42 C3
Moura, Australie 49 B4
Moura, Brésil 46 C4
Moura, Portugal 11 C2
Mourenx 9 E3
Mourgab 24 D4
Mourmansk 20 C4
Moussoro 37 C2
Mouthe 8 C7
Moûtier 15 F2
Moûtiers 8 D7
Moutong 31 B3
Mouzon 8 B6
Moville 12 C3
Moyale 37 D4
Moyen-Atlas 33 A2
Moyobamba 46 C3
Mozambique 38 B4
Mozambique, Canal de 38 B4
Mozambique, État 38 B3
Mozdok 23 B3
Mozyr 21 D4
Mpanda 38 A3
Mpika 38 B3
Mragowo 17 B3
Msila 35 A5
Mstislavl' 21 C4
Mtwara 38 B4
Muaratewe 31 C2
Mubarraz 26 C4
Mubi 36 C5
Mudan 30 A2
Mudanjiang 29 A6
Mudawwara 26 C2
Mufulira 38 B2
Mugla 19 B2
Muhammad Qol 37 B4
Mühldorf 14 D5
Muhu 21 A2
Muju 30 C2
Mukalla 26 F4
Mukhas 25 E5
Mula 11 C5
Mulegé 44 B1
Mulhacen 4 D2
Mülhausen 14 C4
Mulhouse 7 C8 8 C7
Mull 12 B3
Mullewa 49 B1
Müllheim 14 E2
Mullingar 12 D3
Multan 32 A4
Mumbwa 38 B2
Muna 44 C7
Muncie 43 C9
Munden 14 C3
Mundrabilla 49 C2
Mundubbera 49 B5
Mungbere 37 D3
Munich 14 D4
Munising 43 B9
Münster 14 C2
Muonio 16 B6
Muonio, R. 16 A6
Mur 13 A6
Mûr-de-Bretagne 8 B2
Murabungo 31 C1
Murakami 30 B5
Murat, France 9 E5
Murat, R., Turquie 19 B5
Murchison 49 B1
Murcie 11 C5
Murcie, Rég. de 11 D5
Mures 18 B4
Muret 7 E4 9 E4

Murfreesboro 43 D9
Muri 15 F3
Muroran 30 A5
Muros 11 A1
Muroto 30 C4
Murray 49 C4
Murray Bridge 49 C3
Murray, R. 49 C3
Murree 32 A4
Mürren 15 G2
Murska Sobota 18 B2
Murwara 32 C6
Murzuq 37 B2
Mürzzuschlag 13 A6
Mus 19 B5
Musan 30 A2
Musandam, Péninsule 32 B1
Musazade 23 D1
Musi 31 C1
Muskegon 43 C9
Muskogee 43 D7
Musmus 25 E5
Musoma 38 A3
Mussomeli 13 F5
Mustafa-Kemalpasa 19 A2
Müstair 15 G5
Mustjala 21 A2
Mustla 21 A3
Mustvee 21 A3
Mut 19 B3
Mutare 38 B4
Mutsamudu 38 B4
Mutsu 30 A5
Muttenz 15 F2
Muxia 11 A1
Muzaffarabad 32 A4
Muzaffarnagar 32 B5
Muzaffarpur 32 B7
Múzquiz 44 B4
Muzuq 36 B5
Mwanza 38 A3
Mwene Ditu 38 A2
Mweru, Lac 38 A2
Myronivka 22 C3
Myanaung 32 D9
Myanmar 32 D9
Myaungmya 32 D9
Myingyan 28 B4
Myitkyina 32 B9
Mykonos 18 D4
Mymensingh 32 C8
Mynaral 24 B4
Mynboulak 24 C3
Myongchon 30 A2
Myrtle Beach 43 E11
Myslenice 17 D3
Mysore 32 E5
Myszków 17 C3
Myszyniec 17 B3
My Tho 28 D5
Mytilène 18 D4
Mytkyina 32 B9
Myvatn 16 B2
Mzuzu 38 B3
Mzyinta 23 B1

N

N'Dalatando 38 A1
N'Djamena 37 C2
N'Guigmi 36 C5
N'Guru 36 C5
N'Kongsamba 37 D2
Naantali 16 C6
Naas 12 D3
Nabatiyé 25 C2
Nabesna 41 C3
Nabeul 35 A6
Nabire 31 C5
Nacala 38 B4
Nacaome 46 A2
Nacogdoches 43 E8
Nacozari 44 A2

Nadiad 32 C4
Nadjaf 26 B3
Nador 35 A3
Nadporozhye 21 A5
Nadym 20 C8
Næstved 16 E5
Näfels 15 F4
Naftalan 23 E4
Naga 31 A3
Nagahama 30 C4
Nagaland 32 B8
Nagano 30 B5
Nagaoka 30 B5
Nagappattinam 32 E5
Nagara 30 C4
Nagasaki 30 C4
Nagato 30 C3
Nagaur 32 B4
Nagele 37 D4
Nagercoil 32 F5
Nago 30 E2
Nagoya 30 C4
Nagpur 32 C5
Nagqu 32 A8
Nagyatád 17 E2
Nagykanizsa 17 E2
Naha 30 E2
Nahariyya 25 C2
Nahavand 26 B4
Naiman 29 A6
Nain, Canada 41 D7
Nain, Iran 26 B5
Nairobi 37 E4
Naissaar 21 A3
Najac 9 D5
Najafabad 26 B5
Nájera 11 A4
Najin 30 A3
Najran 26 E3
Naka 30 B5
Nakasato 30 A5
Nakatane 30 D3
Nakatsu 30 C3
Nakéty 10 B5
Nakhitchevan 23 F3
Nakhitchevan, Région 23 F3
Nakhodka 20 E14
Nakhon Ratchasima 31 A1
Nakhon Si Thammarat 31 B1
Nakina 41 D6
Nakskov 16 E4
Naktong-gang 30 B2
Nakuru 37 E4
Nallihan 19 A2
Naltchik 20 E5
Nalut 37 A2
Nam Can 31 B1
Nam Co 29 B3
Nam Dinh 31 A2
Nam Dinh 28 B5
Namac, Lac 26 B5
Namangan 24 C4
Namcha Barwa 27 B4
Namhan-gang 30 B2
Namib, Désert de 33 G4
Namibe, Angola 38 B1
Namibie 38 C1
Namlea 31 C4
Namorik 48 B3
Nampa 42 C3
Nampo 30 B1
Nampula 38 B3
Namsang 32 C9
Namsos 16 B4
Namtu 32 C9
Namu 48 B3
Namur 15 D3
Namur, Prov. Belgique 15 D3
Namwon 30 C2
Namyslów 17 C2
Nan Ling 27 B5
Nanaimo 41 E4

Nanam 30 A2
Nanao 30 B4
Nanchang 29 C5
Nancheng 29 C5
Nanchong 29 B4
Nancy 6 A4 7 B7 8 B7
Nande Devi 32 A5
Nander 32 D5
Nang Xiang 29 C2
Nanga Parbat 27 A2
Nangatayap 31 C2
Nangong 29 B5
Nanggen 29 B3
Nanjing 29 B5
Nanning 29 C4
Nanomea 48 C3
Nanortalik 41 C8
Nanping 29 C5
Nant 9 E5
Nanterre 7 B5 8 B5
Nantes 6 B2 7 C3 8 C3
Nantua 7 C6 8 C6
Nanumanga 48 C3
Nanuque 46 D6
Nanyang 29 B5
Nanyuki 37 D4
Naourskaïa 23 B3
Napa 42 D2
Napareouli 23 C3
Napier 49 C7
Naples, États-Unis 43 F10
Naples, Italie 13 D6
Naplouse 25 E5
Nara, Japon 30 C4
Nara, Mali 36 C3
Narbonne 7 E5 9 E5
Nardo 13 D7
Narew 17 B4
Narian-Mar 20 C6
Narmada 32 C4
Narodnaïa 1 A6
Narón 11 A1
Narovlia 21 E4
Narrabri 49 C4
Narrandera 49 C4
Narrogin 49 C1
Narromine 49 C4
Narsarsuaq 41 C8
Narsimhapur 32 C5
Narva 21 A4
Narva, Baie de 21 A3
Narva, Lac 21 A4
Narva, R. 21 A3
Narvik 16 A5
Naryn 24 C4
Naryn, R. 24 C4
Nashville 43 D9
Nasijärvi 16 C7
Nasik 32 C4
Nasir 37 D4
Nasiriya 26 C3
Nassau, Bahamas 45 A2
Nassau, Île Cook 48 C3
Nasser, Lac 37 B4
Nässjö 16 D5
Nasva 21 B4
Natal 46 C7
Natchez 43 E8
Natchitoches 43 E8
Natitingou 36 C4
Nattavaara 16 B6
Natuna, Île 31 B2
Naturno 13 A4
Naujoji-Akmene 21 B2
Naumburg 14 C4
Nauplie 18 D3
Nauru 48 C3
Naustdal 16 C3
Navan 12 D3
Navarre 11 A5
Navoï 24 C3
Navojoa 44 B2
Navolato 44 B3
Nawabshah 32 B3
Naxos 18 D4
Nay Band 26 C5

Nayarit 44 C3
Nayband 26 B6
Nayoro 30 A6
Nazaré, Brésil 46 D7
Nazaré, Portugal 11 C1
Nazareth 15 D2
Nazas 44 B3
Nazca 46 D3
Naze 30 D2
Nazilli 19 B2
Naziya 21 A4
Nazran 20 E5
Ndélé 37 D3
Ndola 38 B2
Neagh, Lac 12 C3
Nebit-Dag 24 D2
Nebraska 42 C6
Nebraska City 43 C7
Necker 48 A4
Necochea 47 C3
Needles 42 E4
Nefta 35 B5
Nefttchala 23 F5
Neftogorsk 23 A1
Negoreloïe 21 D3
Negotin 18 B3
Nègres, Pointe des 10 B1
Negrine 35 A5
Negro 40 D4
Negros 31 A3
Nehbandan 26 B6
Nehe 29 A6
Neiba 45 B3
Neijiang 20 C4
Neisse 14 C6
Neiva 46 B3
Nejapa 44 D6
Neksø 16 E5
Nelidovo 21 B5
Nellore 32 E5
Nelson, N.-Z. 49 D7
Nelson, R., Canada 41 D5
Néma 36 C3
Neman 21 C2
Nemirov 22 B1
Nemours 8 B5
Nemuro 30 A6
Nemyniv 22 C3
Nenagh 12 D2
Nenda 48 C3
Nenets, DN des 20 C6
Nenjiang 29 A6
Népal 32 B5
Nepalganj 32 B6
Népoui 10 B3
Nérac 7 D4 9 D4
Nereta 21 B3
Neretva 18 C2
Neris 21 C3
Néris-les-Bains 8 C5
Nerva 11 D2
Nestos 18 C4
Netanya 25 E5
Nettilling, Lac 41 C7
Neubrandenburg 14 B5
Neuchâtel 15 G1
Neuchâtel, Lac de 15 G1
Neuerburg 8 A7
Neufchâteau, Belgique 15 E4
Neufchâteau, Fr. 7 B6 8 B6
Neufchâtel 15 F1
Neuhausen 15 F3
Neum 18 C2
Neumarkt i. d. Oberpfalz 14 D4
Neunkirchen, Allemagne 14 D2
Neunkirchen, Autriche 13 A7
Neuquén 47 C2
Neuruppin 14 B5
Neuss 14 C2

Neustadt an der Aisch 14 D4
Neustadt a. d. Weinstr. 14 D3
Neustadt in Holstein 14 A4
Neustrelitz 14 B5
Neuvic 9 D5
Neuwied 14 C2
Néva 21 A4
Nevada 42 D3
Nevel 21 B4
Nevers 6 B3 7 C5 8 C5
Nevezis 21 C2
Nevsehir 19 B3
New Bern 43 D11
New Braunfels 42 F7
New Delhi 32 B5
New Galloway 12 C4
New Hampshire 43 C12
New Haven 43 C12
New Iberia 43 E8
New Jersey 43 D12
New Liskeard 41 E6
New Norfolk 49 D4
New Plymouth 49 C7
New Princetown 43 C12
New Providence 43 G11
New Ulm 43 C8
New York 43 C12
New York, État, É.-U. 43 C11
Newark 43 C12
Newcastle, Australie 49 C5
Newcastle, Irlande du N. 12 C4
Newcastle, R.-U. 12 C6
Newcastle, Afr. du S. 38 C3
Newcastle West 12 D2
Newman 49 B1
Newnan 43 E10
Newport, Oregon 42 C2
Newport, Vermont 43 B12
Newport, Virginie 43 D11
Newport, Île de Wight 12 E6
Newport, Royaume-Uni 12 B5
Newry, Australie 49 A2
Newry, Royaume-Uni 12 C3
Newton 42 D7
Newton-Saint-Boswells 12 C5
Neyshabur 26 A6
Nezeto 38 A1
Ngangla Ringco 29 B2
Ngaoundéré 37 D2
Ngatik 48 C2
Ngiva 38 B1
Ngoc Linh 27 C5
Nguiu 49 A3
Ngukurt 49 A3
Ngulu 48 B1
Nha Trang 31 A2
Nhill 49 C4
Nhulunbuy 49 A3
Niagara Falls 43 C11
Niamey 36 C4
Niangara 37 D3
Niangay, Lac 36 C3
Nias 31 B1
Nica 21 B2
Nicaragua 46 A2
Nicastro-Sambiase 13 E7
Nice 6 C4 7 E7 9 E7
Nichinan 30 D3
Nickerie 46 B5
Nicobar, Îles 28 D4
Nicosia 13 F6
Nicosie 25 B1
Nicotera 13 E6
Nidj 23 E4

Nidzica 17 B3
Niebüll 14 A3
Niederbronn 8 B7
Niemen 21 C2
Nienburg 14 B3
Nieuport 15 C1
Nieuw 46 B5
Nieuw Amsterdam 46 B5
Nieuweschans 15 A6
Nièvre 7 C5 8 C5
Nigde 19 B3
Niger 36 C4
Niger, R 34 C2
Nigeria 36 D4
Nigeria 34 C3
Nihoa 48 A4
Nii-Shima 30 C3
Niigata 30 B5
Niihama 30 C3
Niihau 48 A4
Niitsu 30 B5
Níjar 11 D4
Nijyn 22 B4
Nijkerk 15 B4
Nijnevartovsk 20 C8
Nijni-Novgorod 20 D5
Nijni-Taguil 20 D7
Nijverdal 15 B5
Nikolaïeva 22 D3
Nikolaïevsk-sur-Amour 20 D15
Nikopol 22 D4
Nikshahr 26 C7
Nikslc 18 C2
Nikumaroro 48 C4
Nikunau 48 C3
Nil 34 B6
Nil Blanc 37 C4
Nil Bleu 37 C4
Nimba, Mont 33 D2
Nimègue 15 C4
Nîmes 6 C4 7 E6 9 E6
Nimule 37 D4
Ning'an 30 A2
Ningbo 29 C5
Ningde 29 C5
Ningdu 29 C5
Ningling Shan 27 A4
Ningwu 29 B4
Ningxia 29 B4
Ninotsminda 23 D2
Ninove 15 D3
Nioaque 46 E5
Niono 36 C3
Nioro 36 C3
Niort 6 B2 7 C3 8 C3
Niourba 20 C12
Nipigon 41 E6
Nipigon, Lac 41 D6
Niquero 45 A2
Nis 18 C3
Nisa 11 C2
Nisab, Arabie-Saoudite 26 C3
Nisab, Yémen 26 F4
Nishinoomote 30 D3
Nitaure 21 B3
Nlterói 46 E6
Nith 12 C5
Nitra 17 D3
Nitry 8 C5
Niuatoputapu 48 C4
Niue 48 C4
Niulakita 48 C3
Niutao 48 C3
Nivelles 15 D3
Nixon 42 D3
Nizamabad 32 D5
Nizip 19 B4
Nizwa 26 D6
Nkayi 38 A1
Nobeoka 30 C3
Nochixtlán 44 D5
Nogals 42 E4
Nogaro 9 E3
Nogent-le-Rotrou 7 B4 8 B4

Nogent-sur-Marne 7 B5
Nogent-sur-Seine 7 B5 8 B5
Noïabrsk 20 C8
Noire, Mer 4 C4
Noirmoutier 6 B2
Nojaï lourt 23 B4
Nola 37 D2
Nome 41 C2
Nong Khai 31 A1
Nonouti 48 C3
Nontron 7 D4 9 D4
Norcia 13 C5
Nord, Canal du 4 B2
Nord, Mer du 4 B3
Nord-Ouest, Territoire du 41 C4
Nord-Pas-de-Calais 7 A5
Norden 14 B2
Nordenham 14 B3
Nordfjordeid 16 C3
Nordhausen 14 C4
Nordhorn 14 B2
Nordii 16 B5
Nordkjosbotn 16 A6
Nördlingen 14 D4
Norfolk, Nebraska 42 C7
Norfolk, Virginie 43 D11
Norfolk, Royaume-Uni 12 D7
Norilsk 20 C9
Noring Nor 29 B2
Norman 42 D7
Normanton 49 A4
Nørresundby 16 D4
Norrköping 16 D5
Norrköping 5 B5
Norrsundet 16 C5
Norrtälje 16 D6
Norseman 49 C2
North Battleford 41 D5
North Bay 43 B11
North Charleston 43 E10
North Little Rock 43 E8
North Platte 42 C6
North Saskatchewan 42 B4
North Sunderland 12 C6
Novotcherkassk 22 D6
North Uist 12 C3
North Walsham 12 D7
North-West-River 41 D7
Northallerton 12 C6
Northam 49 C1
Northampton, Australie 49 B1
Northampton, R.-U. 12 D6
Northamptonshire 12 D6
Northeim 14 C4
Northumberland 12 C6
Norton 42 D7
Norton, Baie de 41 C2
Norvège 16 C4
Norvège, Mer de 16 B4
Norway House 41 D5
Norwich 12 D7
Nosivka 22 B3
Noshiro 30 A5
Nossovka 22 B3
Notec 17 B2
Noto, Presqu'île de 30 B4
Nottingham 12 D6
Nottinghamshire 12 D6
Nouadhibou 36 B2
Nouakchott 34 C1
Noukous 24 C2
Nouméa 10 C5
Noura 24 B3
Nourata 24 C3
Nourek 24 D3
Nouveau-Brunswick 41 E7
Nouveau-Mexique 42 E5
Nouvelle-Bretagne 48 C2

Nouvelle-Calédonie
   10 A4
Nouvelle-Écosse 41 E7
Nouvelle-Galles du Sud
   49 C4
Nouvelle-Géorgie 48 C2
Nouvelle-Guinée 31 C5
Nouvelle-Irlande 48 C2
Nouvelle-Providence, Île
   45 A2
Nouvelle-Sibérie 20 B15
Nouvelle-Zélande 49 D7
Nouvelle-Zemble 20 B6
Nouvelles-Hébrides
   48 C3
Nova Mesto 17 D2
Nova Odessa 22 D3
Novaïa Borovaïa 22 B3
Novaïa Kakhovka 22 D4
Novaïa Ouchitsa 22 C2
Novare 13 B3
Novaya Kazanka 24 B1
Nové Zámky 17 E3
Novelda 11 C5
Novgorod 20 D4
Novhorod Siverskyï
   22 A4
Novhorodka 22 C4
Novi Ligure 13 B3
Novi Pazar 18 C3
Novi Sad 18 B2
Novillero 44 C3
Novje-Sanjary 22 C4
Novo Aripuanã 46 C4
Novo Mesto 18 B1
Novo-Trickoïe 24 C4
Novoazovsk 22 D5
Novochakhtinsk 22 D5
Novogroudok 21 D3
Novokovïoy 24 1A
Novokouznetz 20 D9
Novomelnikov 23 B3
Novomoskovsk 22 C4
Novooukrainka 22 C3
Novopokrovka 22 C4
Novopolotsk 21 C4
Novohrad-Volynsky
   22 B2
Novorossiisk 5 C7
Novorjev 21 B4
Novos'olki 21 D4
Novosselitsa 22 C2
Novossibirsk 20 D9
Novotcherkassk 22 D6
Novotroïtskoïe 22 D4
Novovolynsk 22 B2
Novozybkov 22 A3
Novska 18 B2
Novy Jicín 17 D3
Novy Ouzen 24 C2
Novyi Bouh 22 D4
Nowa Deba 17 C3
Nowa Sól 17 C2
Nowgong 32 B8
Nowy Sacz 17 D3
Nowy Targ 17 D3
Noyon 8 B5
Noyemberian 23 D3
Nozay 8 C3
Nsanje 38 B3
Nu 48 C4
Nu Jiang 28 A4
Nubie, Désert de 33 B6
Nueva Gerona 45 A1
Nueva Octopeque 46 A1
Nueva Rosita 44 B4
Nuevas Casa Grandes
   44 A3
Nuevitas 45 A2
Nuevo Laredo 44 B5
Nuevo-León 44 B5
Nugâtsiaq 41 B7
Nuguria 48 C2
Nui 48 C3
Nuia 21 A3
Nuits-Saint-Georges
   8 C6

Nukheila 37 C3
Nuku'Alofa 48 D4
Nuku-Hiva 48 C5
Nukufetau 48 C3
Nukunonu 48 C4
Nukuoro 48 B2
Nules 11 C5
Nullagine 49 B2
Numansdorp 15 C3
Numata 30 B5
Numbulwar 49 A3
Nunivak 41 C2
Nunspeet 15 B4
Nuqub 26 E4
Nuremberg 14 D4
Nurhak 19 B4
Nuri 44 A2
Nurmes 16 C7
Nürtingen 14 D3
Nushki 32 B3
Nutak 41 D7
Nyainqentanglha Shan
   27 B3
Nyala 37 C3
Nyangoué 38 A2
Nybergsund 16 C5
Nybro 16 D5
Nyírbátor 17 E4
Nyíregyháza 17 E3
Nykøbing 16 E5
Nyköping 16 D5
Nyngan 49 C4
Nyon 15 G1
Nyons 7 D6 9 D6
Nysa 17 C2
Nzérékoré 36 D3

O

O'Neill 42 C7
Oahu 48 A5
Oak Ridge 43 D10
Oakland 42 D2
Oamaru 49 D7
Oaxaca 44 D5
Oaxaca, État fédéré
   44 D5
Ob 20 C7
Oba 41 E6
Obama 30 C4
Oban, Nouvelle-Zélande
   49 D6
Oban, Royaume-Uni
   12 B4
Obbia 37 D5
Oberammergau 14 E4
Oberhausen 14 C2
Obernai 8 B7
Oberwald 15 G3
Oberwil 15 G2
Oberwölz 13 A6
Obi, Île 31 C4
Óbidos 46 C5
Obihiro 30 A6
Obo 37 D3
Oboukhov 22 B3
Obsha 21 C5
Ocala 43 F10
Ocampo 44 B4
Ocaña 11 C4
Ocean City 43 D11
Ocean Falls 41 D4
Oceanside 42 E3
Och 24 C4
Ochsenfurt 14 D4
Ocna 18 B4
Ococingo 44 D6
Oconto 43 C9
Ocotal 46 A2
Ocotlán 44 C4
Oda 30 C3
Odate 30 A5
Odawara 30 C5
Oddur 37 D5
Odemira 11 D1
Ödemis 19 B1

Odense 16 E4
Oder (Odra) 14 B6
   17 B2
Oder-Havel, Canal 14 B5
Oderzo 13 B5
Odessa, Ukraine 22 D3
Odessa, États-Unis 42 E6
Odienné 36 D3
Odoorn 15 B5
Of 19 A5
Ofanto 13 D6
Ofaqim 25 E5
Offaly 12 D3
Offenbach 14 C3
Offenburg 14 D3
Oftringen 15 F2
Ofunato 30 B5
Oga 30 B5
Ogaden 33 D7
Ogallala 42 C6
Ogbomosho 36 D4
Ogden 42 C4
Ogdensburg 43 C11
Ogi 30 B5
Oglio 13 B3
Ogmore 49 B4
Ognon 8 C6
Ogoja 36 D4
Ogoué 37 E2
Ogre 21 B3
Ogulin 18 B1
Ohata 30 A5
Ohie 17 C1
Ohio 43 C10
Ohio, R. 43 D9
Ohopoho 38 B1
Ohrid, Lac 18 C3
Oil City 43 C11
Oïmiakon 20 C15
Oise 7 B5 8 B5
Oise, R. 6 A3 7 B5
   8 B5
Oita 30 C2
Oïtal 24 C4
Ojinaga 44 A3
Ojocaliente 44 C4
Ojos del Salado 40 F4
Ojos Negros 44 A1
Oka 4 B5
Okaba 31 C5
Okara 32 A4
Okarem 24 D2
Okaya 30 B5
Okayama 30 C3
Okha 20 D15
Okhotsk 20 D15
Okhotsk, Mer d' 20 D15
Okhtyrha 22 B4
Oki, Îles 30 B3
Okinawa 30 E2
Okinoerabu 30 E2
Oklahoma 42 D7
Oklahoma City 42 D7
Okoulovka 21 A5
Okoumi 23 C1
Oksemen 24 A5
Oktiabirsk 24 B2
Mourenx 9 E3
Okumulgee 43 D7
Okushiri 30 A5
Öland 16 D5
Olawa 17 C2
Olbia 13 D3
Olchanka 22 C3
Olchany 22 B4
Old Crow 41 C3
Oldenburg 14 B3
Oldenzaal 15 B5
Oldmeldrum 12 B5
Olean 43 C11
Olecko 17 A4
Olekminsk 20 C13
Oleksandrija 22 C4
Olenek 20 C12
Olenek, R. 20 B13
Oléron 8 D3
Oléron, Île d' 6 B2

Olesnica 17 C2
Olevsk 22 B2
Olga 20 E14
Ölgiy 29 A2
Ölgy, Province 29 A2
Oliena 13 D3
Olimarao 48 B2
Olinda 46 C7
Olisovka 21 E4
Oliva 11 C5
Oliva de la Frontera
   11 C2
Olivenza 11 C2
Olivet 8 C4
Ollagüe 47 B2
Olliergues 8 D5
Ollon 15 G2
Olmedo 11 B3
Olmos 46 C3
Olomouc 17 D2
Oloron-Ste-Marie 7 E3
   9 E3
Olot 11 A7
Olst 15 B5
Olsztyn 17 B3
Olsztynek 21 D2
Olt 4 C4
Olten 15 F2
Oltenita 18 B4
Oltu 19 A5
Olur 19 A5
Olvera 11 D3
Olympe, Mont 4 C4
Olympia 42 B2
Omagari 30 B5
Omagh 12 C3
Omaha 43 C7
Omak 42 B3
Oman 26 D6
Oman, Golfe d' 26 D6
Oman, Mer d' 32 C2
Omaruru 38 C1
Ombrie 13 C5
Omdurman 37 C4
Omegna 13 B3
Ömerli 19 B5
Ometepec 44 D5
Omis 18 C2
Ommen 15 B5
Ömnögovi 29 A4
Omono 30 B5
Omsk 20 D8
Omsouktchan 20 C16
Omu 30 A6
Omura 30 C2
Omuta 30 C3
Onagawa 30 B5
Oñate 11 A4
Onbingwin 32 E9
Onda 11 C5
Öndörhaan 29 A5
Onega, Lac 20 C4
Ongjin 30 B1
Oni 23 C2
Onitsha 36 D4
Onotoa 48 C3
Onslow 49 B1
Onsong 30 A2
Ontario, Canada 41 D6
Ontario, États-Unis 42 C3
Ontario, Lac 41 E6
   43 C11
Onverwacht 46 B5
Oodnadatta 49 B3
Oosterwolde 15 B5
Ootaca 32 E5
Ootmarsum 15 B5
Opava 17 D2
Opelousas 43 E8
Opochnia 22 C4
Opole 17 C2
Oporný 22 B2
Opotchka 21 B4
Oppdal 16 C4
Opsa 21 C3
Oradea 18 B3
Oradour-sur-Glane 8 C4

Oral 24 A1
Oran 35 A3
Orange, É.-U., Texas 43 E8
Orange, Australie 49 C4
Orange, France 9 D6
Orange, R., Namibie 38 C1
Orange, Cap d' 40 C5
Orangeburg 43 E10
Oranienburg 14 B5
Oranjestad 45 B3
Orasje 18 B2
Oravita 18 B3
Orb 9 E5
Orbe 15 G1
Orbe, R. 15 G1
Orbec 8 B4
Orbigo 11 A3
Orbost 49 C4
Orcades, Îles 12 A5
Orcera 11 C4
Orcha 21 C4
Ordos 27 A5
Ordoubad 23 F4
Ordu 19 A4
Örebro 16 D5
Oregon 42 C2
Öregrund 16 C6
Orekhovsk 21 C4
Orel 20 D6
Oronbourg 20 D8
Orénoque 40 C4
Orense 11 A2
Orensque 46 B4
Organobo 10 C8
Orgaz 11 C4
Orhaneli 19 B2
Orhei 22 D3
Oriolo 13 D7
Orissa 32 D6
Orissaare 21 A2
Oristano 13 E3
Orivesi 16 C7
Orizaba 44 D5
Orkanger 16 C4
Orkhon 29 A4
Orlando 43 F10
Orléans 6 B3 7 B4 8 B4
Orly 7 B5
Ormara 32 B2
Ormuz, Détroit d' 26 C6
Ornans 8 C7
Orne 7 B4 8 B4
Orne, R. 6 A2 7 B3 8 B3
Örnsköldsvik 16 C6
Orohena, Mont 10 F8
Oroluk 48 B2
Orona 48 C4
Oropesa 11 C3
Oroqen 29 A6
Orosei 13 D3
Orotoukan 20 C16
Oroville 42 B3
Orsay 7 B5
Orsha 5 B7
Orsk 20 D6
Orsova 18 B3
Orta 19 A3
Ortaca 19 B2
Ortaköy 19 A3
Orthez 9 E3
Ortigueira 11 A2
Ortles 4 C3
Oruro 46 B3
Orvieto 13 C5
Oryakhovo 18 C3
Osa, Péninsule d' 46 B2
Osaka 30 C4
Osakarovka 24 A4
Oscar 10 E8
Oschersleben 14 B4
Oschiri 13 D3
Osen 16 B4

Oshawa 41 E6
Oshima 30 C5
Oshkosh 43 C9
Oshogbo 36 D4
Osijek 18 B2
Osimo 13 C5
Oskarshamn 16 D5
Öskemen 24 A6
Uskil 22 C5
Oslo 16 C4
Osmanabad 32 D5
Osmancik 19 A3
Osmaniye 19 B4
Osnabrück 14 B3
Osorno, Chili 47 D1
Osorno, Espagne 11 A3
Osprey 49 A4
Oss 15 C4
Ossétie du Nord-Alanie 23 C3
Ossétie du Sud 23 C3
Ossio 13 D3
Ostashkov 21 B5
Ostende 15 C1
Osterburg 14 B4
Osterholz-Scharmbeck 14 B3
Östersund 16 C5
Östhammar 16 C6
Ostki 21 E3
Ostkvarken 16 C6
Ostor 21 E4
Ostrava 17 D3
Ostrehofen 14 D5
Ostróda 17 B3
Ostrog 22 B2
Ostroleka 17 B3
Ostrov 21 B4
Ostrów Mazowiecka 17 B3
Ostrów Wielkopolski 17 C2
Ostrowiec Swietokrzyski 17 C3
Ostryna 21 D3
Ostseebad Göhren 14 A5
Ostseebad Prerow 14 A5
Ostuni 13 D7
Osuna 11 D3
Osveya 21 C4
Oswego 43 C11
Oswiecim (Auschwitz) 17 C3
Otar 24 C4
Otaru 30 A5
Otava 17 D1
Otawara 30 B5
Otchakov 22 D3
Otchamtchire 23 C1
Otepaa 21 A3
Othis 7 B5
Otjiwarongo 38 C1
Otrante 13 D7
Otrante, Détroit d' 18 D2
Otsu 30 C4
Ottawa, Canada 41 E6
Ottawa, É.-U., Kansas 43 D7
Ottawa, É.-U., Illinois 43 C9
Ottawa, R., Canada 41 E6
Ottobrunn 14 D4
Ottumwa 43 C8
Otwock 17 B3
Ouadane 36 B2
Ouadda 37 B2
Ouagadougou 36 C3
Ouahigouya 36 C3
Oualidia 35 B1
Ouallene 35 D4
Ouanda-Djallé 37 D3
Ouarzazate 35 B1
Ouchatchi 21 C4
Oudarny 23 A2

Ouddorp 15 C2
Oude Tonge 15 C3
Oudjar 23 E4
Oudmourtie 20 D6
Oudtshoorn 38 D2
Oued Amador 35 D4
Oued Beht 35 B2
Oued Chéliff 35 A4
Oued Dadès 35 B2
Oued Daoura 35 C2
Oued Drâa 35 B2
Oued Guir 35 B3
Oued Igharghar 35 C5
Oued Messaoud 35 C3
Oued Mia 35 B5
Oued Mjerda 35 A6
Oued Moulouya 35 B2
Oued Nammous 35 B3
Oued Rheris 35 B3
Oued Saoura 35 C3
Oued Sebou 35 A2
Oued Sokki 35 C4
Oued Sous 35 B1
Oued Tensift 35 B1
Oued Tessa-Araral 35 D4
Oued Tirhart 35 D4
Oued Touil 35 A4
Oued Za 35 A3
Oued Zegrir 35 B5
Oued-Bernous 35 C3
Oued-Zem 35 B2
Ouégoa 10 A3
Ouen, Îles 10 C5
Ouessant, Île d' 6 A1 8 B1
Ouesso 37 D2
Ouezzane 35 A2
Oufa 20 D6
Ouganda 37 D4
Ouil 24 B2
Ouistreham 8 B3
Oujda 35 A3
Oujhorod 22 C1
Oulainen 16 B7
Oulan-Bator 29 A4
Oulan-Oude 20 D11
Oulanbel 24 C4
Oulianovka 22 C3
Oulianovsk 24 A1
Ouliianovekoïc 24 A4
Oulla 21 C4
Ouloungour Hu 29 A2
Ouloutaov 21 E3
Oulu 16 B7
Oulu, R. 16 B7
Oulujärvi 16 B7
Oum Chalouba 37 C3
Oum el-Bouagui 35 A5
Oum-Saïd 26 D5
Ouman 22 C3
Ounara 35 B1
Ounetchatch 21 D5
Ounianga Kébir 37 C3
Ountsoukoul 23 C4
Oura-Tioube 24 D3
Oural, R. 4 C5 24 B2
Ourdjar 24 B5
Ouretchie 21 D3
Ourgout 24 C3
Ourguenth 24 C3
Ourique 11 D1
Ouritski 24 A3
Ourkarakh 23 C4
Ourmia 19 B6
Ourmia, Lac 26 A4
Ouroup 35 B2
Ourous-Martan 23 B3
Ours, Île aux 50 B7
Ousaqui 10 D7
Oussouri 29 A7
Oussouriysk 30 A3
Oust-Djegoutinskaïa 23 A1
Oust-Ichim 20 D8

Oust-Ilimsk 20 D11
Oust-Kout 20 D11
Oust-Maïa 20 C14
Oust-Nera 20 C15
Oust-Ordynski 20 D11
Oust-Ordynski, DN d' 20 D11
Oust-Ourt, Plateau d' 4 C5
Outcharal 24 B5
Outes 11 A1
Outokumpu 16 C7
Ouvéa 10 A5
Ouvèze 9 D6
Ouyen 49 C4
Ouzbékistan 24 C3
Ouzouer-le-Marché 8 C4
Øv-Sirdal 16 D4
Ovacik (Çankiri) 19 A3
Ovacik (Tunceli) 19 B4
Ovada 13 B3
Ovalle 47 C1
Overijssel 15 B5
Överkalix 16 B6
Overloon 15 C4
Overpelt 15 C4
Oviedo 11 A3
Qvisi 21 B2
Ovör-Hangay, Prov. 29 A4
Ovroutch 22 B3
Owando 37 E2
Owase 30 C4
Owensboro 43 D9
Oxford, États-Unis 43 E9
Oxford, Royaume-Uni 12 E6
Oxfordshire 12 E6
Oyapock, R 10 D8
Oyem 37 D2
Oyonnax 8 C6
Ozaritchi 21 D3
Ozark, Monts 39 C5
Ozd 17 D3
Ozdiatitchi 21 C4
Ozieri 13 D3
Ozimek 17 C3
Ozoir-la-Ferrière 7 B5
Ozourgueti 23 D2
Ozuluama 44 C5
Othe, Pays d' 6 A3

P

Pa-An 32 D9
Paamiut 41 C8
Paarl 38 D1
Paavola 16 B7
Pachino 13 F6
Pachuca 44 C5
Pacifique, Océan 1 E2
Padang 31 C1
Padangsidempuan 31 B1
Paderborn 14 C3
Padilla 46 B5
Padoue 13 B4
Padstow 12 E4
Paducah 43 D9
Padul 11 D4
Padula 13 D6
Paea 10 G7
Pag 18 B1
Pag, R. 18 B1
Pagadian 31 B3
Pagan 48 B2
Page 42 D3
Pagegiai 21 C2
Pago Pago 48 C4
Paide 21 A3
Paimpol 8 B2
Païta 10 C5
Pajala 16 B6
Pakanbard 28 D5
Pakanbaru 31 B1
Pakistan 32 B3
Pakkoku 32 C9

Pakruojis 21 B2
Paks 17 E3
Pakse 31 A2
Palafrugell 11 B7
Palagonia 13 F6
Palagruza, Îles 18 C2
Palaiseau 7 B5 8 B5
Palamós 11 B7
Palampur 32 C4
Palana 20 D17
Palanga 21 C2
Palangkaraya 31 C2
Palatka, États-Unis
43 F10
Palau 48 B1
Palauk 32 E9
Palavas 9 E5
Palaw 32 E9
Palawan 31 A3
Palayankottai 32 F5
Paldiski 21 A3
Pale 18 C2
Paleleh 31 B3
Palembang 31 C2
Palencia 11 A3
Palenque 44 D7
Palerme 13 E5
Palestine, États-Unis
43 E7
Paletwa 32 C8
Palghat 32 E5
Pali 32 B4
Palikir 48 B2
Paliseul 15 E4
Palitana 32 C4
Palm Springs 42 E3
Palma 5 D4
Palma de Majorque
11 C7
Palma di Montechiaro
13 F5
Palmas, Cap 33 D2
Palmer, Terre de 50 G11
Palmer, Archipel 50 F11
Palmerston 48 C4
Palmerston North 49 D7
Palmi 13 E6
Palmira 46 B3
Palopo 31 C3
Palu, Indonésie 31 C3
Palu, Turquie 19 B4
Pamiers 7 E4 9 E4
Pamir 27 A2
Pampa 42 D6
Pampas 40 G4
Pampelune 11 A5
Pampilhosa da serra
11 B2
Panaji 32 D4
Panamá 46 B3
Panamá, Canal de 46 B2
Panamá, État 46 B3
Panamá, Isthme de
40 C3
Panama City 43 E9
Panano 13 B4
Panay 31 A3
Pancevo 18 B3
Panevezys 21 C3
Panfilov 24 C4
Pangani 38 A3
Pangani, R. 38 A3
Pangkalpinang 31 C2
Panipat 32 B5
Panjab 26 B8
Panjgur 32 B2
Pantelleria 13 F4
Pánuco 44 C5
Paola 13 E7
Pápa 17 E2
Papantla 44 C5
Papara 10 G7
Papeete 10 F7
Papenoo 10 F8
Paphos 25 B1
Papigochic 44 A2

Papouasie-Nouv.-Guinée
48 C2
Papun 32 D9
Papunya 49 B3
Pâques, Île de 2 F3
Pará 46 C5
Paraburdoo 49 B1
Paracels, Îles 28 C6
Parachilna 49 C3
Paradise 42 D2
Paragould 43 D8
Paraguay 47 B2
Paraguay, R. 46 D5
Paraíba 46 C7
Parakou 36 D4
Paramaribo 46 B5
Paramirim 46 D6
Paraná 46 D6
Paraná, Argentine 47 C3
Paraná, État, Brésil 47 B3
Paraná, R. 46 E5 47 B3
Paranaguá 47 B4
Paranaíba 46 D5
Paranaíba Grande 40 E6
Paranaíba, R. 46 D6
Paray-le-Monial 8 C6
Parchim 14 B4
Parczew 17 C4
Parentis-en-Born 9 D3
Parepare 31 C3
Parintins 46 C5
Paris, États-Unis 43 D9
Paris, États-Unis 43 E7
Paris, France 6 A3 7 B5
8 B5
Parisien, Bassin 6 A3
Parkano 16 C6
Parkersburg 43 D10
Parkes 49 C4
Parksane 31 A1
Parla 11 B4
Parme 13 B4
Parnaíba 46 C6
Parnaíba, R. 46 C6
Parnu 21 A3
Paro 32 B7
Paros 18 D4
Parras de la Fuente
44 B4
Parro 49 B4
Parry Sound 41 E6
Parry, Îles 41 B4
Parthenay 7 C3 8 C3
Pas de Calais, Détroit
4 B3
Pas-de-Calais, Dép. 7 A4
8 A4
Pasadena, Californie
42 E3
Pasadena, Texas 43 F7
Passanaouri 23 C3
Pascagoula 43 E9
Pascani 18 B4
Pasco 42 B3
Pasig 31 A3
Pasinler 19 B5
Paslek 17 A3
Pasni 32 B2
Passau 14 D5
Passo Fundo 47 B3
Pasteka 21 C2
Pasto 46 B3
Pasvalys 21 B3
Pasvik 16 A7
Patan 32 B7
Paterno 13 F6
Paterson 43 C12
Pathankot 32 A5
Patiala 32 B5
Patience 10 D8
Patna 32 B7
Patnos 19 B5
Pato Branco 47 B3
Patras 18 D3
Patreksfjördhur 16 B1
Pau 6 C2 7 E3 8 E3

Pauillac 9 D3
Paulatuk 41 C4
Paulistina 46 C6
Pavie 13 B3
Pavilosta 21 B2
Pavlodar 24 A4
Pavlovhrad 22 C4
Pavlich 22 C4
Pavullo nel Frignano
13 B4
Paxos 18 D3
Payakumbuh 31 C1
Päyänne 16 C7
Payenne 15 G2
Pays de Galles 12 D5
Pays-Bas 15 B5
Pays-Basque 11 A4
Pays-de-la-Loire 7 C3
Paysandú 47 C3
Pazar 19 B4
Pazardzhik 18 C4
Pazin 18 B1
Peace 39 B4
Peace River 41 D4
Peace River, R 41 D4
Pearl 43 E8
Pec 18 C3
Peccia 15 G3
Pecos 42 E6
Pecos, R. 42 E6
Pécs 17 E3
Pededze 21 B3
Pedernales 45 B3
Pedro Afonso 46 C6
Pedro II 46 C6
Pedro Juan 46 E5
Peene 14 B5
Peer 15 C4
Pegnitz 14 D4
Pégou 32 D9
Pegu 32 D9
Pegu, Monts 27 C4
Peine 14 B4
Peipous, Lac 21 A3
Pékin 29 A5
Pelkosenniemi 16 B7
Pello 16 B7
Pelly Bay 41 C5
Pelly, Monts 39 A3
Pelotas 47 C3
Péloponnèse 4 D4
Pemangangsiantar 31 B1
Pemba, Île (Kenya)
38 A3
Pemba, Mozambique
38 B4
Pembina 43 B7
Peñafiel 11 B3
Penamacor 11 B2
Peñarroya-Pueblonuevo
11 C3
Pendjab 32 A4
Pendjikent 24 D3
Pendleton 42 B3
Penganga 32 C5
Peniche 11 C1
Penjina 20 C17
Penmarch, Pointe de
8 C1
Penne 13 C5
Pennsylvanie 43 C11
Penong 49 C6
Penonomé 46 B2
Penrhyn 48 C5
Penrith 12 C5
Pensacola 43 E9
Pentecôte 48 C3
Penticton 41 E4
Penza 20 D5
Penzance 12 E4
Peotillos 44 C4
Peralta 9 E3
Perchotravneoïe 22 D5
Perdu, Mont 6 C3
Pereira 46 B3

Perejaslav-Tchmelnickij
21 E4
Perelló 11 B6
Peretchin 22 C1
Pergamino 47 C2
Pergola 13 C5
Péribomca 43 A12
Pericos 44 B3
Périgord 6 B3
Périgueux 6 B3 7 D4
9 D4
Perito Moreno 47 D1
Perleberg 14 B4
Perm 20 D6
Permët 18 C3
Pernambouco 46 C7
Pernik 18 C3
Péronne 7 B5 8 B5
Pérou 46 D3
Pérouges 8 D6
Pérouse 13 C5
Perpignan 6 C3 7 E5
9 E5
Perros-Guirec 8 B2
Perry 43 E10
Perryville 41 D2
Persotravensk 21 E3
Pertchotravnevoïe 22 B2
Perth, Australie 49 C1
Perth, Royaume-Uni
12 B5
Pervari 19 B5
Pervomaisk 22 C3
Pervomaïskyi 22 C5
Pervomaïskoïe 22 E4
Perwez 15 D3
Pesaro 13 C5
Pescara 13 C6
Peschici 13 D6
Peshawar 32 A4
Peshkopi 18 C3
Peski 21 D3
Peskovka 21 E4
Pestchanka 22 C3
Petah Tiqwa 25 E5
Pétange 15 E4
Petchora 20 C6
Petchora, R. 20 C6
Peterborough, Australie
49 C3
Peterborough, R.-U.
12 D6
Peterhead 12 B6
Petersburg, Australie
41 D3
Petersburg, États-Unis
43 D11
Petit Cul-de-Sac Marin
10 E1
Petit-Bourg 10 E1
Petit-Caïman 45 B2
Petit-Canal 10 E2
Petite Inagua 45 A3
Petite-Île 10 B8
Petite-Terre, Îles de la
10 E2
Peto 44 C7
Petoskey 43 B10
Petrikov 21 D4
Petrila 18 B3
Petrivka 22 D3
Petrolina 46 C6
Petropavl 24 A3
Petropavlovka 22 C6
Petropavlovsk 20 D8
Petropavlovsk
Kamtchatski 20 D17
Petrosani 18 B3
Petrovac 18 B2
Petrozavdosk 20 C4
Pevek 20 C18
Pézenas 9 E5
Pforzheim 14 D3
Pfunds 13 A4
Phalsbourg 8 B7
Phan Thiet 28 C5
Phangnga 31 B1

Phetchaburi 31 A1
Philadelphie 39 C6
Philippeville 15 D3
Philippines 31 A4
Philippines, Mer des 31 A1
Phitsanulok 31 A1
Phnom Penh 31 B1
Phoenix 42 E4
Phoenix, Îles 48 C4
Phongsali 31 A1
Phonnei 40 D1
Phuket 31 B1
Phuntsholung 32 B7
Pianosa 13 C6
Piassina 20 B9
Piatigorsk 23 A2
Piatra-Neamt 18 B4
Piauí 46 C6
Piave 13 B5
Pibor Post 37 D4
Picard, Plateau 6 A3
Picardie 7 B5
Pich 44 D7
Pichilingue 44 B2
Pickering 12 C6
Pickle Crow 41 D5
Pico da Bandera 1 E3
Picos 46 C6
Pidurutalagala 27 D3
Piedra del Aguila 47 D2
Piedrahita 11 B3
Piedras Negras 44 A4
Pieksämäki 16 C7
Pielinen 16 C7
Piémont 13 B2
Pierre 42 C6
Pierrefonds 8 B5
Pierrelatte 9 D6
Pietermaritzburg 38 C3
Pietersburg 38 C2
Pigailoe 48 B2
Pijijapan 44 E6
Pikalevo 21 A5
Pikelot 48 B2
Pikeville 43 D10
Pila 17 B2
Pilar 47 B3
Pilcomayo 46 E4
Pilica 17 C3
Pina 9 F3
Pinar del Rio 45 A1
Pinarbasi 19 B4
Pinde 4 C4
Pine Bluff 43 E8
Pine Creek 49 A3
Pine Ridge 42 C6
Pinerolo 9 D7
Pingelap 48 B3
Pingeli 49 C1
Pingxiang 29 C4
Pingyang 29 C6
Pinheiro 46 C6
Pinhel 11 B2
Pinios 18 B3
Pinnaroo 49 C4
Pinos 44 C4
Pins, Îles des 10 C6
Pinsk 21 D3
Piombino 13 C4
Pionki 17 C3
Piotrków Trybunalski 17 C3
Piracicaba 46 E6
Pirae 10 F7
Piran 18 B1
Pires de Rio 46 D6
Pirmasens 14 D2
Pirna 14 C5
Pirot 18 C3
Pirsagat 23 F5
Pisa 21 D2
Pisagua 47 A1
Pise 13 C4
Pisek 17 D2
Pishan 29 B1

Pissos 9 D3
Pistoia 13 C4
Pisz 17 B3
Pitcairn 48 D6
Pitcairn, Province 48 D6
Piteå 16 B6
Pitene 21 B2
Pitesti 18 B4
Pithiviers 7 B5 8 B5
Piton de la Fournaise 10 D8
Piton des Neiges 10 B7
Pitsounda 23 B1
Pittsburg 43 D8
Pittsburgh 43 C11
Piura 46 C2
Pizzo 13 E7
Plaffeien 15 G2
Plainview 42 E6
Plaisance 13 B3
Plana Cays 45 A3
Plasencia 11 B2
Plastun 30 A4
Platte 42 C6
Plattling 14 D5
Plattsburgh 43 C12
Plavinas 21 B3
Play Cu 31 A2
Playa Vicente 44 D6
Pleasanton 42 F7
Pleaux 9 D5
Plechtchenitsy 21 C3
Plentywood 42 B6
Pleszew 17 C2
Pleven 18 C4
Pljevlja 18 C2
Ploce 18 C2
Plock 17 B3
Ploërmel 8 C2
Ploiesti 18 B4
Plomb du Cantal 6 B3
Plonsk 17 B3
Ploskosh 21 B4
Plotnitsa 21 D3
Plovdiv 18 C4
Plunge 21 C2
Plymouth 45 B4
Plymouth 12 E4
Plzen 17 D1
Pô 13 B2
Pobé 36 D4
Poberly, Pic 27 A3
Pocatello 42 C4
Pochep 21 D5
Pochutla 44 E5
Pocking 14 D5
Poços de Caldas 46 E6
Podgaicy 21 F3
Podgorica 18 C2
Podolie, Plateau de 4 C4
Podor 36 C2
Pohang 30 B2
Poindimié 10 A4
Point Hope 41 C2
Point Lay 41 C2
Pointe de Tali 10 F2
Pointe à Lézard 10 E1
Pointe-à-Pitre 10 E1
Pointe-Noire, Congo 38 A1
Pointe-Noire, Guad. 10 E1
Poissy 7 B5
Poitiers 6 B3 7 C4 8 C4
Poitou, Seuil du 6 B3
Poitou-Charente 7 C3
Poix 8 B5
Pokhara 32 B6
Pokrovska 22 D5
Pokrovskoïe 22 C5
Pol-e Khomri 26 A8
Polatli 19 B3
Pôle Nord Magnét. 50 B11
Pôle Sud Magnét. 50 G6
Pôles 50

Polesie 21 D4
Polessk 21 C2
Polesskoje 21 E4
Policaro 13 D7
Poligny 8 C6
Polis 25 B1
Polla 13 D6
Pollensa 11 C7
Polmak 16 A7
Pologne 17 B3
Polonne 22 B2
Polotsk 21 C4
Poltava 22 C4
Poltsamaa 21 A4
Polva 21 A3
Polygyros 18 C3
Polynésie Française 48 C6
Pomabamba 46 C3
Pomarance 13 C4
Pombal 11 C1
Poméranie, Baie de 14 A6
Pomitchna 22 C3
Ponca City 42 D7
Ponce 45 B3
Pondichéry 32 E5
Pondichéry, Province 32 E5
Ponérihouen 10 B4
Pont-à-Mousson 8 B7
Pont-Audemer 8 B4
Pont-d'Ain 8 D6
Pont-l'Abbé 8 C1
Pont-Saint-Esprit 9 D6
Ponta Brossa 47 B3
Pontarion 8 C4
Pontarlier 7 C7 8 C7
Ponte da Barca 11 B1
Ponte de Sor 11 C2
Ponteferrada 11 A2
Pontevedra 11 A1
Pontiac 43 C10
Pontianak 31 C2
Pontique, Chaîne 4 C4
Pontivy 7 B2 8 B2
Pontoise 7 B5 8 B5
Pontremoli 13 B3
Poole 8 A3
Popayán 46 B3
Poperinge 15 D1
Popondetta 48 C2
Poprad 17 D3
Porangatu 46 D6
Porbandar 32 C3
Porcupine 41 C3
Pordenone 13 B5
Pori 16 C6
Porkhov 21 B4
Pornic 8 C2
Poronaysk 20 E15
Porozovo 21 D3
Porrentruy 15 F2
Porsgrunn 16 D4
Port Angeles 42 B2
Port Antonio 45 B2
Port Arthur 43 F8
Port Askaig 12 C3
Port Augusta 49 C3
Port Blair 28 C3
Port Burwell 41 C7
Port Charlotte 43 F10
Port d'Espagne 46 A4
Port-de-Paix 45 B3
Port Elizabeth 38 C2
Port-Gentil 37 E1
Port Harcourt 36 D4
Port Hedland 49 B1
Port Huron 43 C10
Port Keats 49 A2
Port Laoise 12 D3
Port Lavaca 43 F7
Port Lincoln 49 C3
Port Macquarie 49 C5
Port Maria 45 B2
Port Moresby 48 C2

Port Nelson 45 A2
Port Nolloth 38 C1
Port of Spain 45 C4
Port Pirie 49 C3
Port Radium 41 C4
Port Shepstone 38 D3
Port-au-Prince 45 B3
Port Darwais 9 E5
Port-Cartier 41 D7
Port-Louis 10 E1
Port-Nouveau-Québec 41 D7
Port-Saïd 37 A3
Port-Soudan 37 C4
Port-Vendres 9 E5
Port-Vila 48 C3
Portage 43 C9
Portage la Prairie 41 D5
Portalegre 11 C2
Portales 42 E6
Portbou 11 A7
Porterville 42 D3
Portimão 11 D1
Portland, Australie 49 C4
Portland, É.-U., Oregon 42 B2
Portland, É.-U., Maine 43 C12
Porto Alegre 47 C3
Porto Alexandre 38 B1
Porto Amboim 38 B1
Porto de Mós 11 C1
Porto de Moz 46 C5
Porto de Pedras 46 C7
Porto Esperança 46 D5
Porto Espridiao 46 D5
Porto Garibaldi 13 B5
Porto Nacional 46 D6
Porto Novo 36 D4
Porto Rico 45 B3
Porto Santo 36 A2
Porto Santo Stefano 13 C12
Porto Seguro 46 D7
Porto Torres 13 D3
Pôrto Velho 46 C4
Porto, France 9 E7
Porto, Portugal 11 B1
Pôrto-Vecchio 9 F7
Portoferraio 13 C4
Portogruaro 13 B5
Portoviejo 46 C2
Portree 12 B3
Portsmouth, Dominique 45 B4
Portsmouth, É.-U., New Hamp. 43 C12
Portsmouth, É.-U., Ohio 43 D10
Portsmouth, R.-U. 12 E6
Portsoy 12 B5
Portugal 11 C1
Portumna 12 D3
Porzuna 11 C3
Pos'yet 30 A3
Posada 13 D3
Posadas 47 B3
Poschiavo 15 G5
Poso 31 C3
Posof 19 A5
Posse 46 D6
Possel 37 D2
Postavy 21 C3
Poste-de-la-Baleine 41 D6
Postojna 18 B1
Potchaïev 22 C2
Potchep 22 A4
Potchinok 21 C5
Potenza 13 D6
Potes 11 A3
Poti 23 C1
Potiskum 36 C5
Potosí 46 D4
Potsdam 14 B5
Pouébo 10 A3
Pouembour 10 B3

Poughkeepsie 43 C12
Pouilles 13 D7
Pouilly-en-Auxois 8 C6
Poum 10 A3
Poustochka 21 B4
Poutila 22 D2
Póvoa de Varzim 11 B1
Povungnituk 41 C6
Powder 42 B5
Powell 42 C5
Powell River 41 D4
Powys 12 D5
Poxoréo 46 D5
Poya 10 B4
Poyang, Lac 29 C5
Poyang Hu 28 B6
Poza Rica 44 C5
Poznan 17 C2
Pozo Colorado 47 B3
Pozoblanco 11 C3
Pozohondo 11 C4
Pozzallo 13 F6
Prachuap Khiri Khan
31 A1
Prades 7 E5 9 E5
Prague 17 C2
Praia 36 C1
Prainha, Amaz., Brésil
46 C4
Prainha, Pará, Brésil
46 C5
Prangli 21 A3
Prato 13 C4
Pratt 42 D7
Pravia 11 A2
Pré-en-Pail 8 B3
Predazzo 13 A4
Preetz 14 A4
Pregola 21 C2
Pregradnaïa 23 B1
Preiji 21 B3
Preila 21 C2
Prenzlau 14 B5
Preoria 43 C9
Prerov 17 D2
Prescott 42 E4
Presidencia R. S. Peña
47 B2
Presidente Prudente
46 E5
Presidio 42 F6
Presov 21 F2
Prespa, Lac 18 C3
Presque Isle 43 B13
Preston 12 D5
Pretoria 38 C2
Preuilly 8 C4
Preveza 18 D3
Priazovsk 22 D4
Priboj 18 C2
Pribram 17 D2
Price 42 D4
Prichtina 18 C3
Priego 11 B4
Priekule, Lettonie 21 B2
Priekule, Lituanie 21 C2
Prienai 21 C3
Prievidza 17 D3
Prilep 18 C3
Primonsho-Akhtarsk
22 D5
Prince Albert 41 D5
Prince George 41 D4
Prince Rupert 41 D4
Prince-Charles, Île du
41 C6
Prince-de-Galles, Île du
41 D3
Prince-de-Galles, île du,
Canada 41 B5
Prince-Édouard, Île du
41 E7
Prince-Patrick, Île du
41 B4
Princeton 43 D9
Príncipe, Île 37 D1

Prineville 42 C2
Priolo di Gargallo 13 F6
Pripat, Biélorussie 21 D3
Pripat, Ukraine 22 B2
Pripet 4 B4
Pripiat 21 E4
Pristina 5 C6
Pritzwalk 14 B5
Privas 6 B4 7 D6 9 D6
Prizren 18 C3
Prjevalsk 29 A1
Progreso 44 C7
Prokhaldny 23 B2
Prokuplje 18 C3
Prome 32 D9
Propriano 9 F7
Proserpine 49 B4
Prostejov 17 D2
Proudianka 22 B5
Proujany 21 D3
Prout 22 C2
Prüm 8 A7
Pruszków 17 B3
Prykolotnone 22 B5
Prylouky 22 B4
Przasnysz 17 B3
Przemysl 21 F2
Psara 18 D4
Psebaï 23 A1
Psel 22 C2
Pskov 21 B4
Pskov, Lac 21 A4
Ptich, R. 21 D4
Ptitch 21 D4
Pucallpa 46 C3
Pudasjärvi 16 B7
Puebla 44 D5
Puebla de Alcocer 11 C3
Puebla de Don Fadrique
11 D4
Puebla, État, Mexique
44 D5
Pueblo 42 D6
Puerto Aisén 47 D1
Puerto Ayacucho 46 B4
Puerto Barrios 44 D7
Puerto Bermúdez 46 D3
Puerto Carreño 46 B4
Puerto Cortés 44 B2
Puerto de Nutrias 46 B4
Puerto Deseado 47 D2
Puerto Escondido 44 E5
Puerto Inírida 46 B4
Puerto Lempira 44 B3
Puerto Libertad 44 A1
Puerto Lobos, Argentine
47 D2
Puerto Lobos, Mexique
44 A1
Puerto Madre 45 A2
Puerto Madryn 47 D2
Puerto Maldonado 46 D4
Puerto Mariti 46 C4
Puerto Montt 47 D1
Puerto Natales 47 E1
Puerto Nuevo 46 B3
Puerto Peñasco 44 A1
Puerto Plata 45 B3
Puerto Princesa 31 B3
Puerto Rico 46 D4
Puerto Rondón 46 B3
Puerto Strossner 47 B3
Puerto Su 46 D5
Puerto Suárez 46 D5
Puerto Vallarta 44 C3
Puerto Williams 47 E2
Puertollano 11 C3
Pueu 10 G8
Puhja 21 A3

Puinos-Puente 11 D4
Puisaye 6 B3
Pukapuka 48 C4
Pukchong 30 A2
Pula 18 B1
Pulap 48 B2
Pulaski 43 D9
Pulkkila 16 B7
Pullman 42 B3
Pully 15 G1
Pulog 27 C7
Pülümür 19 B4
Pulur 19 A4
Pulusuk 48 B2
Puluwat 48 B2
Punaauia 10 F7
Pune 32 D4
Pungsan 30 A2
Puno 46 D3
Punta Abreojos 44 B1
Punta Alta 47 C2
Punta Arenas 47 E1
Punta Concepción 44 B2
Punta Cosiguina 44 B2
Punta Gorda 46 A1
Punta Perlas 46 A2
Punta Umbria 11 D2
Puntarena 46 B2
Punto Fijo 46 A3
Purmerend 15 B2
Purnea 32 B7
Pursat 31 A1
Purus 46 C4
Pusan 30 C2
Putamayo 46 C3
Putao 32 B9
Putawy 17 C3
Putian 29 C5
Putre 47 A2
Puttgarden 14 A4
Putumayo 40 D3
Putussibau 31 B2
Puy-de-Dôme 6 B3 7 D5
9 D5
Pyapon 32 D9
Pyè 32 D9 7 D5 9 D5
Pykkvibær 16 C1
Pyla 9 D3
Pylos 18 D3
Pyongang 30 B2
Pyongyang 30 B1
Pyrénées 6 C3
Pyrénées-Atlantiques 7 E3
9 E3
Pyrénées-Orientales 7 E5
9 E5
Pyriatyne 22 B3
Pyrgos 18 D3
Pyrzyce 17 B2
Pytalovo 21 B4

Q

Qabatiya 25 E5
Qadima 26 D2
Qafar 26 C3
Qamdo 32 A9
Qamishliyé 25 B3
Qaragandy 24 B4
Qargaraly 24 A4
Qaryatein 25 B2
Qasigiannguit 41 C7
Qaskelen 24 C4
Qasr el-Boukhari 35 A4
Qasr-e Qand 26 C7
Qatar 26 C5
Qatrana 25 C2
Qavzin 26 A5
Qayen 26 B6
Qena 37 C2
Qeqertarsuaq 41 C7
Qeqertarsuatsiaat 41 C7
Qianyang 29 C5
Qiemo 29 B3
Qilian 29 B4
Qilian Shan 27 A4

Qin Ling 27 A5
Qingdao 29 B6
Qinghai 29 B3
Qingjiang, Jiangsu 29 B5
Qingjiang, Jiangxi 29 C5
Qingyuan 30 A1
Qinhuangdao 29 A5
Qinzhou 29 C4
Qionghai 29 D5
Qionglai 32 A10
Qiqiyar 29 A6
Qiryat Gat 25 E5
Qishm, Île 26 C6
Qishn 26 E5
Qitai 29 A2
Qizan 26 E3
Qom 26 B5
Qostanaï 24 A3
Qouchmovryn 24 A3
Quang Ngai 31 A2
Quanzhou, Angxi 29 C5
Quanzhou, Fujian 29 C5
Quchan 26 A6
Queanbeyan 49 C4
Québec 41 E6
Québec, Province 41 D6
Quedlinburg 14 B4
Queensland 49 B4
Queenstown, Afr. du S.
38 D2
Queenstown, Australie
49 D4
Queenstown, N.-Z. 49 D6
Quelimane 38 B3
Quemoy 29 C5
Quercy 6 B3
Querétaro 44 C4
Querétaro, État, Brésil
44 C5
Querobabi 44 A2
Quetta 32 A3
Quezaltenango 46 A1
Quezon City 31 A3
Qui Nhon 31 A2
Quibala 38 A2
Quiberon 8 C2
Quillan 9 E5
Quilon 32 F5
Quilpie 49 B4
Quimper 6 B1 7 B1
8 B1
Quimperlé 8 C2
Quincy 43 D8
Quintana-Roo 44 C4
Quinto 11 B5
Quito 46 C3
Quixadá 46 C7
Qujing 29 C4
Quneitra 25 E5
Qunfudha 26 E3
Quryat 26 D6
Qusaiba 26 C3
Quseir 37 B4
Quteifa 25 C2
Qyzyljar 24 B3
Qyzylorda 24 C3

R

Raahe 16 B7
Raba 31 C3
Rabastens 9 E4
Rabat 35 B2
Rabaul 48 C2
Rabnita 22 D3
Racine 43 C9
Radium Hill 49 C4
Radom 17 C3
Radomsko 17 C3
Radomysl 21 E4
Radoun 21 C3
Radvanitchi 21 D3
Radviliskis 21 C2
Rae 41 C4
Raevavae 48 D5

Rafsanjan 32 A1
Raga 37 D3
Ragged, Île 45 A2
Raguse 13 F6
Rahmanovskoïe 24 B5
Raichur 32 D5
Raigarh 32 D4
Rainy Falls 43 B8
Raipur 32 C6
Raja 27 E6
Rajahmundry 32 D6
Rajapalaiyam 32 F5
Rajasthan 32 B4
Rajkot 32 C4
Rajshahi 32 C7
Rakhiv 22 C2
Rakhny-Lessovyie 22 C3
Rakitnoïe 22 C3
Rakvere 21 A3
Raleigh 43 D11
Ramadi 26 B3
Ramallah 25 E5
Ramasukha 31 B8
Ramat Gan 25 E5
Rambouillet 7 B4 8 B4
Ramla 25 E5
Ramlah 25 D2
Rampur 32 B5
Ramtha 25 C2
Ranau 31 B3
Rancagua 47 C1
Rance 8 B2
Ranchi 32 C7
Rangamati 32 C8
Rangiroa 48 C5
Rangoon 32 D9
Rangpur 28 B3
Rankin Inlet 41 C5
Ranong 31 B1
Ransiki 31 C4
Rantauprapat 31 B1
Rantekombola 27 E7
Ranua 16 B7
Raohe 29 A7
Rapa 48 D5
Rapid City 42 C6
Rapla 21 A3
Rapperswil 15 F3
Raqda 25 B3
Rarotonga 48 D4
Ras al Kaïyma 26 C6
Ras al Khafki 26 C4
Ras Asir 33 C7
Ras el-Mar 35 A3
Ras en Naqab 25 C2
Ras Mohammed 33 B6
Ras Nouadhibou 33 B1
Rasbigh 26 D2
Raseiniai 21 C2
Rason, Lac 49 B2
Rastatt 14 D3
Rasvet 23 B4
Ratchaburi 31 A1
Rathdrum 12 D3
Rathenow 14 B5
Ratisbonne 14 D5
Ratlam 32 C5
Ratne 22 B2
Raton 42 D6
Raufarhöfn 16 B2
Rauma 16 C6
Raune 21 B3
Raurkela 32 C6
Rausu 30 A6
Rava-Rousskaya 22 B1
Ravar 26 B6
Ravels 15 C3
Ravenne 13 B5
Ravensburg 14 E3
Ravensthorpe 49 C1
Ravnina 24 D3
Rawaki 48 C4
Rawlinna 49 C2
Rawlins 42 C5
Rawson 47 D2
Raxaul 32 B6
Raymond 42 B2

Raymondville 42 F7
Raysut 26 E5
Raz, Pointe du 5 C3
    8 C1
Razgrad 18 C4
Ré, Île de 6 B2 8 C3
Read Island 41 C4
Reading, États-Unis
    43 C11
Reading, Royaume-Uni
    12 F6
Réalmont 9 E5
Realp 15 G3
Rebecca, Lac 49 C2
Rebun 30 A5
Recey 8 C6
Rechnitz 13 A7
Recht 26 A4
Recife 46 C7
Reckingen 15 G3
Recklinghausen 8 A7
Recreo 47 B2
Red 42 E7
Red Bluff 42 C2
Red Deer 41 D4
Red River, Arkansas
    43 E8
Red River, Minnesota
    43 B7
Redange 15 E4
Redding 42 C2
Redfield 42 B7
Redmond 42 C2
Redon 7 C2 8 C2
Redondin 11 C2
Ree, Lac 12 D2
Reese 42 B3
Refahiye 19 B4
Regenstauf 14 D5
Reggane 35 C4
Reggio d'Emilie 13 B4
Reggio de Calabre 13 E6
Regina, Canada 41 D5
Régina, Guyane fr. 10 D8
Reguengos de Monsaraz
    11 C2
Rehovot 25 E5
Reï 26 A5
Reiden 15 F2
Reillanne 9 E6
Reims 8 B5
Reindeer Station 41 C3
Reindeer, Lac 41 D5
Reine-Charlotte, Îles
    41 D3
Reine-Élisabeth, Îles
    41 B4
Reine Maud, Terre 50 F2
Reinosa 11 A3
Remada 35 B6
Remich 15 F3
Remiremont 8 B7
Remoulins 9 E6
Renaix 15 D2
Renan 15 F1
Rendsburg 14 A3
Reni 22 E3
Renk 37 C4
Renkum 15 C4
Renmark 49 C4
Rennell 48 C2
Rennes 6 A2 7 B3 8 B3
Reno 42 D3
Rentería 11 A5
Repuls Bay 41 C6
Requena 11 C5
Réquista 9 E5
Resadiye 19 A4
Resende 11 B1
Reshui 29 B4
Resistencia 47 B3
Resita 18 B3
Resolute 41 B5
Retchitsa 21 D4
Rethel 7 B6 8 B6
Rethymnon 18 E4
Retz 13 A6

Reus 11 B6
Reusel 15 C4
Reuss 15 F3
Reutlingen 14 D3
Revel 9 E4
Revillagigedo, Îles 44 D1
Rewa 32 C6
Rexburg 42 C4
Reyhanli 19 B4
Reykjavík 16 B1
Reynosa 44 B5
Rezekne 21 B3
Rheden 15 C4
Rheine 14 B2
Rheinfelden 15 F2
Rhénanie-du-Nord-
    Westphalie 14 C3
Rhénanie-Palatinat 14 C2
Rhenen 15 C4
Rhin 8 A6 15 F2
Rhin antérieur 15 G4
Rhinelander 43 B9
Rhode Island 43 C12
Rhodes 18 D5
Rhodope 4 C4
Rhône, 7 D6 8 D6
Rhône, R. 6 B4 15 G2
Rhône-Alpes 7 D6
Rianjo 11 A1
Riaño 11 A3
Riau, Archipel 31 B1
Riaza 11 B4
Riazan 20 D5
Ribe 16 E4
Ribeauvillé 7 B7 8 B7
Ribeirão Prêto 46 E6
Ribera Agrigente 13 F5
Ribérac 9 D4
Riberalta 46 D4
Riberist 15 F2
Ribnitz Damgarten 14 A5
Riccia 13 D6
Rice Lake 43 B8
Richelieu 8 C4
Richfield 42 D4
Richland 42 B3
Richmond, Australie
    49 B4
Richmond, É.-U., Ind.
    43 D10
Richmond, É. U., Kent.
    43 D10
Richmond, É.-U., Virg.
    43 D11
Richmond, Royaume-Uni
    12 C6
Ricla 11 B5
Ridder 43 E8
Riddes 15 G2
Ridgecrest 42 D3
Ried 13 A5
Riehen 15 F2
Riesa 14 C5
Rieti 13 C5
Rieumes 9 E4
Riev 21 B5
Riga 21 B3
Riga, Golfe de 21 B2
Riggins 42 B3
Riguldi 21 A2
Riihimäki 16 C7
Rijeka 18 B1
Rijssen 15 B5
Rijswijk 15 B3
Rimatara 48 D5
Rimini 13 B5
Rimnicu-Vilcea 18 B4
Rimouski 43 B13
Ringebu 16 C4
Ringkøbing 16 D4
Rio Branco 46 D4
Rio de Bavispe 44 A2
Rio de Janeiro 46 E6
Rio de Janeiro, Dép
    46 E6
Río de la Plata 47 C3
Rio del Oro 44 B3

Río Gallegos 47 E2
Río Grande, Argentine
    47 E2
Rio Grande, Brésil 47 C3
Río Grande, Mexique
    44 C4
Rio Grande, R., Brésil
    46 E6
Río Grande, R., É.-U.
    42 D5 44 A3
Rio Grande do Norte
    46 C7
Rio Grande do Sul 47 B3
Río Lagartos 44 C7
Río Negro, Argentine
    47 C2
Rio Negro, Brésil 46 C4
Rio Perdo de Minas
    46 D6
Río Quarto 47 C2
Rio Verde 46 C4
Riobamba 46 C3
Ríohacha 46 A3
Rioja 11 A4
Riom 7 D5 8 D5
Rioni 23 C2
Ripoli 9 E5
Ripoll 11 A7
Ripon 12 C6
Ripky 22 B3
Riquewihr 8 B7
Rishiri 30 A5
Nishton le Zion 25 E5
Risle 8 B4
Risli 21 A3
Risør 16 D4
Rissani 35 B2
Ristna 21 A2
Ritsa 23 B1
Rivas 46 B2
Rivera 47 C3
Riverhead 43 C12
Riverside 42 E3
Riverton 42 C5
Rivière Blanche 10 B1
Rivière de la Plaine
    10 B8
Rivière des Galets 10 A7
Rivière des Marsoins
    10 B8
Rivière des Remparts
    10 B8
Rivière du Lorrain 10 A1
Rivière Noire 29 C4
Rivière-du-Loup 43 B13
Rivière-Pilote 10 B2
Rivière-Salée 10 B2
Rivoli 13 B3
Riyad 26 D4
Rize 19 A5
Rjichtchov 22 C3
Roa 11 B4
Road Town 45 B4
Roanne 7 C6 8 C6
Roanoke 43 D11
Roanoke Rapids 43 D11
Roatán 46 A2
Robertsfors 16 B6
Robertsport 36 D2
Roboré 46 D5
Roca, Cap da 4 D2
Roçadas 38 B1
Rocha 47 C3
Rochechouart 7 D4
    8 D4
Rochefort, Belgique
    15 D4
Rochefort, France 7 D3
    8 D3
Rochester, Minnesota
    43 C8
Rochester, New York
    43 C11
Rocheuses, Montagnes
    39 B4
Rock Hill 43 E10
Rock Island 43 C8

Rock Sound **45** A2
Rock Springs **42** C5
Rockford **43** C9
Rockhampton **49** B5
Rockland **43** C13
Rocky Mount **43** D11
Roco Partida **44** D1
Roden **15** A5
Rodez **6** B3 **7** D5 **9** D5
Rodostov' **21** E3
Roebourne **49** B1
Roermond **15** C4
Rogatchev **21** D4
Rogatin **22** C2
Rogers **43** D8
Rogliano **9** E7
Rohan **8** B2
Rohatchik **22** D4
Rohtak **32** B5
Roi-Guillaume, Île du **41** C5
Roissy-en-France **7** B5
Roja **21** B2
Rokiskis **21** B3
Rolla **43** D8
Rolle **15** G1
Roma **49** B4
Roman **18** B4
Romang **31** C4
Romans **9** D6
Romanshorn **15** F4
Rome, Italie **13** D5
Rome, É.-U., Géorgie **43** E9
Rome, É.-U., New York **43** C11
Romilly **8** B5
Rommani **35** B2
Romny **22** B4
Rømø **16** E4
Romorantin-Lant. **7** C4 **8** C4
Ronda **11** D3
Rôndonia **46** D4
Rôndonia, Dép **46** D4
Rondonópolis **46** D5
Rongelap **48** B3
Rongerik **48** B3
Rønne **16** E5
Rooniu, Mont **10** G8
Roosendaal **15** C3
Ropazi **21** B3
Roquebrun **9** E5
Roquetas **11** D4
Roraima **46** B4
Røros **16** C4
Rosans **9** D6
Rosário **46** C6
Rosario de Arriba **44** A1
Rosario de la Frontera **47** B2
Rosario, Argentine **47** C2
Rosario, Mex., Sinalda **44** C3
Rosario, Mex., Sonora **44** B2
Rosarito **44** A1
Rosas **11** A7
Roscoff **8** B1
Roscommon **12** D2
Roscommon, Comté **12** D2
Roscrea **12** D3
Rose, Pointe de la **10** B2
Roseau, Dominique **45** B4
Roseau, États-Unis **43** B7
Roseburg **42** C2
Rosenheim **14** E5
Rosewie, Cap **17** A3
Roskilde **16** E4
Roslavl **20** D4
Rosporden **8** B2
Ross, Mer de **50** F8
Ross River **41** C3
Ross' **21** D3
Rossano **13** E7

Rosslare **12** D3
Rossoch **22** B5
Rossony **21** C4
Rostock **14** A5
Rostov **22** D5
Rostrenen **8** B2
Roswell **42** E6
Rota **48** B2
Rota **11** D2
Rothbury **12** C6
Rothenburg o. d. Tauber **14** D4
Rothes **12** B5
Roti **31** C3
Rotorua **49** C7
Rotterdam **15** C3
Rotuma **48** C3
Roubaix **8** A5
Roubejnoie **22** C5
Roubtsovsk **20** D9
Rouchan **24** D4
Roudny **24** A3
Roudyi **24** D4
Rouen **6** A3 **7** B4 **8** B4
Rouge, Mer **37** C4
Rouillac **8** D3
Raijany **21** D3
Raikhan **21** D5
Roulers **15** D2
Roumanie **18** B4
Roundup **42** B5
Roura **10** D8
Rousska **21** A4
Roustavi **23** D3
Routoul **23** D4
Rouvreux **15** D4
Rouyn **41** E6
Rovaniemi **16** B7
Roveredo **15** G4
Rovereto **13** B4
Rovigo **13** B4
Rovno **22** B2
Rovuma **38** B3
Roxas **31** A3
Royan **8** D3
Royaume-Uni **5** B3
Rozdilna **22** D3
Rozivha **22** D5
Roznava **17** D3
Ruaha **38** A3
Rubel' **21** E3
Rucava **21** B2
Rüdersdorf **14** B5
Rudiskes **21** C4
Rudolstadt **14** C4
Rue **15** G1
Rueda **11** B3
Rueil-Malmaison **7** B5
Ruffec **8** C4
Rufiji **33** E6
Rufiji **38** A3
Rufisque **36** C2
Rügen **14** A5
Ruhnu **21** B2
Ruidoso **42** E5
Ruili **29** C3
Rujiena **21** B3
Rukwa, Lac **38** A3
Rum **12** B3
Rum Jungle **49** A3
Rumah **26** C4
Rumbek **37** D3
Rumia **17** A3
Rumigny **8** B6
Rumoi **30** A5
Rundeni **21** C5
Ruoqiang **29** B2
Ruppert **41** D6
Rurrenabaque **46** D4
Rurutu **48** D5
Ruse **18** C4
Russel **42** D7
Rüsselsheim **14** D3
Russerville **43** D8
Russie **20** C11
Ruston **43** E8
Rutba **26** B3

Ruteng **31** C3
Rüti **15** G4
Rutland **43** C12
Rutog **29** B1
Ruvo di Puglia **13** D7
Ruways **26** D5
Ruwenzori **33** D6
Rwanda **38** A2
Rybacij **21** C2
Rybinsk **20** D4
Rybinsk, Lac de **4** B4
Rybnik **17** C3
Ryotsu **30** B5
Rypin **17** B3
Ryukyu, Archipel **29** C6 **30** E2
Rzeszów **17** C4

S

Saada **26** E3
Saale **14** C4
Saalfeld **14** C4
Saare **21** B2
Saaremaa **21** A2
Saarlouis **14** D2
Saas Fee **15** G2
Saatly **23** F5
Sab Biyar **25** C2
Saba **45** B4
Sabac **18** B4
Sabadell **11** B7
Sabae **30** C4
Sabah **36** B5
Sabancuy **44** D4
Sabang **31** B1
Sabarmati **32** C4
Sabilas **44** B3
Sabile **21** B2
Sabiñánigo **11** A5
Sabinas **44** B4
Sabinas Hidalgo **44** B4
Sabine **43** E8
Sabirabad **23** E5
Sable, Cap **43** C13
Sablé-sur-Sarthe **8** C3
Sabounchi **23** E5
Sabres **9** D3
Sabvezar **26** A6
Sabzvaran **26** C6
Sachs Harbour **41** B4
Sacramento **42** D2
Sacramento, Monts **39** C4
Sacramento, R. **42** C2
Sádaba **11** A5
Sadarak **23** F3
Sadhkhere **23** D2
Sadiva **29** C3
Sado **30** B5
Sadon **23** C2
Sadyva **28** B4
Saeki **30** C3
Sætermoen **16** A6
Safarikovo **17** D3
Safford **42** E5
Safi **35** B1
Safita **25** B2
Safonovo **21** C5
Safranbolu **19** A3
Saga, Kazakhstan **24** A3
Saga, Chine **29** C2
Saga, Japon **30** C3
Sagaing **32** C9
Sagar **32** C5
Sagoredjo **23** D3
Saginaw **43** C10
Saguiz **24** B2
Sagres **11** D1
Sagua la Grande **45** A2
Sagunto **11** C5
Sahagún **11** A3
Sahara **33** B3
Sahara Occidental **36** B2

Saharanpur **32** B5
Sahel **33** C2
Sahiwal **32** A4
Sahuaripa **44** A2
Saïak **34** B4
Saïda **25** C2
Saidabad **26** C6
Saïdia **35** A3
Saidu **32** A4
Saignelégier **15** F1
Saima **30** A1
Saimaa **16** C7
Saint Andrews **12** B5
Saint Anthony **42** C4
Saint Augustine **43** F10
Saint Charles **43** D8
Saint Cloud **43** B8
Saint David's **12** E4
Saint George, États-Unis **42** D4
Saint George, Australie **49** B4
Saint John **41** E7
Saint John's **45** B4
Saint Joseph, États-Unis **43** D7
Saint Louis **43** D8
Saint Paul **43** C8
Saint Petersburg **43** F10
Saint-Afrique **9** E5
Saint-Amand-M. **7** C5 **8** C5
Saint-André **10** A8
Saint-André, Cap **33** F7
Saint-André-de-Cubzac **9** D3
Saint-Antoine **41** D7
Saint-Austell **12** E4
Saint-Barthélemy **45** B4
Saint-Benoît **10** B8
Saint-Brieuc **6** A2 **7** B2 **8** B2
Saint-Calais **8** C4
Saint-Cast **8** B2
Saint-Céré **9** D4
Saint-Chamond **9** D6
Saint-Chély-d'Apcher **9** D5
Saint-Chinian **9** E5
Saint-Christophe et Nièves **45** B4
Saint-Ciers **9** D3
Saint-Cirq-Lapopie **9** D4
Saint-Claude, Jura **7** C6 **8** C6
Saint-Claude, Guad. **10** E1
Saint-Denis, France **7** B5
Saint-Denis, Réunion **10** A7
Saint-Dié **7** B7 **8** B7
Saint-Dizier **7** B6 **8** B6
Saint-Domingue **45** B3
Saint-Élie **10** D8
Saint-Élie, Monts **39** A2
Saint-Émilion **9** D3
Saint-Étienne **6** B4 **7** D6 **9** D6
Saint-Fargeau **8** C5
Saint-Florent **9** E7
Saint-Flour **7** D5 **9** D5
Saint-François **10** E2
Saint-Gall **15** F4
Saint-Galmier **9** D6
Saint-Gaudens **7** E4 **9** E4
Saint-Georges **10** D9
Saint-George's **45** B4
Saint-Georges, Canal **4** B2
Saint-Germain-en-L. **7** B5 **8** B4
Saint-Gilles-Croix-de-Vie **8** C2
Saint-Girons **7** E4 **9** E4
Saint-Girons-Plage **9** E3
Saint-Guénolé **8** C1

Saint-Hippolyte **8** C7
Saint-Honoré **8** C5
Saint-Hubert **15** D4
Saint-Imier **15** C2
Saint-Jacques-de-Comp.
11 A1
Saint-Jean **41** E7
Saint-Jean-d'Angély **7** D3
8 D3
Saint-Jean-de-Luz **9** F3
Ouliit-Jean-de-Mau. **7** D7
9 D7
Saint-Jean-de-Monts
8 C2
Saint-Jean-du-Gard **9** D5
Saint-Jean-Pied-de-Port
9 E3
Saint-Joseph, Mart.
10 B1
Saint-Joseph, Réunion
10 B8
Saint-Joseph, Guyane
10 D8
Saint-Julien-en-Gen. **7** C7
8 C7
Saint-Junien **8** D4
Saint-Laurent, Baie du
41 E7
Saint-Laurent, R **41** E7
Saint-Laurent, Golfe du
39 B6
Saint-Laurent, Île **41** C2
Saint-Laurent-du-Maroni
10 C7
Oaliit-Leu **10** B7
Saint-Lô **7** B3 **8** B3
Saint-Louis, Guadeloupe
10 F2
Saint-Louis, Réunion
10 B7
Saint-Louis, Sénégal
36 C2
Saint-Louis, France **8** C7
Saint-Maixent-l'École
8 C3
Saint-Malo **7** B2 **8** B3
Saint-Marin **13** C5
Saint-Martin **8** C3
Saint-Martin, Cap **10** A1
Saint-Martin-Vésubie
9 D7
Saint-Martin **45** B4
Saint Maurice **1b** G1
Saint-Mihiel **8** B6
Saint-Moritz **15** C2
Saint-Nazaire **7** C2 **8** C2
Saint-Nectaire **9** D5
Saint-Nicolas **15** C3
Saint-Omer **8** A4
Saint-Palais **9** E3
Saint-Paul **10** A7
Saint-Paul, Île **2** F9
Saint-Peter Port **12** E5
Saint-Pétersbourg **20** C4
Saint-Philippe **10** B8
Saint-Pierre, Martinique
10 B1
Saint-Pierre, Réunion
10 B7
Saint-Pierre-et-Miquelon
41 E7
Saint-Pierre-le-Moûtier
8 C5
Saint-Pol-de-Léon **8** B1
Saint-Pourçain-sur-Sioule
8 C5
Saint-Quentin **7** B5 **8** B5
Saint-Quentin-en-Yvelines
7 B5
Saint-Raphaël **9** E7
Saint-Sébastien **11** A4
Saint-Sever **9** E3
Saint-Stephan **15** G2
Saint-Symphorien **9** D3
Saint-Trojan **8** D3
Saint-Trond **15** D4
Saint-Tropez **9** E7

Saint-Valéry-en-Caux
8 B4
Saint-Véran **9** D7
Saint-Vincent-les-
Grenadines **45** B4
Saint-Vincent, Italie
13 B2
Saint-Vincent, Cap **4** D2
Saint-Vincent, Pass. de
45 B4
Saint-Vith **15** D5
Saint-Yorre **8** C5
Saint-Yrieix-la-Perche
9 D4
Sainte-Adresse **8** B3
Sainte-Anne, Guadeloupe
10 E2
Sainte-Anne, Martinique
10 C2
Sainte-Baume **6** C4
Sainte-Croix **15** G1
Sainte-Croix, Île **45** B4
Sainte-Hélène **2** E6
Sainte-Luce **10** C2
Sainte-Lucie **45** B4
Sainte-Lucie, Canal de
45 B4
Sainte-Marie, Mart.
10 A2
Sainte-Marie, Réunion
10 A8
Sainte-Marie, Cap **33** G7
Sainte-Maure-de-Tour.
8 C4
Sainte-Menehould **7** B6
8 B6
Sainte-Rose, Martinique
10 E1
Sainte-Rose, Réunion
10 B8
Sainte-Sévère **8** C5
Saintes **8** D3
Sajasan **23** B4
Sakaiminato **30** C3
Sakaka **26** C3
Sakarya **19** A2
Sakarya, R. **19** A2
Sakata **30** B5
Sakha **20** C13
Sakhaline **20** D15
Sakhar **26** B8
Sakhnovchtchyina **22** C4
Sakiai **21** C2
Sakishima, Îles **30** E1
Saksaoulski **24** B3
Saky **22** E4
Sal **36** C1
Salacgriva **21** B3
Saladillo **47** C2
Salado **47** B2
Salalah **26** E5
Salama **46** A1
Salamanque **11** B3
Salamiyah **26** D4
Salantai **21** B2
Salas de los Infantes
11 A4
Salat **9** E4
Salbris **8** C5
Salcininkai **21** C3
Saldaña **11** A3
Saldus **21** B2
Sale **49** C4
Salé **35** A2
Salekhard **20** C7
Salem, États-Unis **42** C2
Salem, Inde **32** E5
Salen **12** B4
Salerne **13** D6
Salfit **25** E5
Salgótarján **17** D3
Sali **35** C3
Salihli **19** B2
Salina **42** D2
Salina Cruz **44** D6
Salinas **42** D2

Salines, Pointe des
10 C2
Salins **8** C6
Salisbury, États-Unis
43 D11
Salisbury, Royaume-Uni
12 E6
Salkhad **25** C2
Salman **20** D3
Salmon **42** B4
Salmon Gums **49** C2
Salo **16** C6
Salomon, Cap **10** B1
Salomon, Îles **48** C3
Salonta **18** B3
Salouen (Nu Jiang) **28** B3
29 B3
Salso **13** F6
Salt **25** C2
Salt Lake City **42** C4
Salta **47** B2
Saltcoats **12** C4
Saltillos **44** B4
Salto **47** C3
Salut, Îles du **10** C8
Saluzzo **13** B2
Salvador (El) **46** D7
Salvaterra de Magos
11 C1
Salwah **26** D5
Salyan **23** F5
Salzbourg **13** A5
Salzbourg, État **13** A5
Salzgitter **14** B2
Salzwedel **14** B4
Samaná **45** B3
Samandagi **19** B3
Samar **31** A4
Samara **20** D6
Samara, Lac de **4** B5
Samarcande **24** D3
Samarinda **31** C3
Samarra **26** B3
Samawa **26** B4
Sambalpur **32** C6
Sambas **31** B2
Sambir **22** C1
Sambre **8** A5 **15** D3
Samchok **30** B2
Sammaun **15** G5
Samoa **48** C4
Samoa occidentales
48 C4
Samos **18** D4
Samotevitchi **21** D4
Samothrace **18** C4
Samro, Lac **21** A4
Samsang **29** B2
Samsun **5** C7
Samtredia **23** C2
Samu **26** B5
San, Mali **36** C3
San, R., Pologne **21** E2
San Andrés **46** A2
San Andrés, Îles **46** A2
San Andrés Tuxtla **44** D6
San Angelo **42** E6
San Antonio, Cap **47** C3
San Antonio, États-Unis
42 F7
San Antonio, Mexique
44 C2
San Antonio Abad **11** C6
San Antonio Oeste
47 D2
San Benedicto **44** D2
San Bernardino, États-Unis
42 E3
San-Bernardino, Suisse
15 G4
San Blas **44** B4
San Blas, Cap **43** F9
San Borja **46** D4
San Carlos, Mex.,
Coahuila **44** A4

San Carlos, Mex., Basse-
Cal. S. **44** B1
San Carlos, Nicaragua
46 B2
San Carlos, Ven. (Sud)
46 B4
San Carlos, Ven. (Nord)
46 B4
San Carlos de Bariloche
47 D1
San Cristóbal, Argentine
47 C2
San Cristobal, Salomon
48 C3
San Cristóbal, Ven.
46 B3
San Cristóbal de las
Casas **44** D6
San Diego **42** E3
San Diego, Cap **47** E2
San Felice Circeo **13** D5
San Felipe, Mexique
44 A1
San Felipe, Venezuela
46 A4
San Felliu de Guixols
9 F5
San Fernando, Philip.
31 A3
San Fernando, Mexique
44 B5
San Fernando, Trinité
46 A4
San Fernando de Apure
46 B4
San Francisco **42** D2
San Francisco del Oro
44 B3
San Ignacio, Belize
46 A1
San Ignacio, Bolivie
46 D4
San Ignacio, Mexique
44 B1
San Ildefonso **11** B4
San Jacinto **42** C4
San Javier **11** D5
San Joaquín **46** D4
San Joaquín, R. **42** D2
San Jose, États-Unis
42 D2
San José, Costa Rica
40 C2
San José, Mexique
44 B1
San José, Île, Mexique
42 F5
San José de Dimas
44 A2
San José de Jáchal
47 C2
San José de Raices
44 B4
San José del Cabo **44** C2
San José del Guaviare
46 B3
San Juan, Porto-Rico
45 B3
San Juan, R., Mexique
44 B5
San Juan, Argentine
47 C2
San Julián **47** D2
San Lorenzo **44** A3
San Lucas **44** C2
San Lucas, Cap **1** C2
San Luis, Argentine
47 C2
San Luis, Cuba **45** A2
San Luis Gonzaga **44** B2
San Luis Obispo **42** D2
San Luis Potosí **44** C4
San Luis Potosi, État féd.
44 C5
San Luis Rio Colorado
44 A1

San Marcos, Mexique **44** D5
San Marcos, États-Unis **42** F7
San Mateo, États-Unis **42** D2
San Mateo, Espagne **11** B6
San Miguel **44** D7
San Miguel de Tucumán **47** B2
San Neua **29** C4
San-Pedro, Côte d'Ivroire **36** D3
San Pedro, Guatemala **46** A1
San Pedro, Mexique **44** C2
San Pedro, Paraguay **47** B3
San Pedro, Rép. Dom. **45** B3
San Pedro de las Colonias **4** B4
San Quintin **44** A1
San Rafael **47** C2
San Ramón de la Nueva Orán **47** B2
San Remo **13** C2
San Roque, Cap **40** D7
San Salvador, Bahamas **45** A2
San Salvador, État **46** A1
San Salvador de Jujuy **47** B2
San Salvadore **44** A1
San Severo **13** D6
San Simón **44** B3
San Vincente **44** A1
San Vincente de Alc. **11** C2
Sanaa **26** E3
Sanaga **37** D2
Sanam **26** D3
Sanandaj **26** A4
Sancerre **8** C5
Sancerrois, Collines du **6** B3
Sancoins **8** C5
Sancti Spíritus **45** A2
Sand **16** D4
Sandakan **31** B3
Sandanski **18** C3
Sandia **46** D4
Sandikli **19** B2
Sandnes **16** D3
Sandoa **38** A2
Sandpoint **42** B3
Sandspit **41** D3
Sandvik **16** E5
Sandviken **16** C5
Sandwich du Sud, Îles **40** I7
Sandy Lake **41** D5
Sandykatchi **24** D3
Sanford **43** F10
Sangaing **32** C9
Sangar **20** C13
Sangenio **11** A1
Sangha **37** D2
Sangihe **31** B4
Sangju **30** B2
Sangkulirang **31** B3
Sangli **32** D4
Sangre Grande **45** C4
Sangüesa **11** A5
Sankt Pölten **13** A6
Sankt Wendel **8** B7
Sankuru **38** A2
Sanlúcar de Barramede **11** D2
Sannicandro **13** C6
Sanniquellie **36** D3
Sanok **21** F2
Sanski Most **18** B2

Sant' Antioco **13** E3
Santa Ana **46** D4
Santa Barbara, Hond. **46** A1
Santa Barbara, É.-U. **42** E3
Santa Bárbara, Mexique **44** B3
Santa Bárbara, Ven. **46** B4
Santa Catalina, Chili **47** B2
Santa Catalina, É.-U. **42** E3
Santa Catarina, Brésil, É. **47** B3
Santa Catarina, Mex., Basse Cal. N. **44** A1
Santa Catarina, Mex., Durango **44** B3
Santa Clara, Cuba **45** A2
Santa Clara, Mex., Basse-Cal. N. **44** A1
Santa Clara, Mex., Durango **44** B4
Santa Cruz, Bolivie **46** D4
Santa Cruz, États-Unis **42** D2
Santa Cruz, Îles **48** C3
Santa Cruz de Mudela **11** C4
Santa Eugenia de Rib. **11** A1
Santa Eulalia del Rio **11** C6
Santa Fe, Argentine **47** C2
Santa Fe, État-Unis **42** D5
Santa Fé, Cuba **45** A1
Santa Isabel, Papouasie-Nouvelle-Guinée **48** C2
Santa Isabel, Argentine **47** C2
Santa Magdalena **44** B1
Santa Margarita **44** D4
Santa Maria, Brésil **47** B3
Santa Maria, États-Unis **42** E2
Santa Maria, Suisse **15** G5
Santa Maria **46** A3
Santa Pola **11** C5
Santa Rosa, Argentine **47** C2
Santa Rosa, É.-U., Cal. **42** D2
Santa Rosa, É.-U., Nouv.-Mex. **42** E6
Santa Rosa, Mexique **44** B4
Santa Rosalía **44** B1
Santa Teresa **49** B3
Santa Vitória do Palmar **47** C3
Santana do Livramento **47** C3
Santander, Espagne **11** A4
Santander, Mexique **44** B5
Santarém, Brésil **46** C5
Santarém, Portugal **11** C1
Santiago, Chili **47** C1
Santiago, Panama **46** B2
Santiago, Rép. Dom. **45** B3
Santiago de Cuba **45** B2
Santiago Ixcuintla **44** C3
Santiago Papasquiaro **44** B3
Santo **48** C3
Santo Angelo **47** B3

Santo Antônio do Iça **46** C4
Santo Domingo **44** A1
Santo Tomás **44** A1
Santo Tomé **47** B3
Santoña **11** A4
Santorin **18** D4
Santos **47** B3
Sanur **25** E5
Sao Antão **36** C1
São Borja **47** B3
São Francisco **40** D6
São João de Madeira **11** B1
São José de Rio Prêto **46** E6
São Luis **46** C6
São Marcos, Baie de **46** C6
São Mateus **46** D7
Sao Nicolau **36** C1
São Paulo **46** E6
São Paulo, Brésil, État **46** E6
São Pedro do Sul **11** B1
São Raimundo Nonato **46** C6
São Teotónico **11** D1
Sao Tiago **36** C1
São Tomé et Príncipe **37** D1
São Tomé, Île **37** D1
Sao Vicente **36** C1
Saône **6** B4 **7** C6 **8** C6
Saône-et-Loire **8** C6
Sapporo **30** A5
Sapri **13** D6
Saqqez **26** A4
Saragosse **11** B5
Saran **24** B4
Sarandë **18** D2
Saransk **20** D5
Sarasota **43** F10
Sarata **22** D3
Saratov **20** D5
Saravan **26** C7
Saravane **31** A2
Sarayköy **19** B2
Sarayönü **19** B3
Sarbaz **26** C7
Sardaigne **13** D3
Sargans **15** F4
Sargodha **32** A4
Sarh **37** D2
Sari **26** A5
Sarigan **48** B2
Sarikamis **19** A5
Sarikaya **19** B3
Sarina **49** B4
Sarine **15** G2
Sariñena **11** B5
Sarioglan **19** B3
Sariwon **30** B1
Sark **8** B2
Sarköy **19** A1
Sarlat-la-Canéda **7** D4 **9** D4
Sarmakovo **23** B2
Sarmi **31** C5
Sarmiento **47** B3
Särna **16** C5
Sarnano **13** C5
Sarnen **15** G3
Sarny **22** B2
Saroma **30** A6
Sarqant **24** B5
Sarraméa **10** B4
Sarre **14** D2
Sarre, R. **7** B7
Sarrebourg **7** B7 **8** B7
Sarrebruck **14** D2
Sarreguemines **7** B7
6 B4
Sarria **11** A2
Sarroch **13** E3
Sartène **7** E7 **9** F7
Sarthe **7** B4 **8** B4

Sarthe, R. **6** B2 **7** B4
8 B4
Sarufutsu **30** A6
Sary-Tach **24** B4
Sarychagan **24** B4
Sarykamys **24** D3
Saryozek **24** C4
Sarysou **24** B4
Sasebo **30** C2
Saskatchewan **41** D5
Saskatchewan-Nord **41** D5
Saskatchewan-Sud **41** D4
Saskatoon **41** D5
Sassandra **36** D3
Sassandra, R. **36** D3
Sassari **13** D3
Sassnitz **14** A5
Sástago **11** B5
Satanev **22** C2
Satara **32** D4
Satawan **48** B2
Satingone **8** B7
Satolas **8** D6
Sátoraljaújhely **17** D3
Satpaïev **24** B3
Satpura, Monts **27** B2
Satu Mare **18** D3
Saucillo **44** B2
Saudhárkrókur **16** B1
Sauer **15** E5
Saül **10** D8
Saulieu **8** C6
Saulkrast **21** B3
Sault Sainte Marie, É.-U. **43** B10
Sault-Sainte-Marie, Can. **41** E6
Saumlaki **31** C4
Saumur **7** C3 **8** C3
Saurimo **38** A2
Sauzé-Vaussais **8** C4
Savanna la Mer **45** B3
Savannah **43** E10
Savannah, R. **43** E10
Savannakhet **31** A1
Savastepe **19** B1
Save, R., Croatie **18** B2
Save, R., Mozambique **38** C3
Savé **36** D4
Saveh **26** A5
Saverne **7** B7 **8** B7
Savigliano **9** D7
Savignano sur Rubicon **13** B5
Savissivik **41** B7
Savitchi **21** E4
Savognin **15** G4
Savoie **8** D7 **9** D7
Savone **13** B3
Savonlinna **16** C7
Savu, Mer de **31** C3
Savukoski **16** B7
Sawara **30** C5
Saxe **14** C5
Saxe-Anhalt **14** B4
Say **36** C4
Sayhut **26** B5
Saynshand **29** A5
Scalea **13** D6
Scandinavie **1** A5
Scanie **8** B3
Scarborough, Trin.-et-Tob. **45** C4
Scarborough, R.-U. **12** C6
Schaffhouse **15** F3
Schaffhouse, Canton **15** F3
Schagen **15** B3
Schawarzenburg **15** G2
Scheessel **14** B3
Schefferville **41** D7
Schenectady **43** C12
Schiermonnikoog **15** A5

Schiers 15 G4
Schleiden 14 C2
Schleitheim 15 F3
Schleswig 14 A3
Schleswig-Holstein 14 A3
Schlüchtern 14 C3
Schmalkalden 14 C4
Schoelcher 10 B1
Cohönberg 14 A4
Schönebeck 14 B4
Schoonebeek 15 B5
Schouten, Îles 31 C5
Schrobenhausen 14 D4
Schruns 13 A3
Schull 12 E2
Schüpfheim 15 G3
Schwabach 14 D4
Schwäbisch Gmünd 14 D3
Schwäbisch Hall 14 D3
Schwandorf im Bayern 14 D5
Schwaz 13 A4
Schwedt 14 B6
Schweinfurt 14 C4
Schwerin 14 B4
Schwyz 15 F3
Schwyz, Canton 15 G3
Sciacca 13 F5
Scilly, Îles 12 E3
Scordia 13 F6
Scors 21 E4
Ecotia, Mer de 50 H12
Scott 49 A2
Scott, Cap 42 B1
Scottsbluff 42 C6
Scottsdale 42 E4
Scourie 12 A4
Scranton 43 C11
Scunthorpe 12 D6
Scuol 15 G5
Sea Islands 43 E10
Searcy 43 D8
Seaside 42 B2
Seattle 42 B2
Sébastopol 22 E4
Seben 19 A2
Sebkha Aïn-Belbela 35 C2
Sebkha Azzel Matti 35 D4
Sebkha de Timimoun 35 C4
Sebkha de Tindouf 35 C4
Sebkha Meqerghane 35 C4
Srebrenica 18 B2
Sebring 43 F10
Secovce 17 D3
Seda, Chine 32 A10
Seda, Lettonie 21 B3
Seda, Lituanie 21 B2
Sedalia 43 D8
Sedan 7 B6 8 B6
Sedano 11 A4
Séderon 9 D6
Sederot 25 E5
Sedom 25 C2
Sedona 42 E4
Sées 8 B4
Sefaatli 19 B3
Segorbe 11 C5
Ségou 36 C3
Ségovie 11 B3
Segre 11 A6
Segré 7 C3 8 C3
Séguédine 36 B5
Séguéla 36 D3
Seguin 42 F7
Sein, Île de 8 B1
Seinäjoki 16 C6
Seine, R. 6 A3 7 B4 8 B5
Seine-et-Marne 7 B5 8 B5

Seine-Maritime 7 B4 8 B4
Seine-Saint-Denis 7 B5 8 B5
Seiyun 26 E4
Sejm 21 E5
Sekondi 36 D3
Sekotar 37 C4
Selb 14 C5
Sel, Pointe du 10 B7
Selci 13 C5
Selçuk 19 B1
Selenga 29 A4
Selenga 29 A4
Sélestat 7 B7 8 B7
Seletyteniz, Lac 24 A4
Selfoss 16 C1
Sélibabi 36 C2
Seliger, Lac 21 B5
Selim 19 A5
Selima 37 B3
Selizharovo 21 B5
Selma 43 E9
Selongey 8 C6
Sélune 8 B3
Selvas 40 D4
Semarang 31 C2
Semdinli 19 B6
Semei 24 A5
Semenivka, Centre 22 C4
Semenivka, Nord 22 A4
Semeru 27 E6
Semitau 31 B2
Semnan 26 A5
Sempach 15 F3
Semsales 15 G1
Semur-en-Auxois 8 C6
Senaki 23 C1
Sendai 30 B5
Senden 14 D4
Sénégal 36 C2
Sénégal, R. 33 C1
Senftenberg 14 C5
Senhor do Bonfim 46 D6
Senkaku 29 C6
Senlis 7 B5 8 B5
Senneterre 41 E6
Senno 21 C4
Senonches 8 B4
Senorbio 13 E3
Sens 7 B5 8 B5
Senta 18 B3
Seo de Urgel 11 A6
Seon 15 F3
Séoul 30 B2
Sept-Îles 41 D7
Seraing 15 D4
Seraks 24 D3
Serbie 18 C3
Serebriansk 24 B5
Sered 17 D2
Sereflikoçhisar 19 B3
Seremban 31 B1
Sergueïe 24 A3
Sergipe 46 D7
Sergokala 23 C4
Serifos 18 D4
Serov 20 D7
Serowe 38 C2
Serpa 11 D2
Serra do Mar 40 F6
Serra do Navio 46 B5
Serrai 18 C3
Serrenti 13 E3
Serres 9 D6
Sersale 13 E7
Serxu 29 B3
Sesepe 31 C4
Seskar 21 A4
Sestus 13 E3
Seta 21 C3
Sète 9 E5
Sétif 35 A5
Setouchi 30 D2
Settat 35 B2

Sétte Cama 38 A1
Setúbal 11 C1
Sevan 23 E3
Sevan, Lac 23 E3
Sevelen 15 F4
Séverac-le-Château 9 D5
Severn, R., Canada 41 D5
Severn, R., Royaume Uni 12 D5
Severobaïkalsk 20 D11
Severodonetsk 22 C5
Severomouïsk 20 D12
Séville 11 D3
Sèvre Nantaise 8 C3
Sèvre Niortaise 8 C3
Sèvres 7 B5
Seychelles 1 E6
Seydhisfjördhur 16 B2
Seymour 49 C4
Sézanne 8 B5
Sfax 35 B2
Sfintu-Gheorghe 18 B4
Shaan Xi 29 B4
Shaba 33 E5
Shabwa 26 E4
Shahdab 26 B6
Shahjahanpur 32 B5
Shandong 29 B5
Shanghai 29 B6
Shangnan 29 B4
Shangrao 29 C5
Shantou 29 C6
Shanxi 29 B5
Shaoxing 29 C6
Shaoyang 29 C5
Shaqra, Arabie Saoudite 26 C4
Shaqra, Yémen 26 F4
Shari 30 A6
Sharja 26 C6
Shashi 29 C5
Shasta, Mont 39 B3
Shaubak 25 C2
Shawan 29 A2
Shawinigan 41 E6
Shawnee 43 D7
Sheboygan 43 C9
Sheffield 5 B3
Shelby 42 B4
Shelbyville 43 D9
Shenandoah 43 C7
Shendi 37 C4
Shenyang 29 A6
Shenzhen 29 C5
Sherbro 36 D2
Sheridan 42 C5
Sherman 43 E7
Sherridon 41 D5
Shetland, Îles 12 A6
Shibam 26 E4
Shibata 30 B5
Shibetsu 30 A6
Shijiazhuang 29 B5
Shikarpur 32 B3
Shikoku 30 C3
Shikotan 30 A7
Shillong 32 B8
Shimoda 30 C5
Shimoga 32 E5
Shinas 26 D6
Shindan 26 B7
Shindand 32 A2
Shingbwiyang 32 B9
Shingu 30 C4
Shinshar 25 B2
Shiprock 42 D5
Shiquanhe 29 B1
Shirakawa 30 B5
Shiranuka 30 A6
Shizuishan 29 B4
Shizunai 30 A6
Shizuoka 30 C5
Shkodër 18 C2
Shoaguan 29 C5
Sholapur 32 D5
Show Low 42 E5
Shreveport 43 E8

Shrewsbury 12 D5
Shropshire 12 D5
Shuangcheng 29 A6
Shuangyashan 29 A7
Shulan 30 A2
Shumen 18 C4
Shuqayq 26 E3
Shushtar 26 B4
Ciudluí 21 C1
Sibenik 18 C1
Sibérie 1 A7
Sibérie or., Mer de 20 B17 50 B2
Sibi 32 B3
Sibiu 18 B4
Sibolga 31 B1
Sibu 31 B2
Sibut 37 D2
Sichuan 29 B4
Sicile 13 F6
Sideby 16 C6
Siderno Marina 13 E7
Sidhi 32 C6
Sidi-Aïssa 35 A4
Sidi-Bel-Abbès 35 A3
Sidi-Bou-Zid 35 A6
Sidi-Ifni 36 B2
Sidi-Kacem 35 A2
Sidi-Okba 35 A5
Sidi-Smaïl 35 B1
Sidney, Montana 42 B6
Sidney, Nebraska 42 C6
Giedlce 17 B4
Siegburg 14 C2
Siegen 14 C3
Sienne 13 C4
Sieradz 17 C3
Sierpc 17 B3
Sierra Colorado 47 D5
Sierra Leone 36 D2
Sierra Madre Mér. 39 D5
Sierra Madre Occ. 39 C4
Sierra Madre Or. 39 C4
Sierra Morada 44 B4
Sierra Morena 39 D2
Sierra Nevada 39 C4
Sierre 15 G2
Sifnos 18 D4
Sigean 9 E5
Sigmaringen 14 D3
Siguiri 36 C3
Siguida 21 B3
Siir 25 E5
Siirt 19 B5
Sikar 32 B5
Sikasso 36 C3
Sikeston 43 D9
Sikkim 32 B7
Sil 11 A2
Silale 21 C2
Silchar 32 C8
Sile 19 A2
Siliana 35 A6
Silifke 19 B3
Siliguri 32 B7
Siling Co 29 B2
Silistrie 18 B4
Silivri 19 A2
Silkeborg 16 D2
Sillamäe 21 A3
Sillian 13 A5
Silopi 19 B5
Silute 21 C2
Silvan 19 B5
Silvaplana 15 G4
Silver Bank Passage 45 A3
Silver City 42 E5
Simanggang 31 B2
Simeulue 31 B1
Simferopol 22 E4
Simi 18 D4
Simla 32 A5
Simonet 23 C2
Simonitchi 21 E4
Simonstown 38 D1
Simrishamn 16 E5

Sinabang 31 B1
Sinaï 33 B6
Sinaloa 44 B2
Sinalunga 13 C4
Sinawin 35 B6
Sincelejo 46 B3
Sind 32 B3
Sindi 21 A3
Sines 11 D1
Singa 37 C4
Singapour 31 B1
Singen 14 E3
Singkawang 31 B2
Singleton 49 C5
Siniardwy, Lac 17 B3
Siniscola 13 D3
Sinnamary 10 C8
Sinop 19 A3
Sinton 42 F7
Sinuiju 30 A1
Siófok 17 E3
Sion 15 G2
Siorapaluk 41 B6
Sioux City 43 C7
Sioux Falls 43 C7
Sioux Lookout 41 D5
Siparia 45 C4
Siran 19 A4
Siret 18 B4
Sirnach 15 F4
Sirnak 19 B5
Sirohi 32 C4
Siros 18 D4
Sirotino 21 C4
Sirvan 19 B5
Sirvintos 21 C3
Sisak 18 B2
Sishen 38 C2
Sisian 23 F4
Sisikon 15 G3
Sisiniut 41 C7
Sisseton 42 B7
Sistan 26 B7
Sitia 18 E4
Sitka 41 D3
Sittard 15 C4
Sittwe 32 C8
Sivas 19 B4
Siverek 19 B4
Sivrice 19 B4
Siwa 37 B3
Siwalik, Monts 27 A2
Siyazan 23 D5
Siziwand 29 A5
Skadovsk 22 D4
Skagen 16 D4
Skagen, Cap 16 D4
Skagerrak 16 D4
Skaidi 16 A7
Skånevik 16 D3
Skardu 32 A5
Skarzysko-Kamienna 17 C3
Skegness 12 D7
Skeldon 46 B5
Skellefteå 16 B6
Skibbereen 12 E2
Skidel 21 D3
Skien 16 D4
Skierniewice 17 C3
Skikda 35 A5
Skinnastadhur 16 B2
Skive 16 D4
Skole 22 C1
Skopje 18 C3
Skovorodino 20 D13
Skowhegan 43 C13
Skriveri 21 B3
Skrunda 21 B2
Skuodas 21 B2
Skvyra 22 C3
Skye 12 B3
Skyros 18 D4
Slagelse 16 E4
Slamet 27 E5
Slaney 12 D3

Slantsy 21 A4
Slany 17 C2
Slatina 18 B4
Slave 39 A4
Slavgorod 21 D4
Slaviansk-na-Kouban 22 E5
Slavie 5 C6
Slavouta 22 B2
Sled'iouki 21 D4
Sligo 12 C2
Sligo, Comté 12 C2
Slioudianka 20 D11
Sliven 18 C4
Slobodka 22 D3
Slobozia 18 B4
Slonim 21 D3
Sloutsk 21 D3
Slovaquie 17 D3
Slovénie 18 B1
Sloviansk 22 C5
Sluc 21 E3
Sluch 21 D3
Sluis 15 C2
Slupca 17 B2
Slupsk 17 A2
Småland 4 B3
Smallwood, Lac 41 D7
Smederevska Palanka 18 B3
Smederovo 18 B3
Smila 22 C3
Smilovitchi 21 D4
Smiltene 21 B3
Smith, Détroit de 41 B6
Smithton 49 D4
Smoky Bay 49 C3
Smolensk 20 D4
Smolevitchi 21 C4
Smolyan 18 C4
Smorgon 21 C3
Snag 41 C3
Snake 42 C4
Snåsa 16 B5
Sneek 15 A4
Snihourivka 22 D4
Snov 21 D5
Snowdrift 41 C4
Snyder 42 E6
Sobat 37 D4
Sobral 46 C6
Sobrance 17 D4
Sochaczew 17 B3
Société, Îles de la 48 C5
Socorro, Mexique 44 D2
Socorro, États-Unis 42 E5
Soda Springs 42 C4
Sodankylä 16 B7
Söderhamn 16 C5
Södertalje 16 D5
Soe 31 C3
Soest 8 A7
Sofala (Beira) 38 B3
Sofia 18 C3
Sofisk 20 D14
Sognefjorden 4 A3
Sögüt 19 A2
Sogxian 32 A8
Soignies 15 D2
Sohar 26 D6
Sohung 30 B2
Soissons 7 B5 8 B5
Sokcho 30 B2
Söke 19 B1
Sokhirany 22 C2
Sokhoumi 23 C1
Sokodé 36 D4
Sokólka 17 B4
Sokolów Podlaski 17 B4
Sokoto 36 C4
Solca 18 B4
Sölden 13 A4
Soledad 47 E3
Solenzara 9 F7
Soleure 15 F2
Soleure, Canton 15 F2

Solhan 19 B5
Soligorsk 21 D3
Solingen 14 C2
Solleftea 16 C5
Sologne 6 B3
Sololá 46 A1
Solon 29 A6
Solotvin 22 C2
Solovyovka 21 A4
Solsona 11 B6
Soltsy 21 A4
Solum 37 A3
Solund 16 C3
Solwezi 38 B2
Soma, Turquie 19 B1
Soma, Japon 30 B5
Somali, Presqu'île 33 D7
Somalie 37 D5
Somaliland 37 D5
Sombor 18 B2
Sombrerete 44 C4
Sombrero 45 B4
Somerpalu 21 B3
Somerset, Canada 41 B5
Somerset, États-Unis 43 D10
Somerset, Royaume-Uni 12 E5
Somme, Dép. 7 A5 8 A5
Somme, R. 7 B5 8 B5
Son, Espagne 11 A1
Son, R. Inde 32 C6
Son La 29 C4
Sonde, Îles de la 1 E7
Sønderborg 16 E4
Sondershausen 14 C4
Sondrio 13 A3
Songea 38 B3
Songkhla 31 B1
Songnim 30 B1
Sonneberg 14 C4
Sonoita 44 A1
Sonora, Mexique 44 A2
Sonora, États-Unis 42 E6
Sonora, R. 44 A2
Sonsorol, Îles 48 B1
Sophie 10 B8
Sopotskin 21 D2
Sora 13 D5
Sorbas 11 D4
Sorgub 19 B3
Soria 11 B4
Sorø 16 E5
Soroca 22 C3
Sorocaba 46 E6
Sorol 48 B2
Sorong 31 C4
Sorot 21 B4
Soroti 37 D4
Sorrente 13 D6
Sorsele 16 B5
Sort 11 A6
Sortandi 24 A4
Sosan 30 B2
Sosnovyy-Bor 21 A4
Sosnowiec 17 C3
Sospel 9 E7
Sotchi 23 B1
Soto la Marina 44 C5
Souakin 37 C4
Soudak 22 E4
Soudan 37 C3
Soudzoukh 30 A3
Soufrière 45 B4
Souguer 35 A4
Souifenhe 30 A3
Souillac 9 D4
Souk el-Arba-du-Rharb 35 A2
Soukhona 20 C5
Soulac 9 D3
Soulak 23 B4
Soulak, R. 23 B4
Soumgaït 23 E5
Soumy 22 B4
Soungari 29 A6
Soungari, Lac de 29 A6

Sountar 20 C12
Soupsa 23 C1
Soupsa, R. 23 D1
Souq-Ahras 35 A5
Sourazh 21 C4
Soure 11 B1
Sourgout 20 C8
Sous-le-Vent, Îles 48 C5
Sousel 11 C2
Sousse 35 A6
Soussouman 20 C15
Soutchan 30 A3
South Bend 43 C9
South Saskatchewan 42 B6
South Uist 12 B3
Southampton 12 E6
Southampton, Île 41 C6
Southend-on-Sea 12 E7
Southern Cross 49 C1
Southwold 12 D7
Sovbodnyy 29 A6
Soverato 13 E7
Sovetskaya Gavan 29 A8
Sovetski 22 E4
Spa 15 D4
Spalding 12 D6
Spanish Town 45 B2
Sparks 42 D3
Spartanburg 43 D10
Sparte 18 D3
Spas-Demensk 21 C5
Spassk-Dalniy 30 A3
Spean Bridge 12 B4
Spearfish 42 C6
Spence Bay 41 C5
Spencer 43 C7
Spey 12 B5
Spiez 15 G2
Spin Buldak 26 B8
Spincourt 8 B6
Spisská Nová Ves 17 D3
Spitak 23 D3
Spitzberg 1 A5
Split 18 C2
Splügen 15 G4
Spogi 21 B3
Spokane 42 B3
Spokoïnaïa 23 A1
Spolète 13 C5
Spooner 43 B8
Sporades méridionales 18 D4
Sporades sept. 18 D4
Spratly, Îles 31 B2
Springbok 38 C1
Springfield, Illinois 43 D9
Springfield, Missouri 43 D8
Springfield, Oregon 42 C2
Springs 38 C2
Sremska Mitrovica 18 B2
Sretensk 20 D12
Sri 32 B4
Sri Lanka 32 F6
Srinagar 32 A4
Stade 14 B3
Stafford 12 D5
Staffordshire 12 D5
Staicele 21 B3
Stalden 15 G2
Stalheim 16 C4
Stalowa Wola 17 C4
Stamford 49 B4
Stampa 15 G4
Stånga 21 B1
Stanley 47 E3
Stanovói, Monts 1 B8
Stans 15 G3
Stanthrope 49 B5
Staphost 15 B5
Stara Zagora 18 C4
Starachowice 17 C3
Starachowice-Ostrowiec 21 E2
Staraïa Roussa 21 A4

Starbuck 48 C5
Stargard Szczecinski 17 B2
Starkville 43 E9
Starobin 21 D3
Starodoub 21 D5
Starogard Gdanski 17 B3
Starokonstantiniv 22 C2
Starye-Dorogi 21 D4
Staryi Krym 22 F4
Stary Lesken 23 B2
Stary Oskol 22 B5
Staszów 17 C3
State College 43 C11
Statesboro 43 E10
Staunton 43 D11
Stavanger 16 D3
Stavelot 15 D4
Stavropol 20 E5
Steamboat Springs 42 C5
Steenwijk 15 B5
Steffisburg 15 G2
Stein 15 F3
Steinkjer 16 B4
Stenay 8 B6
Stendal 14 B4
Stepanakert 23 F4
Stepanàvan 23 D3
Stepnoïe 23 A3
Sterling 42 C6
Stewart 49 D6
Steyr 13 A6
Stiens 15 A4
Still 35 A5
Stillwater 42 D7
Stirling 12 B5
Stockerau 13 A7
Stockholm 16 D5
Stockton, Californie 42 D2
Stockton, Kansas 42 D7
Stolac 18 C2
Stolbtsy 21 D3
Stolin 21 E3
Stonehenge 49 B4
Storby 21 A1
Støren 16 C4
Storlien 15 C5
Storm Lake 43 C7
Stornoway 12 A3
Storuman 16 B5
Stosj On 16 C5
Strabane 12 C3
Strakonice 17 D1
Stralsund 14 A5
Stranraer 12 C4
Strasbourg 6 A4 7 B7 8 B7
Strathclyde 12 C4
Straubing 14 D5
Strausberg 14 B5
Streaky Bay 49 C3
Strechin 21 D4
Stromboli 13 E6
Strömstad 16 D4
Strömsund 16 C5
Strongoli 13 E7
Strougi-Krasnye 21 A4
Struma 18 C3
Stryï 22 C1
Stryj 21 F2
Strzelin 17 C2
Strzyzów 17 D3
Stuart 43 F10
Stung Treng 31 A2
Sturgis 42 C6
Stuttgart 14 D3
Stykkishólmur 16 B1
Styr 22 B2
Styrie 13 A6
Suayda 25 C2
Subacius 21 C3
Subata 21 B3
Subcarpatie 22 C1
Subotica 18 B2

Suceava 18 B4
Suck 12 D2
Sucre 46 D4
Sud-Est, Cap 1 G8
Sudbury 41 E6
Suddie 46 B5
Suède 16 C5
Suez 37 A3
Sufeina 26 D3
Suffolk 12 D7
Suhar 32 C1
Sühbaatar 29 A4
Sühbaatar, Province 29 A5
Suhl 14 C4
Suhut 19 B2
Suichang 29 C5
Suide 29 B5
Suippes 8 B6
Suisse 15 G2
Sukadana 31 C2
Sukhna 25 B3
Sukkur 32 B3
Sukumo 30 C3
Sula, Îles 31 C3
Sula, R. 22 C4
Sula 46 A1
Sulaïman, Monts 27 A2
Sulakyurt 19 A3
Sulawesi (Célèbes) 31 C3
Sulayyil 26 D4
Sulingen 14 B3
Šulitjelma 16 B5
Sully-sur-Loire 8 C5
Sultana 46 C2
Sultanhani 19 B3
Sulu, Mer de 31 B3
Sülüklü 19 B3
Sulutka 24 D3
Sulzbach-Rosenberg 14 D4
Sumatra 31 C1
Sumba 31 C3
Sumbawa 31 C3
Sumbawa Besar 28 E6
Sumbawanga 38 A3
Sumbe 38 B1
Sumoto 30 C4
Sumperk 17 D2
Sumter 43 E10
Sun 12 D3
Sunagawa 30 A5
Sunchon, Corée du Nord 30 B1
Sunchon, Corée du Sud 30 C2
Sunderland 12 C6
Sundsvall 16 C5
Sungurlu 19 A3
Sunndalsøra 16 C4
Sunnyvale 42 D2
Sunyani 36 D3
Suonenjoki 16 C7
Supérieur, Lac 39 B5
Superior 42 B2
Supung 30 A1
Sur 26 D6
Surabaya 31 C2
Surakarta 31 C2
Surat, Australie 49 B4
Surat, Inde 32 C4
Surat Thani 31 B1
Surgères 8 C3
Surigao 31 B4
Surin 31 A1
Surinam 46 B5
Surrey 12 E6
Sursee 15 F3
Surt (Syrte) 37 A2
Sürüç 19 B4
Susaki 30 C3
Susanville 42 C2
Susch 15 G5
Susehri 19 A4

Susuz 19 A5
Sütçüler 19 B2
Sutlej 32 B4
Suttsu 30 A5
Suva 48 C3
Suvarli 19 B4
Suwalki 17 A4
Suwanose 30 D2
Suwarrow 48 C1
Suwayq 26 D6
Suwon 30 B2
Suzhou 29 B6
Suzi 30 A1
Suzu 30 B4
Suzzara 13 B4
Svanstein 16 B6
Svatove 22 C5
Sveg 16 C5
Svencioneliia 21 C3
Svencionys 21 C3
Sventoji 21 C3
Sverdlovsk 22 C5
Sverdrup, Îles 41 B5
Svernaia Zemlia 20 A11
Svessa 21 E5
Svetlogorsk, Russie 20 C9
Svetlogorsk, Biélorussie 21 D4
Svir, R. 21 A5
Svir' 21 C3
Sviritsa 21 A5
Svisloch, R. 21 D4
Svisloch 21 D2
Svitavy 17 D2
Swaffham 12 D7
Swain 49 B5
Swains 48 C4
Swakopmund 38 C1
Swale 12 C6
Swan Hill 49 C4
Swan River 42 B6
Swansea 12 E5
Swaziland 34 G6
Sweetwater 42 E6
Swidnica 17 C2
Swidnik 17 C4
Swidwin 17 B2
Swiebodzin 17 B2
Swieto Krzyski 21 E2
Swift Current 41 D5
Swindon 12 E6
Swinford 12 D2
Swishtov 18 C4
Swords 12 D3
Syas 21 A5
Syas'stros 21 A5
Sydney, Canada 41 E7
Sydney, Australie 49 C5
Syke 14 B3
Syktyvkar 20 C6
Sylacauga 43 E9
Sylhet 32 C8
Sylt 14 A3
Syr Daria, R. 24 C3
Syracuse, Italie 13 F6
Syracuse, États-Unis 43 C11
Syrdaria 24 C3
Syrie 25 C3
Syrte, Désert de la 33 B4
Szamotuly 17 B2
Szczecin 17 B2
Szczecinek 17 B2
Szczytno 17 B3
Szeged 17 E3
Székesfehérvár 17 E3
Szekszárd 17 E3
Szentes 17 E3
Szigetvár 17 E2
Szolnok 17 E3
Szombathely 17 E2
Szprotawa 17 C2
Szydlowiec 17 C3

T

Taba 25 D2
Tabarka 35 A6
Tabas (Duruh) 26 B7
Tabas (Ferdows) 26 B6
Tabasco 44 D6
Tabitiúéã 48 C3
Tábor 17 D2
Tabora 38 A3
Tabou 36 D3
Tabriz 26 A4
Tabuaeran 48 B5
Tabuk 26 C2
Tach-Kömur 24 C4
Tachaouz 24 C2
Tacheng 29 A2
Tachir 23 D3
Tachkent 24 C3
Tachkepri 24 D3
Tacloban 31 A3
Tacna 46 D3
Tadine 10 B6
Tadjikistan 24 D4
Taedong-gang 30 B2
Taegu 30 C2
Taejon 30 B2
Tafalla 11 A5
Tafilah 25 C2
Tafraoute 35 C1
Taganrog 22 D5
Taganti 33 C1
Tage 11 B4
Taggia 13 C2
Tagounit 35 C2
Taguke 32 A6
Tahala 35 A2
Tahan 27 D5
Tahiti 10 F8
Tahlequah 43 D8
Tahnaout 35 B2
Tahoua 36 C4
Tahuata 48 C6
Tahuna 31 B4
Taiarapu, Presqu'île de 10 G8
Taichung 29 C6
Taïf 26 D3
Taïhang-Shan 27 A6
Taima 26 C2
Taimyr, DN de 20 B10
Taimyr, R. 20 B10
Taipeh 29 C6
Taiping 31 B1
Taitung 29 C6
Taïvalkoski 16 B7
Taïwan 29 C6
Taïwan, Détroit de 29 C5
Taïyiba 25 C5
Taïyuan 29 B5
Taïz 26 F3
Tajumulco 40 B1
Takamatsu 30 C3
Takaoka 30 B4
Takapoto 48 C5
Takayama 30 B4
Takhtakovpyr 24 C3
Taklimakan, Désert de 27 B3
Talangbetutu 31 C1
Talara 46 C2
Talas 24 C4
Talaud 31 B4
Talayotes 44 A2
Talayuela 11 C3
Talca 47 C1
Taldy-Qorghan 24 B4
Talgar 24 C4
Tali, Pointe de 10 F2
Talin 23 E2
Taliouine 35 B2
Tallahassee 43 E10
Tallard 9 D7
Tallinn 21 A3
Talloires 8 D7
Talsi 21 B2

Taltal 47 B1
Taluqan 26 A8
Talvik 16 A6
Tamadjert 35 D5
Tamale 36 D3
Tamana 48 C3
Tamanar 35 B1
Tamanrasset 36 B4
Tamar 12 E4
Tamaulipas 44 B5
Tamazula 44 D4
Tamazunchale 44 C5
Tambacounda 36 C2
Tambov 20 D5
Tambura 37 D3
Tamel Aike 47 D1
Tamil-Nadu 32 E5
Tamise 12 E6
Tamovka 23 A4
Tampa 43 F10
Tampere 16 C6
Tampico 44 C5
Tampock 10 D8
Tamrah 26 D4
Tamri 35 B1
Tamsalu 21 A3
Tamworth 49 C5
Tana, Lac 37 C4
Tana, Norvège 16 A7
Tana, R., Kenya 37 E4
Tana, Vanuatu 48 C3
Tanabe 30 C4
Tanacross 41 C3
Tanahgrogot 31 C3
Tanahmeran 31 C5
Tanara 13 B2
Tanchon 30 A2
Tandil 47 C3
Tanega 30 D3
Tanezrouft 33 B3
Tanga 38 B2
Tanganyika, Lac 38 A2
Tanger 35 A2
Tangermünde 14 B4
Tangra Yunco 29 B2
Tangshan 29 B5
Tangyuan 29 A6
Tanimbar 31 C5
Tanjung Karang 31 C2
Tanjungredeb 31 B3
Tanout 36 C4
Tantah 37 A3
Tantoyuca 44 C5
Tanzanie 38 A3
Taoan 29 A6
Taolanaro (Fort-Dauphin) 38 C4
Taongi 48 B3
Taormina 13 F6
Taoudénie 36 B3
Taounate 35 A2
Taourirt 35 A3
Tapa 21 A3
Tapachula 44 E6
Tapajós 46 C5
Tapu 48 D4
Tapurucuara 46 C4
Tara 20 D8
Tarachtcha 22 C3
Tarancón 11 C4
Tarapoto 46 C3
Taraquá 46 B4
Tarare 8 D6
Tarascon 9 E6
Tarasp 15 G5
Tarauacá 46 C3
Taravao 10 G8
Tarawa 48 B3
Taraz 24 D4
Tarazona 11 B5
Tarazona de la Mancha 11 C5
Tarbert, Royaume-Uni 12 C4
Tarbert, R.-U., Hébrides 12 B3

Tarbes 7 E4 9 E4
Tarcoola 49 C3
Tardienta 11 B5
Taree 49 C5
Tarente 13 D7
Tarente, Golfe de 13 D7
Tarfaya 36 B2
Targuist 35 A2
Tarifa 11 D3
Tarija 46 E4
Tarim 26 E4
Tarim Hé 29 A2
Taritatu 31 C5
Tarki 23 C4
Tarn 7 E5 9 E5
Tarn, R. 6 B3 7 D5 9 D5
Tarn-et-Garonne 7 D4 9 E4
Tärnaby 16 B5
Tarnobrzeg 17 C3
Tarnów 17 D3
Tarom 26 C6
Tarouca 11 B2
Taroudannt 35 B1
Taroumovka 23 A4
Tarpon Springs 43 F10
Tarquinia 13 -C4
Tarragone 11 B6
Tarrasa 9 F4
Tárrega 11 B6
Tarsus 19 B3
Tartarbounary 22 E3
Tartu 21 A3
Tasbouguet 24 C3
Tashigang 32 B8
Taskent 19 B3
Taslıçay 19 B5
Tasman, Mer de 49 D5
Tasmanie 49 D4
Tata 35 C2
Tatabánya 17 E3
Tatakoto 48 C6
Tataouine 35 B6
Tatarie, Détroit de 29 A8
Tatarstan 20 D6
Tateyama 30 C5
Tathlith 26 E3
Tatra 4 C4
Tatvan 19 B5
Tau 16 D4
Tauberbischofsheim 14 D3
Taung-gyi 32 C6
Taunton 12 E5
Taupo 49 C7
Taurage 21 C2
Tauranga 49 C7
Taurus 4 D4
Tauste 11 B5
Tautira 10 G9
Tavas 19 B2
Taverne 15 G3
Taverny 7 B5
Tavira 11 D2
Tavoljan 24 A4
Tavoy 32 E9
Tavsanli 19 B2
Tawas City 43 C10
Tawau 31 B3
Tay 12 B5
Tayeetmyo 32 D9
Taylor 41 C2
Tayside 12 B5
Taytay 31 A3
Taz 20 C9
Taza 35 A2
Tazenakht 35 B2
Tbilissi 23 D3
Tchachniki 21 C4
Tchad 37 D3
Tchad, Bassin du 33 C4
Tchadan 20 D10
Tchagan 24 A4
Tchagyl 24 C2

Tchakhtinsk 24 B4
Tchakva 23 D1
Tchapaiev 24 A2
Tchardara 24 C3
Tchardjou 24 D3
Tcharentsavan 23 E3
Tcharpun' 21 E3
Tcharsk 24 B5
Tcheboksary 20 D5
Tchebrikovo 22 D3
Tcheleken 24 D2
Tcheliabinsk 20 D7
Tchelkar 24 B2
Tchelkovskaïa 23 B4
Tchèque, République 17 C2
Tchereïa 21 C4
Tcherepovets 20 D4
Tcherikov 21 D4
Tcherkassy 22 C4
Tcherkessi e Karatchaï 23 B1
Tcherkessk 23 A2
Tcherniakhovsk 21 C2
Tchernigovka 30 A3
Tchernihiv 22 B4
Tchernivtsi 22 C2
Tchernobyl 22 B3
Tchernychevski 20 C12
Tcherski, Monts 1 A8
Tchertcherski 21 D4
Tcherven' 21 D4
Tcherviennaïa 23 B3
Tchervonohrad 22 B2
Tchéthénie 23 C4
Tchevtchenko 5 C9
Tchiatoura 23 C2
Tchibanga 38 A1
Tchiganak 24 B4
Tchiguirine 22 C4
Tchili 24 C2
Tchikapa 38 A2
Tchikola 23 B2
Tchilik 24 C4
Tchimbaï 24 C2
Tchimkent 28 A1
Tchingirlaov 24 A2
Tchirtchik 24 C3
Tchita 20 D12
Tchkhorotskou 23 C2
Tchodorov 21 F3
Tchokourdakh 20 B15
Tcholmy 21 D5
Tchornomorskoïe 22 E4
Tchortkov 22 C2
Tchou, R. 24 C4
Tchougouïev 22 D5
Tchougouyevka 30 A3
Tchouktches, DN des 20 C18
Tchouktches, Mer des 20 C19
Tchoulman 20 D13
Tchoumikan 20 D14
Tchoundja 24 C4
Tchouvachie 20 D5
Tchuanatpec 44 D6
Tczew 17 A3
Teacapán 44 C3
Teahuppo 10 G8
Teberda 23 B1
Tébessa 35 A6
Tecata 44 A1
Tecoman 44 D4
Tecuala 44 C3
Tecuci 18 B4
Tedjen 24 D3
Tedjenstroï 24 D3
Tees 12 C6
Téfé 46 C4
Tefenni 19 B2
Tegucigalpa 46 A2
Téhéran 26 A5
Tehuacán 44 D5

Tehuantepec, Golfe de 44 E6
Teifi 12 D4
Tekax 44 C7
Tekeli 24 C4
Tekirdag 19 A1
Tekman 19 B5
Tel Aviv 25 E5
Telavi 23 D3
Telegraph Creek 41 D3
Telekhany 21 D3
Teli 29 A3
Tellin 15 D4
Teloloapan 44 D5
Telpos-Iz, Mont 4 A5
Telšiai 21 C2
Tema 36 D3
Temirtaou 24 A4
Tempe 42 E4
Temple 42 E7
Templemore 12 D3
Templin 14 B5
Temuco 47 C1
Tena 46 C3
Tenabó 44 C7
Tenali 32 D6
Ténare, Cap 18 D3
Tendrara 35 B3
Tenedos 18 D3
Ténéré 32 C6
Ténès 35 A4
Tenguiz, Lac 24 A3
Tenigerbad 15 G3
Tennant Creek 49 A3
Tennessee 43 D9
Tennessee, R. 43 E9
Tenosique 44 D7
Tenterfield 49 B5
Tenyu 30 C4
Teo 11 A1
Tepa 31 C2
Tepache 44 A2
Tepalcatepec 44 D4
Tepatitlán 44 C4
Tepehuanes 44 B3
Tepelenë 18 D2
Tepic 44 C3
Tequma 25 E5
Teraina 48 B4
Teramo 13 C5
Tercan 19 B5
Terek 23 B3
Terek, R. 23 B4
Terekli Mekteb 23 A3
Teresina 46 C6
Teretchovka 21 D4
Terme 19 A4
Terme 24 D4
Termini 13 F5
Termoli 13 C6
Termonde 15 C3
Ternate 31 B4
Terneuzen 15 C2
Terneï 20 E14
Terni 13 C5
Ternopil 22 C2
Terracina 13 D5
Terråk 16 B5
Terralba 13 E3
Terrasson-la-Villedieu 9 D4
Terre de Feu 40 I4
Terre Haute 43 D9
Terre Plaine 6 B4
Terre-de-Bas 10 F1
Terre-de-Haut 10 F1
Terre-Neuve 41 D7
Terre-Neuve, Île 41 E7
Terres Austr. et Ant. fr. 10
Territoire du Nord 49 A3
Territoire de Belfort 8 C7
Terschelling 15 A4
Tertenia 13 E3
Teruel 11 B5
Tervola 16 B7
Tervang 18 B2

Teshio 30 A5
Teshio, R. 30 A6
Tessalit 36 B4
Tessin, Canton, Suisse 15 G3
Tessin, R. 13 B3 15 G3
Têt 9 E5
Tete 38 B3
Tête-Jaune-Cache 41 D4
Teterov 21 C4
Tetiiv 22 C3
Tétouan 35 A2
Tetovo 18 C3
Tevli 21 D3
Tewantin-Noosa 49 B5
Texarkana 43 E8
Texas 42 E7
Texel 15 A3
Teziutlán 44 D5
Thaïlande 31 A1
Thaïlande, Golfe de 31 A1
Thakhet 31 A1
Thal 32 A4
Thanh Hoa 31 A2
Thanjavur 32 E5
Thanlwin 32 C9
Thann 7 C7
Thanne 8 C7
Thar, Désert de 27 B2
Thassos 18 C4
Thaton 32 D9
The Dalles 42 B2
The Pas 41 D5
The Wash 12 D7
Thèbes 18 D3
Thelon 41 C5
Theniet el-Hadd 35 A4
Thérain 8 B4
Thermopolis 42 C5
Thessalonique 18 C3
Thief River Falls 43 B7
Thiers 7 D5 8 D5
Thiès 36 C2
Thika 38 A3
Thimbu 32 B7
Thio 10 B5
Thionville 7 B7 8 B7
Tholen 15 C3
Thomasville 43 E10
Thompson 41 D5
Thomson 9 B4
Thonon-les-Bains 7 C7 8 C7
Thórisvatn 16 B1
Thórshöfn 16 B2
Thouars 8 C3
Thoune 8 C7
Three Springs 49 B1
Throssell, Lac 49 B2
Thuin 15 D3
Thuir 9 E5
Thule 41 B7
Thun 15 G2
Thunder Bay 41 E6
Thur 15 F4
Thurgovie 15 F4
Thuringe 14 C4
Thursday Island 49 A4
Thurso 12 A5
Thusis 15 G4
Tian Shan 27 A2
Tianet 23 C3
Tianjin 29 B5
Tianjun 29 B3
Tianshui 29 B4
Tiarei 10 F8
Tiaret 35 A2
Tibati 37 D2
Tibériade 25 C2
Tiberiade, Lac de 25 C2
Tibesti 33 B4
Tibet 28 A3

Tibre 13 C5
Tiburón 44 A1
Ticul 44 C7
Tidjikja 36 C2
Tiefencastel 15 G4
Tiel 15 C4
Tielt 15 C2
Tierp 16 C5
Tierra Blanca 44 D5
Tifton 43 E10
Tiga 10 B6
Tighina 22 D3
Tigre 19 B5 26 B3
Tiguentourine 35 C6
Tijuana 44 A1
Tikhvin 21 A5
Tikhoretsk 22 E6
Tiksi 20 B13
Til 19 B5
Tilburg 15 C4
Tilos 18 D4
Timan, Monts du 4 A5
Timaru 49 D7
Timbakion 18 E4
Timimoun 35 C4
Timir'azevo 21 C2
Timiriazeva 24 A3
Timis 18 B3
Timisoara 18 B3
Timkovitchi 21 D3
Timmins 43 B10
Timor 31 B1
Timor oriental 28 E7
Timour, Mer de 49 A2
Timoudi 35 C3
Tindouf 35 C1
Tingrela 36 C3
Tinian 48 B2
Tinos 18 D4
Tinrhir 35 C2
Tinto 11 D2
Tioumen 20 D7
Tipperary 12 D2
Tipperary, Comté 12 D2
Tirana 18 C2
Tiraspol 22 D3
Tîrdu-Mures 18 B4
Tire 19 B1
Tirebolu 19 A4
Tirgoviste 18 B4
Tirgu Jiu 18 B3
Tirgu Secuiesc 18 B4
Tirlemont 15 D3
Tisbury 8 A2
Tissemsilt 35 A4
Tiszaföldvár 17 E3
Tiszafüred 17 E3
Titicaca, Lac 46 D4
Tito 13 D6
Titov Veles 18 C3
Titusville 43 F10
Tiverton 12 E5
Tizard Bank 31 A2
Tizi-Ouzou 35 A5
Tizimín 44 C7
Tiznit 35 C1
Tizza 17 D4
Tkibouli 23 C2
Tkvartcheli 23 C1
Tlalnepantla 44 D5
Tlaxcala 44 D5
Tlaxcala, État, Mexique 44 D5
Tlemcen 35 A3
Tliarata 23 C4
Toab 12 A6
Toamasina 38 B4
Toba 30 C3
Toba, Lac 31 B1
Tobago 46 A4
Tobarra 11 C5
Tobercurry 12 C2
Tobermory 12 B3
Tobol 24 A3
Tobol, R. 24 A3
Tobolsk 20 D7
Tocantinópolis 46 C6

Tocantins, Dép. 46 D6
Tocantins, R. 46 D6
Toconao 47 B2
Tocopilla 47 B2
Todos Santos 44 C2
Togliatti 20 D5
Togo 36 D4
Tohoku 30 B5
Tokachi 30 A6
Tokamachi 30 B5
Tokar 37 C2
Tokara 29 C6
Tokashiki 30 E2
Tokat 19 A4
Tokelau 48 C4
Tokmak 24 C4
Tokmat 22 D4
Tokoroa 49 C7
Toktogoul 24 C4
Tokuno 30 E2
Tokunoshima 30 E2
Tokushima 30 C4
Tokuyama 30 C3
Tokyo 30 C5
Tolède 11 C4
Toledo 43 C10
Tolfa 13 C4
Toliara (Tuléar) 38 C4
Tolina 40 C3
Tolitoli 31 B3
Tolnoie 22 C3
Tolosa 9 E3
Tolstoje 22 C2
Toltén 47 C1
Toluca 44 D5
Tom Price 49 B1
Tomakomai 30 A5
Tomakovka 22 D4
Tomar 11 C1
Tomarza 19 B3
Tomaszów Mazowiecki 17 C3
Tomatlán 44 D3
Tombouctou 36 C3
Tomelloso 11 C4
Tomini, Golfe de 31 C3
Tomiño 11 B1
Tommot 20 D13
Tomsk 20 D9
Tomük 19 B3
Tonalá 44 D6
Tonate 10 C8
Tonbridge 12 E7
Tonej 21 E3
Tonekabon 26 A5
Tonga 48 C4
Tongchon 30 B5
Tongchuan 29 B4
Tonghai 29 C4
Tonghua 29 A6
Tongjiang 29 A7
Tongliao 29 A6
Tongres 15 D4
Tongue 12 A4
Tongxin 29 B4
Tonk 32 B5
Tonkin, Golfe du 31 A2
Tonle Sap 31 A1
Tonneins 9 D4
Tonnerre 8 C5
Tönning 14 A3
Tonopah 42 D3
Tonqyu 29 A6
Tønsberg 16 B2
Tonya 19 A4
Toowoomba 49 B5
Topeka 43 D7
Topolobampo 44 B2
Torbali 19 B1
Torbat-e Heydariyeh 26 A6
Torbay 12 E5
Tordesillas 11 B3
Töre 16 B6
Torez 22 C5
Torgau 14 C5

Torgelow 14 B5
Torgny 15 E4
Torhout 15 C2
Torne 4 A3
Tornio 16 B7
Toro 11 B3
Törökszentmiklós 17 E3
Toronto 41 E6
Torre de Moncorvo 11 B2
Torreblanca 11 B6
Torredonjimeno 11 D3
Torrejoncillo 11 C2
Torrelaguna 11 B4
Torrelavega 11 A3
Torrens, Lac 49 C3
Torrente 11 C5
Torreón 44 B4
Torres Vedras 11 C1
Torres, Détroit de 49 A4
Torres, Îles 48 C3
Torrevieja 11 D5
Torrijos 11 C3
Torrington 42 C6
Torroella de Montgri 11 A7
Torsby 16 C5
Tortoli 13 E3
Tortona 13 B3
Tortosa 11 B6
Tortum 19 A5
Torud 26 A6
Turun 17 B3
Torut 19 A4
Torva 21 A3
Tosa 30 C3
Tosashimizu 30 C3
Toscane 13 C4
Tosno 21 A4
Tostado 47 B2
Tostamaa 21 A2
Tosu 30 C3
Tosya 19 A3
Totana 11 D5
Tôtes 8 B4
Tottness 46 B5
Tottori 30 C4
Touapse 22 E5
Touba 36 D3
Toubkal 4 D2
Touboro 36 D5
Touggourt 35 B5
Touho 10 A4
Toul 7 B8 8 B6
Toula 20 D4
Toulon 7 E6 9 E6
Touloun 20 D11
Toulouse 6 C3 7 E4 9 E4
Toungoo 32 D9
Toungouska Inférieure 20 C10
Toungouska Pierreuse 20 C10
Toura 20 C10
Touraine 6 B3
Tourgai 24 B3
Tourgai, R. 24 B3
Tourka 20 D11
Tournai 15 D2
Tournon-sur-Rhône 7 D6 9 D6
Tournus 8 C6
Touroukhansk 20 C9
Tours 6 B3 7 C4 8 C4
Toursoun-Zadé 24 D3
Tourtkoul 24 C3
Tous les Saints, Baie de 40 E7
Touva 20 D10
Touva, R. 20 D7
Touz, Lac de 4 D2
Töv 29 A4
Tovouz 23 E3
Townsville 49 A4
Towuti, Lac 31 C3
Toyama 30 B4

Toyohashi 30 C4
Tozeur 35 B6
Trabzon 19 A4
Trakai 21 C3
Tralee 12 D2
Tramelan 15 F2
Trancoco 11 B2
Trang 31 B1
Trani 13 D7
Transcarpatie 22 C1
Trapani 13 E5
Traralgon 49 C4
Traunstein 14 E6
Traverse City 43 C9
Trébeurden 8 B2
Trebic 17 D2
Trebinje 18 C2
Treblinka 17 B4
Trebon 17 D2
Trégastel 8 B2
Tréguier 8 B2
Treignac 9 D4
Treinta y Tres 47 C3
Trelleborg 16 E5
Tremeti 13 C6
Tremp 11 A6
Trencin 17 D3
Trenque Lauquen 47 C2
Trent 12 D6
Trente 13 A4
Trentin-Haut-Adige
13 A4
Trenton, Missouri 43 C8
Trenton, New Jersey
43 C12
Tres Arroyos 47 C2
Tres Lagos 47 D1
Três Largoas 46 E5
Tres Puntas, Cap 40 H4
Trèves 14 D2
Treviño 11 A4
Trévise 13 B5
Trie 9 E4
Trieste 13 B5
Triggiano 13 D7
Trihonida, Lac 18 D3
Trikala 18 D3
Trim 12 D3
Trincomalee 32 F6
Trinidad, Bolivie 46 D4
Trinidad, Cuba 45 A2
Trinidad, États-Unis 42 D6
Trinité 46 A4
Trinité-et-Tobago 45 C4
Tripoli, Liban 25 B2
Tripoli, Libye 37 A2
Tripura 32 C8
Trivandrum 32 F5
Trnava 17 D2
Troia 13 D6
Troiebratski 24 A3
Trois-Bassins 10 B7
Trois-Pont 15 D4
Trois-Rivières, Canada
41 E6
Trois-Rivières, Guad.
10 F1
Trois-Vierges 15 D5
Trollhättan 16 D5
Trombetas 40 D5
Tromsø 16 A6
Tronador, Mont 40 H3
Trondheim 16 C4
Tropea 13 E6
Trostianets 22 B4
Troubtchevsk 22 A4
Trowbridge 12 E5
Troy 43 E9
Troyes 6 A3 7 B6 8 B6
Truba 26 C3
Trubtchevsk 21 D5
Trujillo, Espagne 11 C3
Trujillo, Honduras 46 A2
Trujillo, Pérou 46 C3
Trujillo, Venezuela 46 B3
Trun 18 C3

Truro 12 E4
Truskegee 43 E9
Truth or Consequences
42 E5
Trutnov 17 C2
Truyère 9 D5
Trzcianka 17 B2
Trzebnica 17 C2
Tsageri 23 C2
Tsalendjikha 23 C2
Tserkovichtch 21 C4
Tsetserleg 29 A4
Tshabong 38 C2
Tshane 38 C2
Tshuapa 33 D5 38 A2
Tsimliansk, Lac de 4 C5
Tsiroanomandidy 38 B4
Tskhaltoubo 23 C2
Tskhenis 23 C2
Tskhinvali 23 C2
Tskhatauri 23 C2
Tsu 30 C4
Tsuchiura 30 B5
Tsuruga 30 C4
Tsuruoka 30 B5
Tsushima 30 C2
Tsuyama 30 C4
Tuam 12 D2
Tuamotu, Îles 48 C6
Tubarao 47 B4
Tubas 25 E5
Tübingen 14 D3
Tubmanburg 36 D2
Tubruq 37 A3
Tucano 46 D7
Tucson 42 E4
Tucumcari 42 D6
Tucuruí 46 C6
Tudela 11 A5
Tudu 21 A3
Tuguegarao 31 A3
Tuktoyaktuk 41 C3
Tukums 21 B2
Tula 44 C5
Tulak 26 B7
Tulancingo 44 C5
Tulcán 46 B3
Tulcea 18 B5
Tuleda de Duero 11 B3
Tullamore 12 D3
Tulle 6 B3 7 D4 9 D4
Tulsa 43 D7
Tumaco 46 B3
Tumatumari 46 B5
Tumby Bay 49 C2
Tumen 30 A2
Tumen Jiang 30 A2
Tumeremo 46 B4
Tumut 49 C4
Tunceli, Kalan 19 B4
Tundza 18 C4
Tungabhadra 32 E5
Tunis 35 A6
Tunis, Golfe de 35 A6
Tunisie 35 A6
Tunja 46 B3
Tupai 48 D5
Tupelo 43 E9
Tupiza 46 E4
Turan 26 A5
Turbat 32 B2
Turbenthal 15 F3
Turbo 46 B3
Turda 18 B3
Tureïa 48 D6
Turek 17 B3
Turgovishte 18 C4
Turgutlu 19 B1
Turhal 19 A4
Turia 11 B5
Turin 13 B2
Turja 21 C3
Turka 21 F2

Turkana, Lac 37 D4
Turkistan 24 C3
Turkménistan 24 D3
Turkmenbachy 24 C2
Türkoglu 19 B4
Turku 16 C6
Turmus Ayya 25 E5
Turnhout 15 C3
Turnu-Magurele 18 C4
Turques, Îles 45 A3
Turquie 19 B4
Tuscaloosa 43 E9
Tuscarora 42 C3
Tutak 19 B5
Tuticorin 32 F5
Tutrakan 18 C4
Tuvalu 48 C2
Tuxpan, Mex., Nayarit
44 C3
Tuxpan, Mex., Veracruz
44 C5
Tuxtepec 44 D5
Tuxtla Gutiérrez 44 D6
Tuy Hoa 31 A2
Tuz, Lac 19 B3
Tuzla 18 B2
Tuzlukçu 19 B2
Tver 20 D7
Tweed 12 C5
Tweed Heads 49 B5
Twillingate 41 E7
Twin falls 42 C4
Twistringen 14 B3
Tyanesoy 16 C3
Tychkivka 22 C3
Tyler 43 E7
Tynda 20 D13
Tyne et Wear 12 C6
Tyne, R. 12 C6
Tynset 16 C4
Tyr 25 C2
Tyrnyaouz 23 B2
Tyrol 13 A4
Tyrrhénienne, Mer 13 E3
Tytuvenai 21 C2
Tywi 12 E4

U

Ua-Pou 48 C5
Uardere 37 D5
Uaupés 46 B4
Ubangi 37 D2
Ube 30 C3
Ubeda 11 C4
Uberaba 46 D6
Uberlândia 46 D6
Ubon Ratchathani 31 A1
Ubort 21 D3
Ubrique 11 D3
Ubundu 37 E3
Ucayali 40 D3
Uccle 15 D3
Uchiza 46 C3
Udaipur 32 C4
Uddevalla 16 D4
Uddjaur 16 B5
Uden 15 C4
Udine 13 A5
Udon Thani 31 A1
Ueckermünde 14 B6
Uele 37 D3
Uelzen 14 B4
Ugale 21 B2
Uherské Hradiste 17 D2
Uig 12 B3
Uige 38 A1
Uisong 30 C2
Uitenhage 38 D2
Uithoorn 15 B3
Uithuizen 15 A5
Uitrik 48 B3
Ujae 48 B3
Ujelang 48 B3
Ujfehértó 17 E3
Ujiji 38 A2

Ujjain 32 C5
Ujung Pandang 31 C3
Ukiah 42 D2
Ukmerge 21 C3
Ukraine 22 C4
Ula, Arabie Saoudite
26 C2
Ula, Turquie 19 B2
Ulaangom 29 A3
Ulchin 30 B2
Ulcinj 18 C2
Ulhasnagar 32 D4
Uliastay 29 A3
Ulithi 48 B1
Ullapool 12 B4
Ullung-Do 30 B3
Ulm 14 D3
Ulsan 30 C2
Ulster 4 B2
Ultrecht 15 B4
Uluborlu 19 B2
Uludere 19 B5
Ulukisla 19 B3
Ulus 19 A3
Umbertide 13 C5
Ume 16 B6
Umeå 16 C6
Umfors 16 B5
Unalakleet 41 C2
Unalaska 41 D2
Uncastillo 11 A5
Ungava, Péninsule d'
39 A6
Ungheni 18 B4
Unimak 41 D2
Union 45 B4
Unst 12 A6
Unterägeri 15 G3
Unteriberg 15 F3
Unterwald Nidwald
15 G3
Unterwald Obwald
15 G3
Upata 46 B4
Upernavic 41 B7
Upington 38 C2
Upolu 48 C4
Upper Hutt 49 D7
Uppsala 21 A1
Urabá, Golfe de 46 B3
Urakawa 30 A6
Uranium City 41 D5
Urawa 30 C5
Urbino 13 C5
Ure 12 C6
Ures 44 B2
Urfa 19 B4
Uri 15 G3
Uriage 9 D6
Urla 19 B1
Urnäsch 15 F4
Urosevac 18 C3
Uruapan 44 D4
Uruguaiana 47 B3
Uruguay 47 C3
Uruguay, R. 47 B3
Urumqi 29 A4
Urziceni 18 B4
Usak 19 B2
Usakos 38 C1
Usedom 14 B6
Ushach 21 C4
Ushibuka 30 C2
Ushuaia 47 E2
Uskedal 16 D3
Üsküdar 19 A2
Ussel 7 D5 9 D5
Uster 15 F3
Usti 17 C2
Ustica 13 E5
Ustka 17 A2
Usuki 30 C3
Usumacinta 44 D7
Utah 42 D4
Utena 21 C3
Utiariti 46 D5
Utica 43 C11

Utiel **11** C5
Utrecht **15** B4
Utrera **11** D3
Utsjoki **16** A7
Utsunomiya **30** B5
Uttar Pradesh **32** B6
Utumanomano, Pointe **10** G8
Uummannaq **41** B7
Uunarteq **41** B9
Uusikaupunki **16** C6
Uvalde **42** F7
Uvinza **38** A3
Uvs **29** A3
Uwayl **37** D3
Uyuni **46** E4
Uz **21** E4
Uzerche **9** D4
Uzès **9** D6
Uzice **18** C2
Uzunköprü **19** A1

V

Vaa **33** G5
Vaal **38** C2
Vaala **16** B7
Vaals **15** D5
Vaasa **16** C6
Vaassen **15** B4
Vachi **23** C4
Vadödara **28** B2
Vadsø **16** A7
Vaduz **13** A3
Vågåmo **16** C4
Vagharchapat **23** E3
Váh **17** D3
Vaik **23** F3
Vail **42** D5
Vairao **10** G8
Vaison-la-Romaine **9** D6
Val-André **8** B2
Val-d'Oise **7** B5 **8** B5
Val-de-Marne **7** B5 **8** B5
Valais **15** G2
Valdaï, Plateau du **4** B4
Valday **21** B5
Valdemarpils **21** B2
Valdepeñas **11** C4
Valderas **11** A3
Valderrobres **11** B6
Valdés, Péninsule **47** D2
Valdeverdeja **11** C3
Valdez **41** C3
Valdivia **47** C1
Valdosta **43** E10
Valence, Com. de **11** C5
Valence, Espagne **11** C5
Valence, France **7** D6 **9** D6
Valencia **46** A4
Valencia de Don Juan **11** A3
Valenciennes **8** A5
Valentine **42** C6
Valenza **13** B3
Valga **21** B3
Valjevo **18** B2
Valka **21** B3
Vall de Uxó **11** C5
Valladolid, Espagne **11** B3
Valladolid, Mexique **44** C7
Valledupar **46** A3
Vallée de la Mort **39** C4
Vallenar **47** B1
Valley City **42** B7
Vallo della Lucania **13** D6
Vallon-en-sully **8** C5
Vallorbe **15** G1
Valmiera **21** B3
Valognes **8** B3
Valouïki **22** B5
Valparaíso, Chili **47** C1

Valparaíso, Mexique **44** C4
Valras-Plage **9** E5
Valréas **9** D6
Vals **15** G4
Valverde del Camino **11** D2
Vammala **16** C6
Van **19** B5
Van Horn **42** E6
Van, Lac **19** B5
Vanadzor **23** E3
Vanajanselka **16** C6
Vanavara **20** C11
Vancouver, États-Unis **42** B7
Vancouver, Canada **41** E4
Vancouver, Île **41** E4
Vandalia **43** D9
Vandam **23** E4
Vandra **21** A3
Vänem **16** D5
Vänersborg **16** D5
Vangou **30** A3
Vanimo **48** C2
Vanino **20** E15
Vännas **16** C7
Vannes **6** B2 **7** C2 **8** C2
Vanoise **6** B4
Vanua Levu **48** C3
Vanuatu **48** C3
Vanylven **16** C3
Vao **16** C6
Var **7** E7 **9** E7
Var, R. **7** D7 **9** E7
Varaklani **21** B3
Varanasi **32** B6
Varazdin **18** B2
Varazze **13** B3
Varberg **16** D5
Vardar **18** C3
Vardenis **23** E3
Vardø **16** A8
Varena **21** C3
Varese **13** B3
Varkaus **16** C7
Varna **18** C4
Värnamo **16** D5
Varniai **21** C2
Varska **21** B3
Varsovie **17** B3
Varto **19** B5
Vasilkov **21** E4
Vaslui **18** B4
Vassylkiv **22** E3
Vassylivka **22** C5
Västerås **16** D5
Västervik **16** D5
Vasto **13** C6
Vastseliina **21** B3
Vatan **8** C4
Vaterstetten **14** D4
Vatican **13** D5
Vatra Dornei **18** B4
Vättern **16** D5
Vaucluse **9** E6
Vaucouleurs **8** B6
Vaud **15** G1
Vauvillers **8** C7
Vavau, Îles **48** C4
Vavuniya **32** F6
Växjö **16** D5
Vecpiebalga **21** B3
Vecumnieki **21** B3
Vedeno **23** C4
Veendam **15** A5
Veenhuizen **15** A5
Vejle **16** D4
Veldhoven **15** C4
Vélez-Blanco **11** D4
Vélez-Malaga **11** D3
Velikaja **21** B4
Velikie-Louki **20** D4
Velikij Bor **21** D4
Velikije-Mosty **21** E3

Veliko Turnovo **18** C4
Velletri **13** D5
Vellore **32** E5
Venado Tuerto **47** C2
Vendas Novas **11** C1
Vendée **8** C3
Vendell **11** B6
Vendôme **7** C4 **8** C4
Vendrnysal **10** D4
Vénétie **13** B4
Venezuela **46** B4
Venice **43** F10
Venise **13** B5
Venise, Golfe de **13** B5
Venlo **15** C5
Venosa **13** D6
Venray **15** C4
Vent, Canal du **45** B2
Vent, Îles du **48** C5
Venta **21** B2
Ventoux, Mont **6** B4
Ventspils **21** B2
Ventura **42** E3
Venturina **13** C4
Vénus, Pointe **10** F7
Vera **11** D5
Veracruz **44** D5
Veracruz, État **44** D5
Veraval **32** C4
Verbania **13** B3
Verde **44** B3
Verdon **6** C4
Vordun **7** D6 **8** B6
Vereeniging **38** C2
Vergeletto **15** G3
Veriora **21** A3
Verkhni Rogatchik **22** D4
Verkhoïansk **20** C14
Vermillion **43** C7
Vermont **43** C12
Vernal **42** D5
Verneuil **7** B5 **8** B4
Vernon, États-Unis **42** E7
Vernon, France **8** B4
Vero Beach **43** F10
Veroia **13** C3
Vérone **13** B4
Versailles **7** B5 **8** B4
Verviers **15** D4
Vervins **7** B5 **8** B5
Verzuolo **13** B2
Vesoul **8** B4 **7** C7 **8** C7
Vésuve **13** D6
Veszprém **17** E2
Vetka **21** D4
Vetlanda **16** D5
Veules-les-Roses **8** B4
Vevey **15** G1
Vex **15** G2
Veynes **9** D6
Vézelay **8** C5
Vézère **7** D4 **9** D4
Vezirköprü **19** A3
Viana del Bollo **11** A2
Viana do Castelo **11** B1
Vianden **15** E5
Viareggio **13** C4
Viatka **4** B5
Viazma **21** C5
Vibo Valentia **13** E7
Viborg **16** D4
Vic **5** A2
Vic-Fezensac **9** E4
Vicence **13** B4
Vich **11** B7
Vichnevoïe **22** B3
Vichy **7** C5 **8** C5
Vicksburg **43** E8
Victor Harbor **49** C3
Victoria, Australie **49** C4
Victoria, Canada **41** E4
Victoria, États-Unis **42** F7
Victoria, Île **41** B5
Victoria, Lac **38** A3
Victoria, R. **49** A3

Victoria River Downs **49** A3
Victoria, Terre **50** F7
Victorville **42** E3
Vidalia **43** E10
Videle **18** B4
Vidigueira **11** C2
Vidin **18** B3
Vieunna **47** D2
Viella **11** A6
Vienne, Autriche **13** A7
Vienne, Dép. **7** C4 **8** C4
Vienne, France **7** D6 **9** D6
Vienne, R. **6** B3 **7** C4 **8** C4
Vientiane **31** A1
Vieques, Île **45** B4
Vierges, Îles **45** B4
Vierzon **7** C5 **8** C5
Viesite **21** B3
Vieste **13** D7
Vietnam **31** A2
Vieux-Fort **10** F1
Vieux-Habitants **10** E1
Vigala **21** A3
Vigan **31** A3
Vigevano **13** B3
Vignola **13** B4
Vigo **11** A1
Vigrestad **16** D3
Vijayawada **32** D6
Vijôse **18** C3
Vik **16** C4
Vila do Obispo **11** D1
Vila Nova de Gaia **11** B1
Vila Nova de Milfontes **11** D1
Vila Ponca d'Aguilar **11** B2
Vila Real **11** B2
Vila Verde **11** B1
Vilaine **7** C2 **8** B
Vileïka **21** C3
Vilhena **46** D4
Viliouisk **20** C13
Viljandi **21** A3
Vilkaviskis **21** C2
Villa Acuna **44** A4
Villa Ahumada **44** A3
Villa Constitución **44** B2
Villa de Cos **44** C4
Villa Dolores **47** C2
Villa Franca de Xira **11** C1
Villa Hidalgo **44** B3
Villa Montes **46** E4
Villa Nueva **44** C4
Villa Ocampo **44** B3
Villa Unión **44** B3
Villa Vicente Guerrero **44** C3
Villablino **11** A2
Villacañas **11** C4
Villach **13** A5
Villada **11** A3
Villadiego **11** B3
Villafamés **11** B6
Villafranca **11** A5
Villafranca de los Barros **11** C2
Villafranca del Cid **11** B5
Villagrán **44** B5
Villahermosa **44** D6
Villajoyosa **11** C5
Villalba **11** A2
Villalón de Campos **11** A3
Villalonga **47** D2
Villalpando **11** B3
Villanueva **44** C4
Villanueva de Córdoba **11** C3
Villanueva de Oscos **11** A2
Villarcayo **11** A4
Villard-de-Lans **9** D6

Villarica 47 B3
Villarrica 47 C1
Villarrobledo 11 C4
Villava 11 A5
Villavicencio 46 B3
Villaviciosa 11 A3
Villazón 46 E4
Villedieu-les-Poêles 8 B3
Villefort 9 D5
Villefranche-de-Lauragais 9 E4
Villefranche-de-R. 7 D5 9 D5
Villefranche-sur-S. 7 D6 8 D6
Villena 11 C5
Villeneuve-sur-Lot 7 D4 9 D4
Villeneuve-sur-Yonne 8 B5
Villers-Bocage 8 B3
Villers-Cotterêts 8 B5
Villingen-Schwenningen 14 D3
Vilmoutiers 8 B4
Vilnius 21 C3
Vilsbiburg 14 D5
Viltcha 22 B3
Vilvorde 15 D3
Vilyouï 20 C13
Vimioso 11 B2
Viña del Mar 47 C1
Viñales 45 A1
Vinaroz 11 B6
Vincennes 43 D9
Vincente Guerrero 44 A1
Vindhya, Monts 27 B2
Vinh 31 A2
Vinh Long 31 A2
Vinniki 22 C2
Vinnytsia 22 C3
Vinogradnoie 23 B3
Vinogrado 22 C1
Vinson, Mont 50 F11
Vintimille 13 C2
Vipiteno 13 A4
Viransehir 19 B4
Vire 7 B3 8 B3
Vire, R. 7 B3 8 B3
Virgin Gorda 45 B4
Virginia 43 B8
Virginia Beach 43 D11
Virginie 43 D11
Virginie Occidentale 43 D10
Virton 15 E4
Virvycia 21 C2
Vis 18 C2
Visalia 42 D3
Visby 16 D6
Visetín 17 D3
Viseu 11 B2
Vishakhapatnam 32 D6
Vissoie 15 G2
Vistina 21 A4
Vistule 17 B3
Vitebsk 21 C4
Viterbe 13 C5
Viti Levu 48 C3
Vitigudino 11 B2
Vitim 20 D12
Vitoria 11 A4
Vitória 46 E6
Vitória da Conquista 46 D6
Vitré 8 B3
Vitry-le-François 7 B6 8 B6
Vittangi 16 B6
Vittel 8 B6
Vittoria 13 F6
Vivero 11 A2
Vizianagaram 32 D6
Vizille 9 D6
Vlaardingen 15 C3
Vladikavkaz 23 C3
Vladimir 20 D5

Vladivostok 20 E14
Vlieland 15 A3
Vlissingen 8 A5
Vlorë 18 C2
Vltava 17 D2
Vöcklabruck 13 A5
Vodolaha 22 C4
Vody 23 A2
Voghera 13 B3
Voh 10 A3
Vohma 21 A3
Voiron 9 D6
Vojvodine 18 B2
Volda 16 C4
Volga 20 D4
Volgograd 20 E5
Volgograd, Lac de 4 C5
Volhynie 22 B2
Völkermarkt 13 B4
Volkhov 21 A5
Volkhov, R. 21 A4
Volkovysk 21 D3
Volnovakha 22 D5
Volodarskoïe 24 A3
Volodymyr Volynski 22 B2
Volojin 21 C3
Volos 18 D3
Volochno 21 A4
Volosovitchi 21 C4
Volotchanka 20 B10
Volotchisk 22 C2
Volovets 22 C1
Volovgda 20 D4
Volta 36 D3
Volta Blanche 33 C2
Volta Noire 33 C2
Volta Redonda 46 E6
Volterra 13 C4
Voorburg 15 B3
Vopnafjördhur 16 B2
Vorarlberg 13 A3
Vordingborg 16 E5
Vorkouta 20 C7
Voronej 20 D4
Voronovo 21 C3
Vort 21 A3
Voru 21 B3
Vosges 8 A4
Voss 16 C4
Vostok 48 C5
Vouvry 15 G1
Vouziers 7 B6 8 B6
Vovtchansk 22 B5
Voznessensk 22 D3
Vradjevka 22 D3
Vranje 18 C3
Vratca 18 C3
Vrbas 18 B2
Vreed en Hoop 46 B5
Vresse-sur-Semois 15 E3
Vrsac 18 B3
Vryburg 38 C2
Vught 15 C4
Vukovar 18 B2
Vuollerim 16 B6
Vuotso 16 A7
Vyritsa 21 A4
Vysokoïe 21 D2
Vysotsk 21 A4
Vyssokopolïe 22 D4
Vytegra 20 C4

W

Wa 36 C3
Waal 15 C4
Waalre 15 C4
Waalwijk 15 C4
Wabash 43 C9
Wabowden 41 D5
Waco 42 E7
Wad Medani 37 C4
Wadden des Mer 15 A4
Wädenswil 15 F3

Wadern 14 D2
Wadi Halfa 37 B4
Wadjh 26 C2
Wagga Wagga 49 C4
Waggas 25 E5
Wagin 29 C1
Wagna 13 B4
Wagrowiec 17 B2
Wahai 31 C4
Wahpeton 42 B7
Waigeo 31 B4
Waikari 49 D7
Wainganga 32 C5
Waingapu 31 C3
Wainwright 41 B2
Waitaki 49 D7
Waitato 49 C7
Waitemata 49 C7
Wajima 30 B4
Wajir 37 D5
Wakayama 30 C4
Wake 48 B3
Wakefield 12 D6
Waki 10 D3
Wakkanai 30 A5
Walbrzych 17 C2
Walcourt 15 D3
Walcz 17 B2
Wald 15 F3
Waldkirch 14 D2
Walenstadt 15 F4
Wales 41 C2
Walgett 49 B4
Walkerston 49 B4
Wall 42 C6
Walla Walla 42 B3
Wallis, Îles 48 C3
Wallis-et-Futuna 48 C3
Walls 12 A6
Walsenburg 42 D6
Walsrode 14 B3
Walvis Bay 38 C1
Wanaka 49 D6
Wanema 31 C5
Wanganui 49 D7
Wangi 15 F3
Wanning 29 D5
Wanxian 29 B4
Warangal 32 D5
Warba 26 C4
Warburg 14 C3
Wardha 32 C5
Waren 14 B5
Wargla 35 B5
Warrabri 49 B3
Warrego 49 B4
Warren, Australie 49 C4
Warren, É.-U., Mich. 43 C10
Warren, É.-U., Ohio 43 C10
Warrnambool 49 C4
Warta 17 C3
Warwick, Australie 49 B5
Warwick, États-Unis 43 C12
Warwick, Royaume-Uni 12 D6
Warwick-Shire 12 D6
Washington D.C. 43 D11
Washington, État, É.-U. 42 B2
Wassen 15 G3
Watampone 31 C3
Waterbury 43 C12
Waterford 12 D3
Waterford, Comté 12 D3
Waterloo, Belgique 8 A6
Waterloo, États-Unis 43 C8
Watertown, Dak. du S. 42 C7
Watertown, New York 43 C11
Watrous 41 D5
Watsa 37 D3
Watson Lake 41 C4

Wattwill 15 F4
Wau 37 D3
Waukegan 43 C9
Wausau 43 B9
Wavre 15 D3
Waycross 43 E10
Wäzin 35 B6
Wé 10 A6
Wear, R 12 C6
Weda 31 B4
Weddell, Mer de 50 F12
Wedel 14 B3
Weert 15 C4
Wegorzewo 17 A3
Wegrów 17 B4
Wei 28 A5
Weiden 14 D5
Weifang 29 B5
Weihai 29 B6
Weilheim 14 E4
Weimar 14 C4
Weinheim 14 D3
Weining 29 C4
Weirton 43 C10
Weiser 42 C3
Weissenfels 14 C5
Weisswasser 14 C6
Weitra 13 A6
Weixi 29 C3
Weiz 13 A6
Wejherowo 17 A3
Welch 43 D10
Welkom 38 C2
Wellesley, Îles 49 A3
Wellin 15 D4
Wellington, Australie 49 C4
Wellington, Île, Chili 47 D1
Wellington, N.-Z. 49 D7
Wellington, Royaume-Uni 8 A2
Wells 42 C3
Wells, Lac 49 B2
Wels 13 A5
Welshpool 12 D5
Wendeng 29 B6
Wendover 42 C4
Wenquan 29 B3
Wenzhou 29 C6
Werra 14 C4
Wertheim 14 D3
Wes Helena 43 E8
Wesel 14 C2
Weser 14 B3
Wesrmeath 12 D3
Wessel, Îles 49 A3
West 49 B5
West Palm Beach 43 F10
West Valley City 42 C4
West Wyalong 49 C4
Westerland 14 A3
Westerlo 15 C3
Westkapelle 15 C2
Weston 31 B3
Westmeath, 12 D3
Westport, N.-Z. 49 D7
Westport, Royaume-Uni 12 D2
Wetar 31 C4
Wetteren 15 C3
Wetzikon 15 F3
Wetzlar 14 C3
Wewak 48 C2
Wexford 12 D3
Wexford, Comté 12 D3
Weyburn 41 E5
Weymouth 12 E5
Whangarei 49 C7
Wheatland 42 C5
Wheeling 43 C10
Whitefish 42 B4
Whitehaven 12 C5
Whitehorse 41 C3
Whitham 12 D6
Whithorn 12 C4
Whitney, Mont 39 C4

Whitsunday 49 B4
Whittier 41 C3
Whyalla 49 C3
Wichita 42 D7
Wichita Falls 42 E7
Wick 12 A5
Wickenburg 42 E4
Wicklow 12 D3
Wicklow, Comté 12 D3
Widgiemooltha 49 C2
Wielkopolski 17 B2
Wielun 17 C3
Wiener Neustadt 13 A7
Wieprz 21 E2
Wierum 15 A4
Wiesbaden 14 C3
Wight 12 E6
Wigtown 12 C4
Wil 15 F4
Wilcannia 49 C4
Wildhaus 15 F4
Wilhelmina 16 B5
Wilhelmshaven 14 B3
Wilkes-Barre 43 C11
Willemstad, Ant. Néerl. 45 B3
Willemstad, Pays-Bas 15 C3
Williams Lake 41 D4
Williamsburg 43 D11
Williamsport 43 C11
Williamston 43 D11
Willis 49 A5
Willisau 15 F3
Williston 42 B6
Williston, Lac 41 D4
Wilmar 43 B7
Wilmington, Car. du N. 43 E11
Wilmington, Pennsylvanie 43 D11
Wiltshire 12 E5
Wiltz 15 E4
Wiluna 49 B2
Winchester, États-Unis 43 D10
Winchester, R.-U. 12 E6
Windermere 12 C5
Windhoek 38 C1
Windorah 49 B4
Windsor 12 E6
Winisk 41 D6
Winisk, R. 41 D6
Winnemucca 42 C3
Winner 42 C7
Winnipeg 41 E5
Winnipeg, Lac 41 D5
Winnipegosis 41 D5
Winona, Mississippi 43 E9
Winona, Wisconsin 43 C8
Winschoten 15 A6
Winslow 42 D4
Winston-Salem 43 D10
Winsum 15 A5
Winterthur 15 F3
Winton 49 B4
Wisconsin 43 C9
Wismar 14 B4
Wissant 8 A4
Wissembourg 7 B7 8 B7
Wittenberg 14 C5
Wittenberge 14 B4
Wittenburg 14 B4
Wittenoom 49 B1
Wittingen 14 B4
Wittlich 14 D2
Wittstock 14 B5
Wkra 17 B3
Wladyslawowo 17 A3
Wloclawek 17 B3
Wloclawsskie, Lac de 17 B3
Wlodawa 17 C4
Wloszczowa 17 C3

Wohlen, Suisse, Argovie 15 F3
Wohlen, Suisse, Berne 15 G2
Woleai 48 B2
Wolf Point 42 B5
Wolfen 14 C5
Wolfenbüttel 14 B4
Wolfsburg 14 B4
Wolgast 14 A5
Wolhusen 15 F3
Wolin 17 B2
Wolkersdorf 13 A7
Wollongong 49 C5
Wolomin 17 B3
Wolów 17 C2
Wonju 30 B2
Wonsan 30 B2
Wonthaggi 49 C4
Woodward 42 D7
Woomera 49 C3
Worcester, Afr. du S. 38 D1
Worcester, R.-U. 12 D5
Wörgl 13 A5
Workum 15 B4
Worland 42 C5
Wotje 48 B3
Wrangel 20 B19
Wrangell 41 D3
Wrigley 41 C4
Wrkra 21 D2
Wroclaw 17 C2
Wrzesnia 17 B2
Wuadaoliang 29 B3
Wuda 29 B4
Wudinna 49 C3
Wudu 29 B4
Wuhai 29 B4
Wuhan 29 B5
Wuhu 29 B5
Wunstorf 14 B3
Wuppertal 14 C2
Wuqia 29 B1
Würzburg 14 D3
Wusuli 30 A3
Wuwei 29 B4
Wuxi 29 B6
Wuyuan 29 A4
Wuzhou 29 C5
Wyalkatchem 49 C1
Wye 12 D5
Wyndham 49 A2
Wynigen 15 F2
Wynyard 49 D4
Wyoming 42 C5
Wyszków 17 B3

X

Xai-Xai 38 C3
Xanthi 18 C4
Xiamen 29 C5
Xian 29 B4
Xianfeng 29 C4
Xiangfan 29 B5
Xiangtan 29 C5
Xichang 29 C4
Xigaze 29 C2
Xilin 29 C4
Ximiao 29 A4
Xinbin 30 A1
Xinghai 29 B3
Xingu 46 C5
Xingu 40 D5
Xingyi 29 C4
Xinhe 29 A2
Xining 29 B4
Xinjiang Ouigour 29 B2
Xinjin 29 B6
Xintai 29 B5
Xinxiang 29 B5
Xinyang 29 B5
Xique-Xique 46 D6
Xishui 29 C4
Xixia 29 B5

Xizang 29 B2
Xuchang 29 B5
Xuguit 29 A6
Xuphil 44 D7
Xuwen 29 C5
Xuzhou 29 B5

Y

Yaan 29 B4
Yabad 25 E5
Yacuiba 46 E4
Yahyali 19 B2
Yakima 42 B2
Yakymivka 22 D4
Yakona 37 D3
Yakotyn 22 B3
Yaku 30 D2
Yakumo 30 A5
Yakutat 41 D3
Yalinga 37 D3
Yalong Jiang 29 B4
Yalousa 25 B2
Yalta 22 E4
Yalu 30 A2
Yalvaç 19 B2
Yamagata 30 B5
Yambio 37 D3
Yambol 18 C4
Yamdena 31 C4
Yamma Yamma, Lac 49 B4
Yamoussoukro 36 D3
Yampil 22 C2
Yamuna 32 B6
Yanan 29 B4
Yanbu 26 D2
Yang Tsé Kiang 29 B3
Yangdok 30 B2
Yanggu 30 B2
Yangjiang 29 C5
Yangyang 30 B2
Yangzhou 29 B5
Yanji 29 A6
Yanjixian 30 A2
Yankton 42 C7
Yantai 29 B6
Yaoundé 37 D2
Yap, Îles 48 B1
Yaqui 44 A2
Yaremtcha 22 C2
Yaren 48 C3
Yarmouth 41 E7
Yaroupi 10 E8
Yasava 48 C3
Yaselda 21 D3
Yatagan 19 B2
Yaté 10 E9
Yatta 25 E5
Yawatahama 30 C3
Yazoo City 43 E8
Ychun 29 A6
Yebawmi 32 B9
Yecheng 29 B1
Yecla 11 C5
Yécora 44 A2
Yell 12 A6
Yellostone 39 B4
Yellowknife 41 C4
Yellowstone 42 B5
Yémen 26 E4
Yen Bai 31 A2
Yenice 19 B1
Yeo, Lac 49 B2
Yeovil 8 A2
Yeppoon 49 B5
Yerseke 15 C3
Yesilova 19 B2
Yeste 11 C4
Yeu 32 C9
Yeu, Île d' 6 B2 8 C2
Yezd 26 B5
Yibin 29 C4
Yichang 29 B5
Yildizeli 19 B4

Yinchuan 29 B4
Yingjiang 29 C3
Yingkou 29 A6
Yining 29 A2
Yishan 29 C4
Yitong 30 A1
Yiyang 29 C5
Ylitornio 16 B6
Ylivieska 16 B7
Yogyakarta 31 C2
Yokohama 30 C5
Yokosuka 30 C5
Yola 36 D5
Yonakuni 30 E1
Yondok 30 B2
Yoneshiro 30 A5
Yonezawa 30 B5
Yonghung 30 B2
Yongju 30 B2
Yongxin 29 C5
Yonne 7 C5 8 C5
Yonne, R. 7 B5 8 C5
York, Australie 49 C1
York, Royaume-Uni 12 D6
York Factory 41 D5
Yorketown 49 C3
Yorkshire-Nord 12 C6
Yorkshire-Ouest 12 D5
Yorkshire-Sud 12 D6
Yorkton 41 D5
Yoro 45 A2
Yoron 30 E2
Yoshino 30 C3
Yosu 30 C2
Youghal 12 E3
Yougoslavie 18 C3
Youkhovitch 21 B4
Young 49 C4
Youngstown 43 C10
Youshashan 29 B3
Youssoufia 35 B1
Yozgat 19 B3
Ypres 15 D1
Yreka 42 C2
Ysanyama 37 D3
Yssingeaux 7 D6 9 D6
Yu Jiang 29 C5
Yu Shan 27 D7
Yuba City 42 D2
Yubari 30 A5
Yucatán 44 C7
Yucatán, Détroit du 39 C5
Yuci 29 B5
Yuendumu 49 B3
Yueyang 29 C5
Yukon, Canada 41 C3
Yukon, R., Alaska 41 C2
Yukon, Territoire du 41 C3
Yüksekova 19 B6
Yukuhashi 30 C3
Yulara 49 B3
Yulin, Chine, Gu Anxi 29 C5
Yulin, Chine, Shaan Xi 29 B4
Yuma 42 E4
Yumen 29 B3
Yunak 19 B2
Yunnan 29 C4
Yunxi 29 B5
Yunxiao 29 C5
Yurimaguas 46 C3
Yuscarán 45 A2
Yushu 29 B3
Yusufeli 19 A5
Yutian 32 A6
Yuzawa 30 B5
Yvelines 7 B4 8 B5
Yverdon 15 G1
Yvetot 8 B4
Yvette 7 B5

Z

Zabol **26** B7
Zaborye **21** C4
Zacatecas **44** C4
Zacatecas, État, Mex. **44** B4
Zadar **18** B1
Zafra **11** C2
Zagazig **37** A3
Zagatala **23** D4
Zagora **35** B2
Zagreb **18** B3
Zagros, Monts **4** D5
Zahan **26** E3
Zahedan **28** A1
Zahiriyad **25** E5
Zahlé **25** C2
Zahrez Chergui **35** A4
Zahrez Rharbi **35** A4
Zaïdin **11** B6
Zaïre voir Congo (Rép. dém. du)
Zaïre, R. voir Congo (Zaïre)
Zaissan **24** B5
Zaissan, Lac **24** B5
Zajecar **18** C3
Zakhmet **24** D3
Zakopane **17** D3
Zalaegerszeg **17** E2
Zalau **18** B3
Zalim **26** D3
Zalingei **37** C3
Zambèze **38** B2
Zambezi **38** B2
Zambie **38** B2
Zamboanga **31** B3
Zambrów **17** B4
Zamglaj **21** E4
Zamora, Équateur **46** C3
Zamora, Espagne **11** B3
Zamora, Mexique **44** D4

Zamosc **17** C4
Zamtang **29** B4
Zandaam **15** B3
Zandjan **26** A4
Zanesville **43** C10
Zangelan **23** F4
Zante **18** D3
Zante, Île **18** D3
Zanzibar **38** A3
Zaozhuang **29** B5
Zapadnaya **21** B4
Zapala **47** C1
Zapopan **44** C4
Zaporijjia **22** D4
Zapponeta **13** D6
Zara **19** B4
Zarafchan **24** C3
Zarand **26** B6
Zaranj **26** B7
Zarasai **21** C3
Zarauz **11** A4
Zardob **23** E4
Zaretchnoïe **22** B2
Zarga **25** C2
Zaria **36** C4
Zarmosc **21** E2
Zary **17** C2
Zarza la Mayor **11** C2
Zasa **21** B3
Zaslavl' **21** C3
Zboriv **22** C2
Zdunska Wola **17** C3
Zebdani **25** C2
Zeebrugge **15** C2
Zeeland **15** C2
Zefat **25** C2
Zegrzynskie, Lac de **17** B3
Zehdenick **14** B5
Zeïa, Lac **20** D13
Zeila **37** C5
Zeitz **14** C5
Zelenogorsk **21** A4
Zelenogradsk **21** C2
Zelenokoumsk **23** A2

Zelentchoukskaïa **23** B1
Zeleznodoroznyj **21** C2
Zell **15** F2
Zelzate **15** C2
Zemst **15** D3
Zenica **18** B2
Zenkov **22** B4
Zepce **18** B2
Zeprojie **22** D4
Zermatt **15** G2
Zestafoni **23** C2
Zetel **14** B2
Zevenarr **15** C5
Zgierz **17** C3
Zhanang **29** C3
Zhangjiakou **29** A5
Zhangye **29** B4
Zhangzhou **29** C5
Zhanjiang **29** C5
Zhanping **29** C5
Zhaosu **29** A2
Zhejiang **29** C5
Zhengzhou **29** B5
Zhenlan **29** A5
Zhilino **21** C2
Zhodishki **21** C3
Zhongba **29** C2
Zhongdian **32** B10
Zhuanghe **29** B6
Zhukovka **21** D5
Zhushan **29** B5
Zhuzhou **29** C5
Zibo **29** B5
Zielona Góra **17** C2
Zierikzee **15** C2
Zigui **29** B5
Ziguinchor **36** C2
Zihuatanejo **44** D4
Zile **19** A3
Zilina **17** D3
Zilupe **21** B3
Zimbabwe **38** B2
Zinder **36** C4
Zinhui **29** C5

Zirl **13** A4
Zitkhron Yacov **25** E5
Zizers **15** G4
Zlatooust **24** A2
Zlocieniec **17** B2
Zlotoryja **17** C2
Zlotów **17** B2
Znamianka **22** C4
Znin **17** B2
Znojmo **17** D2
Zofar **25** C2
Zofingen **15** F2
Zolotchiv **22** B4
Zolotonocha **22** C4
Zomba **38** B3
Zonguldak **19** A2
Zouar **37** B2
Zouérat **36** B2
Zoug **15** F3
Zoug, Canton **15** F3
Zougdidi **23** C1
Zrenjanin **18** B3
Zújar **11** D4
Zumpango **44** D5
Zundert **15** C3
Zungeru **36** D4
Zunyi **29** C4
Zuoz **15** G5
Zurich **15** F3
Zurich, Canton **15** F3
Zurich, Lac de **15** F3
Zutphen **15** B5
Zuwarah **37** A2
Zvenihorodka **22** C3
Zvolen **17** D3
Zwaziland **38** C3
Zwedru **36** D3
Zwickau **14** C5
Zwiesel **14** D5
Zwijndrecht **15** C3
Zwischenahn **14** B3
Zwolle **15** B5
Zyrianka **20** C16
Zyrianovsk **24** B5
Zywiec **17** D3

Couverture Michèle Defait

Composition Nord-Compo
Achevé d'imprimer en Italie par G. Canale & C. S.p.A. - Turin
Édition 02
Dépôt légal Éd. 3623-08/1997
ISBN 2253085243

30/8524/8